HOUGHTON MIFFLIN

Horizontes

INVITACIONES

Houghton Mifflin Company • Boston

Atlanta • Dallas • Geneva, Illinois • Palo Alto • Princeton

HOUGHTON MIFFLIN

Horizontes

Autores principales

David Freeman
Yvonne S. Freeman

Autores

Margarita Calderón
Alan Crawford
J. Sabrina Mims
Tina Saldivar

Autores de consulta

J. David Cooper
John J. Pikulski
Sheila W. Valencia

Asesores

Dolores Beltrán
Gilbert G. García
Edgar Miranda

Asesoras literarias

Yanitzia Canetti
Margarita Robleda

INVITACIONES

Houghton Mifflin Company • Boston

Atlanta • Dallas • Geneva, Illinois • Palo Alto • Princeton

Cover and title page photography by Tim Turner.

Acknowledgments appear on page 647.

Printed in the U.S.A.

ISBN: 0-395-78689-4

456789–RRD–02 01 00 99 98 97

¡RUMBO A LA AVENTURA!

LIBRO DE BOLSILLO **EXTRA**

Vida SALVAJE

LIBRO DE BOLSILLO **EXTRA**

La estación de las tortugas
no-ficción narrativa
por George Ancona

En el mismo libro...
Más sobre las tortugas y algunos datos divertidos que querrás conocer sobre este interesante animal.

Las ballenas cautivas
ficción histórica por
Carlos Villanes Cairo

En el mismo libro...
Más datos fascinantes sobre las ballenas y la historia verídica de la ballena Humphrey.

ÍNDICE

LIBRO DE BOLSILLO EXTRA

¡CATÁSTROFE!

LIBRO DE BOLSILLO **EXTRA**

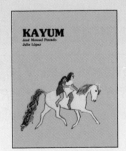

EL DRAMA DEL OESTE

LIBRO DE BOLSILLO **EXTRA**

La Revolución a todo vapor
canciones e ilustraciones
históricas por Claudia Burr,
Oscar Chávez y
Ma. Cristina Urrutia

En el mismo libro...
Más sobre las figuras de la
Revolución y sobre los pintores
muralistas mexicanos.

Zía
ficción histórica por
Scott O'Dell

En el mismo libro...
Más sobre la tribu de los indios cavadores, el desarrollo
de las misiones y los barcos
balleneros.

¿Te lo crees?

LOS BURRITOS

escrito por Hilda Perera

Allá por las montañas, no sé bien dónde, había una vez un pueblito de torre alta, iglesia chica, plaza grande y patrón santísimo. Por sus calles estrechas y adoquinadas iban los burritos, pacatás, pacatás, pacatás en su vaya y venga de cada día. Subían a la loma, bajaban leña, llevaban bultos, transportaban viajeros, daban vueltas a la noria, y todo, seriecísimos, humildes y muy formales. Eran burritos grises, de ojazos buenos, orejas largas y rabo flecoso.

Los hombres del pueblo se sentaban en la plaza a mirarlos pasar y ya podían verlos caerse de cansancio, que ellos seguían, tan campantes, tomando café y charlando. Es más: los insultaban llamando "burro" a la gente estúpida. Y no faltaba quien descargara su malhumor dándoles de palos o practicara el ahorro dejándoles sin comer.

A ninguno se le ocurrió decir siquiera, "¡pobre burrito!" y mucho menos, ayudarles a subir las cuestas o acariciarlos. Y eso está mal, porque hasta el burro entiende la compasión y la ternura.

Pues bien: los burritos de este pueblo, o no se daban cuenta del maltrato, o pensaban que habían nacido para trabajar y cansarse por todos los siglos de los siglos. Al menos, hasta que ocurrió lo que ocurrió.

21

No se sabe en verdad si fueron los niños, hablándoles bajito a la oreja, quienes les dieron la idea, o si fue ocurrencia de algún burro forastero. Hay quien piensa que hasta el patrón santo se metió en el asunto. Pero sea de un modo o sea de otro, lo cierto es que una noche los burritos se reunieron en el parque y, rebuznando de acuerdo, decidieron empezar a hacer maldades.

Uno se comió la yerba verde; otro se fue hasta una franja de flores y las dejó sin capullos; otro saboreó los tulipanes rojos y húmedos, como el más apetitoso de los manjares. Se divirtieron tanto, y tanto corrieron y retozaron, que decidieron hacer cada noche una maldad distinta.

Al otro día se fueron a casa de doña Fermina, una viejita toda arrugadita, de moñito blanco y traje negro y chal negro y humor negro. Se le metieron en el patio y le comieron toda la ropa blanca que había dejado haciendo piruetas e hinchándose, tendida al aire. A doña Fermina se le pusieron brillantes como nunca los ojitos negros, se apretó el chalcito alrededor de los hombros y como era muy decidida, se fue a ver al alcalde.

El alcalde tenía un gran bigote negro, una papada grande y un sombrero chico. Vino doña Fermina y le hizo el cuento, y el alcalde, quien rehuía enojarse porque le daba acidez y le subía la presión, prometió a la viejita hacer algo, algún día, de algún año. Tranquilizó a doña Fermina como pudo y regresó a su siesta. A los burritos, por doña Fermina, no les pasó nada. Y van y se reúnen a la otra noche, y dice uno que parecía de lana:

—Las hojas verdes de los chopos de la Plaza Central están deliciosas.

Allá se fueron todos, y come que te come, saborea que te saborea, dejaron la plaza pelona.

Los vecinos, que no tenían sombra, fueron a ver al alcalde, quien prometió, muy serio, hacer algo, algún día, de algún año.

A la otra noche propuso un burrito gris, hecho de fieltro enlunado:

—Hay en el mercado unas uvas redondas y frescas, y melocotones que parecen de almíbar, y naranjas amarillas y dulces...

Allá se fueron todos, entraron en el mercado y se dieron un gran banquete de frutas. Los vendedores, que estaban en sus puestos, al ver venir a los burritos en fila y conociendo lo que le pasó a doña Fermina y al parque y a la plaza, comenzaron a dar gritos y llegaron pidiendo socorro a casa del alcalde.

Aquel día al alcalde le subió la presión y estuvo malísimo y dijo, muy enérgico, que haría algo, algún día, de algún año.

La cosa hubiera seguido así, el alcalde prometiendo y el pueblo esperando, si no fuera porque el burrito negro dijo la noche siguiente:

—Hay en el puesto alrededor de la plaza unos papeles abundantes, riquísimos.

Y no había acabado de decir, cuando ya estaban los burritos come que te come. Se comieron *La Prensa*, *El Diario* y *La Noticia*, que estaban muy dobladitos, esperando el amanecer, para que los leyera el pueblo.

ntonces sí que se formó la gresca. Vinieron el Presidente y el Vicepresidente y el Secretario y el dueño —toda gente decidida, imponente— y se fueron bufando a buscar al alcalde.

El pobre se puso muy nervioso al ver aquel tumulto enfurecido frente a su casa y dijo que haría algo, algún día, de algún año.

Pero todos clamaban de una voz:

—¡No señor! ¡Ahora mismo!

—¡Ahora mismo! ¡Ahora mismo!

La algarabía fue tanta, que la oyó doña Fermina, quien, desde el asunto de la ropa, les tenía muy mala voluntad a los burritos.

—¡Ahora mismo, sí señor, ahora mismo! —gritó también doña Fermina.

Al alcalde no le quedó más remedio. Mandó a buscar unos camiones grandes y ordenó a unos hombrotes fuertes que recogieran, de una vez por siempre, a todos los burros.

—¡Que no quede ni uno! —gritaba haciendo alarde de mandamás.

Los burritos rebuznaban un rebuzno tristísimo que llenó todo el pueblo. Después, los niños vieron como les tapaban uno a uno los ojos. Y comprendieron. Era para que no vieran la muerte. Porque era eso, la muerte, lo que iban a darles.

Entonces, sin perder el tiempo, se reunieron todos los niños del pueblo, para quienes los burritos eran juguetes vivos, y fueron a casa del alcalde. Tenían caritas graves y al alcalde que, por ser gordo, era en el fondo bueno, casi le dan ganas de llorar al verlos así, tan tristes.

—¿Qué va a ser de los burritos? ¿Adónde los llevan? —preguntaron ellos.

—Lo siento, hijos míos. No hay remedio. Hay que acabar con ellos. ¡Se han comido el parque, la plaza y la ropa de doña Fermina y, sobre todo, la prensa! ¡La prensa! ¡Hay que castigarlos, hacer un escarmiento! —decía el alcalde con una expresión mitad rigor y mitad puchero.

—¿Y si conseguimos un sitio bien lejos y nos los llevamos?

—Bueno, bueno; pero si no lo tienen antes de mañana... —el alcalde puso una elocuente cara de velorio, que todos comprendieron.

Esa noche los niños salieron por los caminos de tierra, sube y baja por las lomas, y estuvieron la noche entera de pueblo en pueblo con las estrellas arriba, camina que te camina, camina que te camina. Por fin, casi al amanecer, un pastorcito de los que llevan a pastar ovejas les enseñó un prado verde entre montañas, que tenía una alfombra de yerba verde y un río claro y aire fresco y una vista como para que nadie quisiera irse de allí nunca.

—¡Aquí mismo! ¡Aquí mismo! —gritaron alborozados.

En seguida salieron corriendo; corriendo atravesaron los caminos de regreso, llegaron al pueblo, tocaron en casa del alcalde y el alcalde salió corriendo, corriendo...

¡Suerte que llegaron a tiempo! Ya el primer burrito estaba mirando, muy serio, la cara de la muerte. Los niños abrieron las puertas y, todo contentos, se fueron con los burritos por los caminos de tierra, hasta el prado verde de la alfombra de yerba.

Regresaron muy tarde y no dijeron nunca dónde los dejaron.

El pueblo, ya sin burros, no parecía el mismo. No había quien llevara los cántaros, quien cargara la leña, quien subiera las cuestas... Además, se extrañaba por las calles el pacatás, pacatás, pacatás de su trotecillo y el ejemplo de su mirada buena.

Doña Fermina no tenía quien le llevara los bultos al río. Los del mercado sudaban a mares y se agobiaban llevando sus cestas. Los de la prensa no daban abasto repartiendo periódicos. Y el alcalde, que se ponía lívido y resoplaba cuando salía de trámites, pasó de gordo a flaco.

Entonces empezó la nostalgia:

—¡Eran tan buenos!

—¡Tan trabajadores!

—¡Tan humildes!

—¡Ah, quién los trajera...!

FRUTAS

FLORES

MAÍZ MAÍZ

A los niños les pareció garantía
suficiente y se fueron al prado
verde, buscaron a los burritos, los
convencieron y entraron triunfantes
en el pueblo, que se llenó de re-
buznos. Hubo alegría desbordante,
cohetes multicolores y campanas
al vuelo.

Y hoy, en el pueblo de no sé dónde, los burritos ayudan a los
hombres, los hombres a los burros, y a nadie se le ocurre, ni por
pienso, llamarle burro a una persona estúpida.

ACERCA DE LA AUTORA
HILDA PERERA

nació en Cuba, pero hace bastante tiempo que vive en Miami, Florida. Lo que más disfruta es imaginarse cuentos para chicos y escribirlos. Prefiere escribirles a los jóvenes porque a ellos, dice: —Se les puede hablar de cosas posibles e imposibles, porque todo lo "ven" con su imaginación. Nunca ponen cara seria para decir, "Esto no puede ser".

La señora Perera encuentra cuentos por dondequiera: en su casa, en las ventanas, en la puerta... Cuando está lista, agarra uno de ésos que flotan a su alrededor, se lo lleva para una casita de madera que tiene bajo un árbol grandísimo, y allí lo escribe, lo trabaja, lo pule, lo mete en un libro y se lo manda a todos los chicos, ¡con todo su cariño!

El cuento "Los burritos" se encuentra en el libro *Cuentos para chicos y grandes*, que ganó en dos ocasiones el famoso Premio Lazarillo.

◆ ◆ ◆ ◆ ◆

ACERCA DEL ILUSTRADOR
DARIUS DETWILER

se crió en Venezuela. Él recuerda muy bien los colores brillantes de las lomas venezolanas y los utiliza frecuentemente en sus dibujos. Actualmente vive en San Antonio, Texas, donde hace ilustraciones para los periódicos locales. El señor Detwiler colaboró con Hilda Perera para ilustrar "El loro pelón", otro de sus cuentos.

¡BIENVENIDOS AL PUEBLO!

BOLETÍN ESPECIAL

El regreso de los burritos fue una gran noticia en el pueblo. ¡La gente quiere saber todos los detalles! Escribe un artículo de prensa para uno de los periódicos del pueblo. Incluye comentarios del alcalde, de doña Fermina y de los niños para darle autenticidad a tu artículo.

MEJORES AMIGOS

Haz un cartel que represente las contribuciones de los burritos al pueblo. Puedes usar fotos de revista o dibujar escenas para convencer a la gente del pueblo de que los animales merecen su respeto y agradecimiento.

REPRESÉNTALO

¿CÓMO TE LO IMAGINAS?

Hay muchas escenas en el cuento donde los burritos, los niños y la gente del pueblo comunican sus puntos de vista. A veces usan palabras y a veces actúan para demostrar sus sentimientos. ¿Cúal es tu escena favorita del cuento? Represéntala con tus compañeros.

DISCÚTELO

TODO TIENE SOLUCIÓN

Piensa en la decisión que tomó el pueblo. ¿Crees que fue una buena solución? Discute con tus compañeros otras soluciones que podrían resolver el problema de los burritos traviesos.

LA AVENTURA!

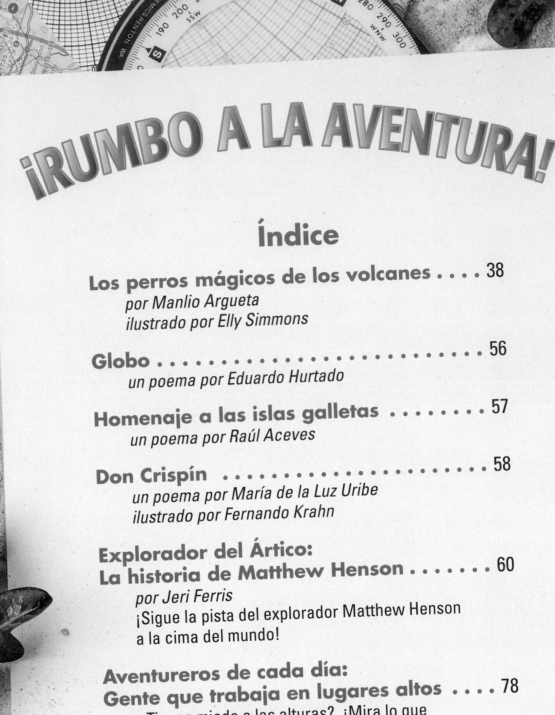

¡RUMBO A LA AVENTURA!

Índice

Lee por tu cuenta

El robo de las aes

contado por Germán Ramos

Las aes han desaparecido y resulta imposible publicar el único periódico del pueblo.

En el mismo libro...

Más sobre la importancia de las letras y de la palabra escrita.

LIBRO DE BOLSILLO **EXTRA**

Viaje en diario alrededor de un año

por Margarita Robleda

Gaby te permite conocer su mundo a través de su diario. ¡Acompáñala!

En el mismo libro...
Más sobre México, su cultura y sus días festivos.

Miguel Vicente pata caliente
por Orlando Araujo
Un chico pobre de Caracas sueña constantemente con viajar a tierras lejanas. ¿Logrará hacer realidad su sueño?

Aventuras de Picofino
por Concha López Narváez
En este libro Picofino vuela alrededor del mundo, conoce a muchos amigos, ve muchos lugares y se enfrenta a muchos desafíos.

Viaje en el tiempo
por Dennis Cote
Maximino y Jo descubren unos viejos botones en un armario y así empieza una aventura extraordinaria a través del tiempo.

La barca amarilla
por Giuseppi Bufalari
Acompaña a Enrico mientras descubre un mundo nuevo bajo las aguas que rodean el monte Argenario.

Los viajes de Gulliver
por Jonathan Swift
Haz un viaje fantástico con Gulliver y descubre a los hombrecillos maravillosos del país de Lilliput así como a los gigantes de Brobdingnag.

El viaje de Juan
por Bohumil Riha
¿Qué descubrirá Juan cuando deje su ciudad y visite a su abuela en el campo?

Acerca del autor

Cuando un grupo de salvadoreños se reúne a contar cuentos, siempre hay alguien que habla sobre los perros mágicos llamados cadejos. Existen muchos cuentos sobre estos perros que aparecen misteriosamente en medio de la noche para proteger a la gente del peligro. *Los perros mágicos de los volcanes* es un cuento original de **Manlio Argueta** sobre estos perros maravillosos.

El señor Argueta es uno de los escritores más reconocidos de El Salvador. Actualmente reside en su país pero viaja frecuentemente a través de las Américas. *Los perros mágicos de los volcanes* es su primer libro para chicos.

Acerca de la ilustradora

Elly Simmons es una pintora cuyo trabajo se ha exhibido a través de los Estados Unidos. Durante la mayor parte de su vida, la señora Simmons ha estado muy involucrada con asuntos de la comunidad y el mundo entero. Actualmente vive en Lagunitas, California.

Para crear las ilustraciones de *Los perros mágicos de los volcanes*, la señora Simmons usó acuarelas, pasteles, lápices de colores, aguazo y papel de hilo. Éste es su primer libro para chicos.

Entre los otros libros que ha ilustrado, se encuentra *El canto de las palomas,* un cuento sobre los trabajadores migratorios mexicanos.

LOS PERROS MÁGICOS DE LOS VOLCANES

por Manlio Argueta
ilustrado por Elly Simmons

En los volcanes de El Salvador habitan perros mágicos que se llaman cadejos. Se parecen a los lobos aunque no son lobos. Y tienen el garbo de venados aunque no son venados. Se alimentan de las semillitas que echan las campánulas, esas lindas flores que cubren los volcanes y que parecen campanitas.

La gente que vive en las faldas de los volcanes quiere mucho a los cadejos. Dicen que los cadejos son los tataranietos de los volcanes y que siempre han protegido a la gente del peligro y de la desgracia.

Cuando la gente de los volcanes viaja de un pueblo a otro, siempre hay un cadejo que las acompaña. Si un cipote está por pisar una culebra o caerse en un agujero, el cadejo se convierte en un soplo de viento que lo desvía del mal paso.

Si un anciano se cansa de tanto trabajar bajo el sol ardiente, un cadejo lo transporta a la sombra de un árbol cercano. Por todo esto, la gente de los volcanes dice que, si no fuera por la ayuda de los cadejos, no hubieran podido sobrevivir hasta hoy en día.

Pero lamentablemente, no todos han querido siempre a los cadejos. ¡Qué va! A don Tonio y a sus trece hermanos, que eran los dueños de la tierra de los volcanes, no les gustaban los cadejos para nada.

—¡Los cadejos hechizan a la gente y la hacen perezosa!
—dijo un día don Tonio a sus hermanos.

Y los trece hermanos de don Tonio contestaron:
—Sí, es cierto. La gente ya no quiere trabajar duro
para nosotros. Quieren comer cuando tienen hambre.
Quieren beber cuando tienen sed. Quieren descansar
bajo la sombra de un árbol cuando arde el sol. ¡Y todo
eso por los cadejos!

Entonces, don Tonio y sus trece hermanos llamaron
a los soldados de plomo y los mandaron para los
volcanes a cazar cadejos. Los soldados se pusieron en
camino con sus tiendas de campaña, sus cantimploras y
sus armas centelleantes. —Vamos a ser los soldados de
plomo más bellos y más respetados del mundo —se dijeron.

—Vestiremos uniformes con charreteras de plata, iremos a fiestas de cumpleaños, y todo el mundo obedecerá nuestras órdenes.

Los soldados de plomo marcharon hacia el volcán Tecapa, que es mujer y viste un ropaje espléndido de agua y un sombrero de nubes. Y marchaban hacia Chaparrastique, un volcán hermoso que lleva siempre su sombrero blanco de humo caliente.

—Cazaremos a los cadejos mientras duermen —dijeron los soldados de plomo—. Así podremos tomarlos desprevenidos sin correr ningún riesgo.

Pero no sabían que los cadejos visten un traje de luz de día y de aire, con lo cual se hacen transparentes. Los soldados de plomo busca que busca a los cadejos, pero no encontraban a ninguno.

Los soldados se pusieron furibundos. Comenzaron a pisotear las campánulas y a aplastar sus semillitas. —Ahora, los cadejos no tendrán qué comer —dijeron.

Los cadejos nunca habían corrido tanto peligro. Así es que buscaron la ayuda de los tatarabuelos, los volcanes Tecapa y Chaparrastique. Toda la noche los cadejos hablaron con los volcanes hasta que comentó Tecapa: —Dicen ustedes que son soldados de plomo. ¿El corazón y el cerebro son de plomo también?

—¡Sí! —respondieron los cadejos—. ¡Hasta sus pies están hechos de plomo!

—Entonces, ¡ya está! —dijo Tecapa.

Y Tecapa le dijo a Chaparrastique: —Mira, como yo tengo vestido de agua y vos tenés sombrero de fumarolas, simplemente comenzás a abanicarte con el sombrero por todo tu cuerpo hasta que se caliente la tierra y entonces yo comienzo a sacudirme mi vestido de agua.

Y Tecapa se lo sacudió.

—Y eso, ¿qué daño les puede hacer? —preguntaron los cadejos.

—Bueno —dijo Tecapa—, probemos y ya veremos.

Al día siguiente, cuando los soldados de plomo venían subiendo los volcanes, comenzó el Chaparrastique a quitarse el sombrero de fumarolas y a soplar sobre todo su cuerpo, hasta que ni él mismo aguantaba el calor.

Al principio, los soldados sentían sólo una picazón, pero al ratito los pies se les comenzaron a derretir. Entonces, Tecapa se sacudió el vestido y empezó a remojarles. Y los cuerpos de los soldados de plomo chirriaban, como cuando se le echa agua a una plancha caliente.

Los soldados de plomo se sentían muy mal y se sentaron a llorar sobre las piedras. Pero éstas estaban tan calientes que se les derretían los traseros.

Fue así que los soldados de plomo se dieron cuenta que no era posible derrotar a los cadejos, ni pisotear a las campánulas, y, en fin, ni subir a los volcanes a hacer el mal. Y sabiendo que tenían la debilidad de estar hechos de plomo, lo mejor era cambiar de oficio y dedicarse a cosas más dignas.

Desde entonces hay paz en los volcanes de El Salvador. Don Tonio y sus hermanos huyeron a otras tierras, mientras que los cadejos y la gente de los volcanes celebraron una gran fiesta que se convirtió en una inmensa fiesta nacional.

¡Algunas ideas mágicas!

PRESENTA UN TEATRO DE TÍTERES

¡Anímalos!

Usa calcetines, bolsas de papel y cartón montado sobre palitos para hacer títeres de los personajes de *Los perros mágicos de los volcanes.* Luego, escoge una escena del cuento y represéntala en un teatro de títeres. Lee parte del cuento o escribe tu propia obra teatral.

ESCRIBE UN DIÁLOGO

Sopla que sopla

Chaparrastique sopla con su sombrero de fumarolas, mientras Tecapa se sacude el vestido de agua. Usa los detalles del cuento para imaginar lo que dicen mientras están derritiendo a los soldados de plomo. Escribe un diálogo entre ellos.

Sin palabras

Muestra cómo Chaparrastique y Tecapa salvaron a los cadejos. ¡Haz un móvil mágico! Usa cartón, hojas de papel y papel de aluminio para crear un par de volcanes, y algunos cadejos y soldados sacados del cuento. Hazles decoraciones con marcadores o creyones, cose con hilo las piezas de tu móvil y átalas a un gancho. Luego, cuelga tu móvil y ¡espera una brisa!

¡Al rescate!

Ayuda a los cadejos que don Tonio y sus trece hermanos trataron de cazar. Júntate con tus compañeros para considerar otras soluciones que podrían ayudar a los cadejos. Escriban una lista de sus soluciones.

Globo

por EDUARDO HURTADO

Allá va el globo:
se aleja y nos devuelve la distancia
Subirse a la azotea
y dejarlo escapar por puro gusto
es como abrir la puerta de una jaula

(Si alguno se nos fuga por descuido
lloramos su retiro anticipado
y su vuelo es tan corto,
nos parece tan previsible
y frágil su futuro
que por poco y podríamos
correr a rescatarlo)

Allá va el globo:
sobre techos y cables,
con el viento,
bautizando paisajes y miradas

Homenaje a las islas galletas

por RAÚL ACEVES

Las islas galletas no existen en el mapa.
¿Cómo podrían existir
si son más reales que la geografía?

Me gustaría viajar a las islas galletas
para comérmelas con cajeta,
o mejor para ver si de veras
hay tres Marías y un solo mar verdadero.

Al mar iría si ahí estuviera María
y una caja de islas yo compraría
si me aseguraran que contiene
Marías de todas las islas.

Sí como no, yo iría a las islas galletas
aunque tuviera que viajar en acuarela
o litografía.

DON CRISPÍN

por *María de la Luz Uribe*
ilustrado por *Fernando Krahn*

Don Crispín es bailarín,
cantarín y saltarín;
flaco como un tallarín,
y usa un pelu-peluquín.

A la plaza de Quintín
llega alegre don Crispín;
abre el male-maletín,
saca un calce-calcetín.

Con su corba-corbatín
y en la mano un maletín,
empolvado polvorín
sale un día don Crispín.

Llena el calce-calcetín
de ase-de ase-de aserrín;
le pone su peluquín
y es un muñe-muñequín.

En un bala-balancín
ha sentado al muñequín;
a su frente, don Crispín
toca el vio-vio-vio violín.

"Rin-tin-tin" hace el violín;
sube y baja don Crispín;
y el muñeco colorín
baja y sube: "Rin-tin-tin".

Pasa un vola-volantín
y a él se engancha don Crispín;
cuelga el muñe-muñequín,
el maletín y el violín...

Y así vuela don Crispín,
el muñeco, el muñequín,
su maletín, su violín,
y vuela sin fin, sin fin.

FIN.

Explorador del Ártico:
La historia de Matthew Henson

por Jeri Ferris

Estamos a principios del verano de 1908. Desde 1891, los exploradores Robert Peary y Matthew Henson han intentado ser los primeros hombres en llegar al Polo Norte. Éste es su sexto y último intento. Tienen experiencia y están decididos a lograrlo, pero el Ártico es feroz e impredecible. La esposa de Peary, Josephine, y la de Henson, Lucy, quizás se pregunten si volverán a ver a sus esposos.

Matt se mudó al recién reparado *Roosevelt* para ayudar a organizar las provisiones de la expedición de 1908. La pequeña nave se hundía más y más en el agua a medida que la tripulación cargaba dinamita para volar el hielo, piquetas, palas, armas, queroseno y miles de libras de té, café, pescado seco, tocino, azúcar, galletas, harina y pemicán. Había cámaras, mapas y cartas marinas, equipo de navegación, termómetros, brújulas, libros y materiales para construir trineos. El carbón se almacenaba en cualquier espacio que quedara libre.

El 6 de julio de 1908, el *Roosevelt* zarpó de Nueva York a todo vapor, rodeado por el ruido de silbatos, campanas y gritos. Matt pensó en Lucy: "Espero que la próxima vez que reciba noticias mías, le traigan alegría y felicidad, y que se

alegre de haberme permitido dejarla sola". Al día siguiente, en Oyster Bay, Nueva York, el Presidente Roosevelt subió a bordo. Se asomó a todos los rincones; les dio la mano a todos los hombres; gritó un "¡Bravo!" y dijo que sabía que esta vez iban a volver a casa con el Polo (en ingles, *Polo* quiere decir "polo" y "palo", y alguna gente pensaba que había un palo en el Polo). Después zarparon.

Peary había escogido a los hombres más valientes, más fuertes y más inteligentes que pudo encontrar para su último intento. Estaba Matt, por supuesto; tenía que estar Matt. Estaban el capitán Bartlett y Ross Marvin otra vez. Había tres hombres nuevos: George Borup, un joven graduado de Yale, Donald MacMillan, un maestro, y J.W. Goodsell, un médico.

Cuando MacMillan subió a bordo del *Roosevelt*, buscó a Matt.

—Había leído tanto sobre [Henson] —dijo—, que naturalmente lo observé con interés.

Matt saludó a MacMillan con un apretón de manos y una sonrisa, y enseguida MacMillan se dio cuenta de lo amigable que era Matt. Más adelante presenció la valentía de Matt durante una terrible tormenta cuando éste hizo el trabajo de tres

El presidente Theodore Roosevelt le desea suerte a Peary en su sexto intento de llegar al Polo Norte.

hombres sin pensar en sí mismo. Donald
MacMillan escribió todo esto en su diario (y Matt escribió en el suyo que esperaba que él y MacMillan
se hicieran amigos). De hecho, cada uno de los
hombres llevó un diario de esta expedición. Estaban
seguros de que iba a tener éxito y querían anotar
los detalles exactos.

En Etah, Peary se enteró de que el doctor Cook,
el mismo doctor Cook que había ido hacia el norte
con él en 1891, estaba otra vez en el Ártico, pero
nadie sabía exactamente dónde. También en
Etah, 49 esquimales subieron a bordo, y se
añadieron al barco ya sobrecargado 550 toneladas
de carbón, 70 toneladas de carne de ballena, 50
morsas muertas y 246 perros ruidosos.

—El barco —dijo Matt—, está ahora en un
perfecto estado de suciedad.

**Algunos de los 246
perros a bordo del
Roosevelt en 1908.
Además de los perros,
la carne de ballena y
las morsas muertas,
habían 10,000 libras
de azúcar que ocupa-
ban un espacio de 10 x
10 x 6 pies. También
había tocino, pemicán,
galletas, café...**

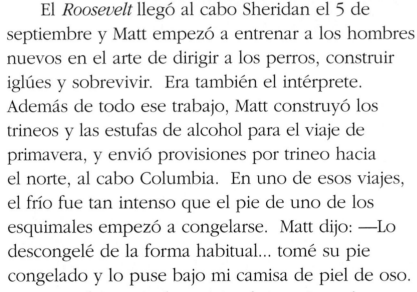

Henson (derecha) posa encima de uno de los trineos que construyó para viajar por el Ártico.

El casco del *Roosevelt* fue diseñado por Peary en forma de huevo para evitar que el hielo lo aplastara.

El *Roosevelt* llegó al cabo Sheridan el 5 de septiembre y Matt empezó a entrenar a los hombres nuevos en el arte de dirigir a los perros, construir iglúes y sobrevivir. Era también el intérprete. Además de todo ese trabajo, Matt construyó los trineos y las estufas de alcohol para el viaje de primavera, y envió provisiones por trineo hacia el norte, al cabo Columbia. En uno de esos viajes, el frío fue tan intenso que el pie de uno de los esquimales empezó a congelarse. Matt dijo: —Lo descongelé de la forma habitual... tomé su pie congelado y lo puse bajo mi camisa de piel de oso.

Cuando no estaban viajando en trineo, los hombres vivían en el barco. Comían filetes de buey almizclero, corazón de morsa relleno y pan recién hecho (el cocinero hizo 18,000 libras de pan durante esta expedición). Como de costumbre, Matt comía con la tripulación, no con los demás miembros de la expedición.

Cuando desapareció el sol, Matt escribió, "La noche está llegando rápidamente, los meses largos de oscuridad, de silencio y de frío, a los que ... nunca puedo acostumbrarme". Los marineros jugaban al dominó y a las damas para pasar el rato. Algunos de ellos tenían banjos y acordeones, y a menudo durante aquel largo invierno los exploradores oyeron a la tripulación entonar la canción "Hogar dulce hogar".

En febrero de 1909, estaban listos para salir hacia el Polo. Cada hombre llevaba consigo un objeto especial (para Matt era la Biblia). Cada trineo transportaba 450 libras de provisiones (suficiente pemicán, galletas, té y alcohol de estufas para el conductor y el equipo para 50 días).

El 28 de febrero, Bartlett y Borup salieron del cabo Columbia a abrir el camino. A las 6:30 de la mañana siguiente, Henson, el líder del grupo principal, esperaba la orden de Peary. Finalmente oyó:
—¡Adelante! ¡En marcha!

El látigo de Matt golpeó el aire y dos chasquidos, como dos disparos, rompieron el silencio. Los ansiosos perros se pusieron en marcha, aullando de alegría.

La fila de trineos se encamina hacia el Polo Norte en marzo de 1909.

Los perros con sus tirantes se abren en forma de abanico delante de un trineo. Cuando tienen mucha hambre, los perros se comen los tirantes, que están hechos de piel de foca.

Los perros se acurrucan fuera del iglú de Peary.

El camino era tan irregular que el trineo de Matt se rompió. Los perros descansaron mientras Matt hacía agujeros nuevos y pasaba tiras de piel de foca, con sus manos desnudas, para unir las piezas. Cada dos o tres segundos tenía que parar y meter sus manos congeladas bajo la chaqueta de piel de reno para calentarlas.

Henson y Peary alcanzaron a Bartlett el 4 de marzo en el Gran Pasadizo (*Big Lead*), el cual lucía tan amplio y aterrador como en 1906. El 5 de marzo, mientras todavía esperaban al lado del Gran Pasadizo, Matt vio el sol reaparecer, como una "esfera carmesí, en equilibrio al borde del mundo". Hacía un tiempo perfecto, claro con viento ligero, pero no podían cruzar el pasadizo. Bartlett y Peary se ocupaban de ajustar sus brújulas, mientras Peary iba de un lado para otro, y Matt arreglaba los trineos.

El 11 de marzo, el tiempo estaba claro y tranquilo y hacía -45° F; la superficie del Gran Pasadizo estaba congelada. Los hombres se apresuraron a cruzarlo.

El 26 de marzo, a 86°38', le tocaba a Ross Marvin regresar (ya habían regresado tres hombres, de acuerdo con el plan). Henson y Marvin se dieron la mano afectuosamente. Marvin felicitó a Matt por su empeño y le deseó éxito en llegar al Polo.

Quedaban Henson, Peary, Bartlett y sus equipos de esquimales. Bartlett volvió a abrir camino y el 29 de marzo, Peary y Henson lo alcanzaron junto a un amplio pasadizo. Bartlett y su equipo de esquimales estaban dormidos en sus iglúes, así que Henson y Peary construyeron en silencio sus iglúes cien yardas al este de ellos y se durmieron. Unas horas más tarde, Matt oyó el chocar y crujir del hielo. De una patada, abrió la puerta de nieve de su iglú y vio cómo el violento oleaje del océano Ártico arremetía con furia. El hielo se separaba y bloques enormes se amontonaban justo al lado de los perros aterrados. Luego el hielo se rompió con el sonido de un disparo y una gran grieta se abrió en zigzag entre los iglúes de Henson y

Los exploradores del Ártico se enfrentan con muchos obstáculos además del frío y la oscuridad. Los miembros de la expedición tienen que levantar y empujar sus trineos sobre los bloques de hielo.

El capitán Bob Bartlett (extrema derecha) con su equipo de trineo. El inuit, Ooqueah, está sentado al lado de Bartlett.

Peary, y los de Bartlett. Bartlett, su equipo de esquimales y sus perros estaban en una isla de hielo flotante que comenzó a girar y a dirigirse hacia el pasadizo, hacia Matt. Bartlett les puso los arneses a sus perros con rapidez y cuando la isla de hielo pasó junto a Matt, Bartlett, los esquimales y los perros saltaron por encima de las aguas arremolinadas a tierra firme. Los hombres estaban demasiado aturdidos para hablar. Los iglúes vacíos flotaron con la corriente y desaparecieron.

El 1 de abril, a 87°46', le tocaba a Bartlett regresar. Bartlett se sentía decepcionado de no poder continuar al Polo con Peary, pero sabía que Matt Henson debía ir. Ya Peary le había dicho a MacMillan que tenía que ser Matt.

—No puedo lograrlo sin él —había dicho Peary.

Ahora sólo quedaban Henson y Peary para enfrentarse con el Ártico, tal y como había sido por 18 años. Tenían sólo 135 millas más de camino, 40 perros fuertes y descansados, los 4 esquimales más valientes (Ootah, Ooqueah, Egingwah y Seegloo) y una brillante carretera de nieve alumbrada por un sol que nunca se ponía. Peary escribió, "Todo, mi grupo, mi equipo y mis provisiones, era perfecto".

Peary estudia el horizonte con su telescopio.

El 1 de abril, repararon los trineos y descansaron durante todo el día. Los esquimales se hicieron una comida especial: perro hervido. El 2 de abril a medianoche, Peary salió a pie, y después se montó en un trineo, como tenía por costumbre. Marcharon durante 10 horas y, a la luz del sol nocturno, Matt vio un espectáculo maravilloso. La luna llena y el sol estaban cruzando el cielo en direcciones opuestas y parecían dos discos, uno de plata y otro de oro.

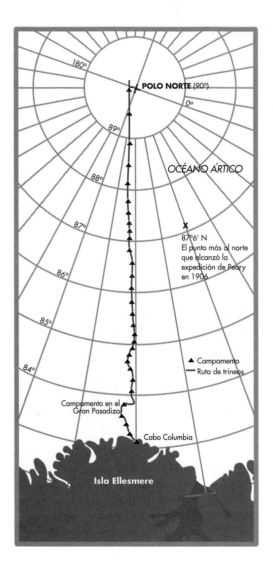

La ruta de Peary y Henson hacia el Polo Norte en 1909. En 1902, el Gran Pasadizo detuvo a los hombres; en 1906, una tormenta de nieve los obligó a volverse.

El 3 de abril llegaron a un pasadizo cubierto de hielo fino. Mientras Matt conducía su trineo hacia el otro lado, el hielo empezó a romperse. Matt les gritó a los perros para que halaran el trineo a tierra firme, pero el hielo se abrió bajo sus pies. Cayó directamente al océano Ártico. Dijo que fue un momento de "terror espeluznante". De repente sintió que algo lo levantaba. Ootah había corrido hasta él, y agarrándolo por la capucha, lo había sacado fuera del agua. Matt se tumbó encima del hielo por unos segundos, completamente mojado y helado, intentando recuperar la respiración. Ootah le había salvado la vida.

—Pero no se lo dije, porque tales sucesos son parte del trabajo diario —dijo Matt.

Matt se quitó las botas mojadas, sacó unas secas del trineo, se las puso y sacudió el agua helada de sus pieles antes de que se congelara. Entonces se apresuraron a continuar su camino.

El viento glacial del este era como acero congelado, tan frío que incluso los esquimales se quejaban. Cuanto más se acercaba el grupo a la cima del mundo, más liso se hacía el hielo.

Peary estaba tan ansioso de llegar al Polo que apenas se detenía para dejar que los perros descansaran. Hora tras hora, las 24 horas del día, se apresuraban hacia el Polo. Matt podía calcular la distancia con precisión, y el 5 de abril calculó que habían avanzado 100 millas desde que Bartlett había regresado. Peary se detuvo e hizo una observación del sol. Calculó que estaban a 89°25'.

—Sólo 35 millas más —le dijo a Matt.

Antes de la medianoche del 6 de abril, salieron deprisa otra vez, y a las 10 de la mañana pararon. Más tarde Matt dijo: —Yo iba conduciendo delante y estaba virando hacia la derecha... El comandante, que estaba a unos 50 pies detrás de mí, me llamó y me dijo que debíamos acampar... —El hielo estaba liso y era de un blanco cegador, con manchas de azul zafiro. Exactamente al mediodía, Peary hizo los cálculos con el horizonte artificial de mercurio caliente que Matt había preparado. El cálculo de la latitud indicó que estaban a unas tres millas de la cima del mundo.

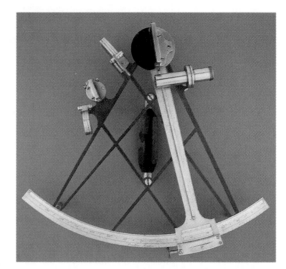

Para calcular la posición de los exploradores, Peary midió la distancia angular entre el sol y el horizonte con un sextante. Usó mercurio caliente para crear un horizonte artificial cuando el verdadero horizonte no se veía.

Matt se sentía extremadamente orgulloso.

—Estaba seguro de que el viaje había terminado —dijo. ¡Lo habían logrado! Él, Peary y su equipo de esquimales eran los primeros en llegar al Polo Norte. Se quitó un guante y se apresuró hacia Peary para apretarle la mano pero Peary se volvió hacia el lado. Escribió, "Me quité el guante derecho y me acerqué a felicitarlo, ... pero una ráfaga de viento le metió algo en el ojo, o si no, [la molestia de mirar al sol] le obligó a volverse..."

A las 6 de la tarde, las nubes taparon el sol, así que Peary se fue en trineo 10 millas más al norte para continuar con sus cálculos. Cuando los hizo, se dio cuenta de que estaba moviéndose hacia el sur. Para volver al campamento, tendría que moverse hacia el norte y luego hacia el sur, en línea recta. Esto sólo podía suceder en el Polo.

Peary tenía que estar completamente seguro de que estaba en el sitio exacto, y a las 6 de la mañana siguiente comenzó a hacer más cálculos. Luego cruzó el área de 8 x 10 millas en varias direcciones e hizo un cuarto conjunto de cálculos al mediodía.

Por fin Peary dijo: —Vamos a poner la bandera estadounidense *¡en el Polo Norte!*

Peary tomó una foto de Matt con la bandera estadounidense, y con los esquimales a ambos lados también con banderas. Gritaron tres

"¡Hurra!", mientras los perros los miraban confundidos. Mientras Matt preparaba los trineos para el viaje de vuelta, Peary cortó una tira diagonal de la bandera y la puso en una botella con un testimonio de su descubrimiento para dejarla en la cima del mundo. Peary escribió en su diario el 6 de abril, "¡¡¡El Polo, por fin!!! El premio de tres siglos, mi sueño y ambición de veintitrés años. Por fin *mío*".

Matt (centro) y los cuatro esquimales en el Polo Norte. Matt sujeta la bandera estadounidense que Josephine Peary había hecho años antes. Está llena de remiendos para tapar los trozos que habían cortado y dejado en varios de los campamentos del norte.

Ahora sólo tenían que volver a casa. Peary estaba agotado, así que Matt lo ayudó a subir al trineo. Luego Matt encabezó el grupo hacia el sur. Aunque pedazos de hielo se despegaban a lo largo del camino, interrumpiéndolos, a Matt le pareció que viajar hacia el sur con los trineos livianos era mucho más fácil que el viaje al norte que acababan de completar. A pesar de eso, escribió que fueron "17 días de prisa, trabajo y miseria... Cruzamos pasadizo tras pasadizo, a veces como equilibristas de circo, tratando de mantener el equilibrio de un bloque de hielo a otro".

El 23 de abril, estaban de vuelta en el cabo Columbia. Cuando estaban a un día de camino del barco, Peary se adelantó. Pronto Matt pudo ver el *Roosevelt* y oler café caliente en el aire claro. Cuando Matt llegó al barco, sus amigos corrieron a saludarlo y a subirlo a bordo. Dijo que estaba "encantado de encontrarse a salvo otra vez entre amigos". Ayudaron a Matt a llegar a su camarote, donde se quitó sus pieles y descansó por primera vez en 68 días.

Acerca de Jeri Ferris

Su infancia en las praderas de Nebraska despertó en Jeri Ferris un gran interés por la historia estadounidense y por la gente que la forjó. Al igual que Matthew Henson, a Ferris le gusta viajar y explorar. Ha cruzado el globo y colecciona el arte tradicional de los países que visita. Ferris vive ahora en Los Ángeles, California, donde enseña en una escuela elemental y escribe biografías para niños. Escribe biografías porque quiere que estos hombres y mujeres admirables cobren vida en la mente de los lectores, y que inspiren en ellos el mismo tipo de confianza y determinación.

Ferris ha escrito biografías acerca de la cantante Marian Anderson y de Susan LaFlesche Picotte, una médica nativoamericana.

A Ferris le han encantado los caballos desde la niñez.

¡A explorar!

Escribe un artículo de prensa

Fecha y lugar: El Polo Norte

Estamos en el año 1909. Eres un reportero que tiene que escribir sobre la expedición al Polo Norte de Matthew Henson y Robert Peary. Usa la selección para recoger los datos que necesitas: quién, qué, dónde, cuándo y por qué. Redacta un artículo periodístico sobre la llegada de Henson y Peary al Polo Norte.

Discútelo

Dos exploradores

¿Qué piensas sobre la relación entre Robert Peary y Matthew Henson? Discute con tus compañeros de clase cómo fue la relación entre estos dos hombres en camino del Polo Norte y en el momento del éxito. ¿Piensas que la relación entre los dos exploradores hubiera sido diferente si la expedición hubiera ocurrido hoy en día?

De un vistazo

De julio del 1908 a abril 1909: ¡de Nueva York al Polo Norte! Utiliza la selección y haz una cronología de la última expedición de Peary y Henson, desde el día en que los dos salieron en un barco de vapor del puerto de Nueva York hasta el día en que regresaron triunfalmente a la isla Ellesmere. Incluye todos los sucesos importantes del camino.

Compara y contrasta

Los héroes

¿Quiénes son para ti los héroes de *Los perros mágicos de los volcanes* y de "Explorador del Ártico: La historia de Matthew Henson"? Compara y contrasta cómo cada grupo se enfrenta con sus problemas y los resuelve.

AVENTUREROS DE CADA DÍA:
Gente que trabaja en lugares altos

Balsas en los árboles

Esta balsa gigante, puesta en lo alto de los árboles, permite a los científicos recoger muestras de la bóveda de una selva tropical.

¡Bravo!

Un trabajador de la construcción colgado de una viga en el edificio John Hancock en Chicago, Illinois.

Cirugía estética

A pesar de su miedo a las alturas, Robert Crisman se encarga de cubrir las grietas en las caras del monumento nacional Mount Rushmore, en Dakota del Sur.

Pintando el pináculo

A más de doscientos pies de altura, el pintor Don Harry le pone una capa fresca de pintura al castillo de la Cenicienta en el Reino Mágico de Walt Disney World.

Como en casa en la cúpula

Judy O'Neil, miembro de una familia de pintores de campanarios, aplica una capa de pintura de base antes de pintar con lámina de oro la cúpula del capitolio en Atlanta, Georgia.

Cuando la
aventura te llama

por Hillary Hauser

> *El día no amanecerá tan pronto como yo*
> *Para probar la linda aventura de mañana.*
> — Shakespeare
> *King John*

Aventura —¡palabra mágica!

La aventura te lleva a mundos desconocidos y nunca antes vistos. Es la clave del individualismo, del valor de trazar tu propia vida y de la fuerza de pensar por ti mismo. Cuando decides ser un aventurero, te prometes intentar algo nuevo y diferente, algo que no se ha hecho antes, o por lo menos no de esa manera.

Ser aventurero no significa necesariamente hacer proezas físicas. Algunos de los más grandes aventureros de todos los tiempos cambiaron el mundo desde sus cuartos; sólo su imaginación viajó. La aventura para muchos científicos innovadores, grandes escritores y filósofos, por ejemplo, consiste en pensar sobre las mismas cosas con enfoques diferentes. También tienen el valor de expresar sus ideas en público.

El tipo de aventurero que podemos ser depende del grado de nuestra curiosidad. ¿Cuánto queremos aprender sobre lo desconocido? ¿Cuánto queremos probar nuestro valor frente a las fuerzas de la naturaleza? ¿Cuánto queremos probar nuestra perseverancia para descubrir lo que no dudamos que existe? El mundo desconocido que decidamos conquistar puede ser el Polo Norte o el fondo del mar, o puede estar al final de páginas y páginas de cálculos o palabras. Incluso si alguien ya ha estado allí, o si ya lo ha descubierto, podemos intentar llegar por otro camino, o quizás solos, simplemente para demostrar que podemos lograrlo.

De hecho, el aventurero puede darse cuenta de que en realidad, él o ella ES la aventura. Cada persona ve de manera distinta las posibilidades del planeta, y cuando se enfrenta con lo que considera un obstáculo o un reto, ¡una aventura única da comienzo!

Cadenas de miedo

Un ensayo personal por Modesto Del Toro

Ser un aventurero muchas veces significa tener que vencer el miedo. En este ensayo, Modesto comparte sus ideas sobre la lucha contra el miedo.

Cadenas de miedo

MIEDO —todos lo tienen en una u otra forma. Para algunas personas el miedo es como una cadena que limita a esa persona para sentirse libre.

Una persona bajo esa cadena es prisionera y no puede tomar riesgos. No puede aprender cosas nuevas ni hacer algo difícil pero valeroso. En vez de mirar algo nuevo como una posibilidad, piensa que es un problema.

Por ejemplo, hay personas que se ponen nerviosas al tratar de hablar en frente de otras personas. Este problema es muy común, pero para otros es más grave. Por eso es que al tratar de hablar empiezan a tartamudear.

Las personas que tartamudean muchas veces prefieren no decir nada. Todo lo que algunos dicen es nada más una palabra: G-R-A-C-I-A-S. Algunas veces, si tartamudean, la gente no les tiene paciencia y se enoja a causa de que no hablan rápido y les hacen perder el tiempo a las otras personas.

Una vez, cuando yo estaba en cuarto grado, teníamos que aprendernos de memoria dos poemas y después teníamos que recitarlos frente a la clase. Bueno, yo practiqué e hice todo lo posible para aprendérmelos. Practiqué muchas veces para no tartamudear, que es el problema que yo tengo.

Poesía

El día que teníamos que recitarlos yo pensaba: "¿Me enfrentaré o me alejaré?" También pensé que iba a tartamudear. Cuando me tocó a mí, respiré profundo y empecé a hablar.

Al principio todo iba bien, pero después empecé a tartamudear. Cuando tartamudeé, pensé que los niños no iban a tener paciencia conmigo.

Tenía que decidir si enfrentarme o alejarme. Parte de mí quería salir del salón corriendo. Pero recordé que mi salón estaba lleno de amigos y por eso decidí quedarme y continuar. También recordé que mi maestra de recitación me aconsejó que hay maneras de conquistar mi debilidad.

Todavía estaba nervioso pero paré, respiré profundamente y pensé en lo que iba a decir. Hice mi tarea y me preparé para estar listo para presentar mis poemas.

Finalmente, terminé mis poemas. Tomé aire nuevamente y solté un suspiro de alegría y alivio. Mis compañeros aplaudieron fuertemente.

Aprendí que muchas veces la gente sí tiene paciencia. Pero también aprendí que la fortaleza viene de uno mismo y no depende de las acciones ni de las actitudes de las otras personas.

Aunque tartamudeé en parte de mis poemas, mi triunfo fue que terminé. Aprendí que tengo que tener paciencia conmigo mismo.

Quebré la cadena de miedo que me tenía prisionero. Cuando uno conquista su miedo, puede conseguir su meta.

Modesto Del Toro
Escuela Ballico
Livingston, California

Modesto está en quinto grado. Cuando crezca quiere ser policía, pues piensa que puede ayudar a muchas personas. Su pasatiempo favorito es jugar al fútbol americano y también disfruta mucho de la lectura. Sobre el tema que eligió para su ensayo comenta:

—Decidí escribir "Cadenas de miedo" porque aprendí que, cuando tienes miedo, tienes que tratar de hacer algo que no hayas hecho nunca en tu vida.

AVENTURAS DE VUELO:
Del globo a la Luna

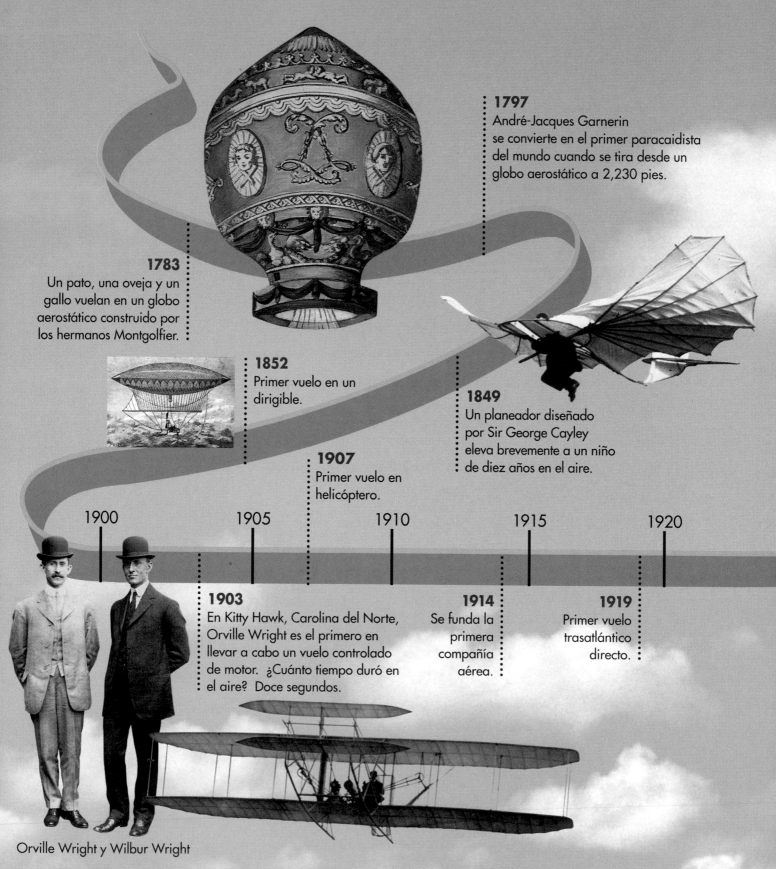

1797
André-Jacques Garnerin se convierte en el primer paracaidista del mundo cuando se tira desde un globo aerostático a 2,230 pies.

1783
Un pato, una oveja y un gallo vuelan en un globo aerostático construido por los hermanos Montgolfier.

1852
Primer vuelo en un dirigible.

1849
Un planeador diseñado por Sir George Cayley eleva brevemente a un niño de diez años en el aire.

1907
Primer vuelo en helicóptero.

1900   1905   1910   1915   1920

1903
En Kitty Hawk, Carolina del Norte, Orville Wright es el primero en llevar a cabo un vuelo controlado de motor. ¿Cuánto tiempo duró en el aire? Doce segundos.

1914
Se funda la primera compañía aérea.

1919
Primer vuelo trasatlántico directo.

Orville Wright y Wilbur Wright

1921
Rechazada por
las escuelas de aviación
estadounidenses, Bessie
Coleman aprende a volar en
Europa. Es la primera persona
afroamericana en obtener una
licencia de piloto.

1931
Ruth Nichols vuela
a una altura de
28,743 pies, más
alto que ninguna
otra mujer.

1933
El primer avión de pasajeros moderno,
el Boeing 247, hace su primer vuelo.
Puede llevar a diez pasajeros y cuatro-
cientas libras de carga. A la gente le
encantan sus lujos: sillones, un
aeromozo y un baño.

1925   1930   1935   1940   1945

1927
Charles Lindbergh
cruza solo el
Atlántico.

1935
Después de
haber cruzado
sola el Atlántico
en 1932, Amelia
Earhart cruza
sola el Pacífico
de Hawai a
California.

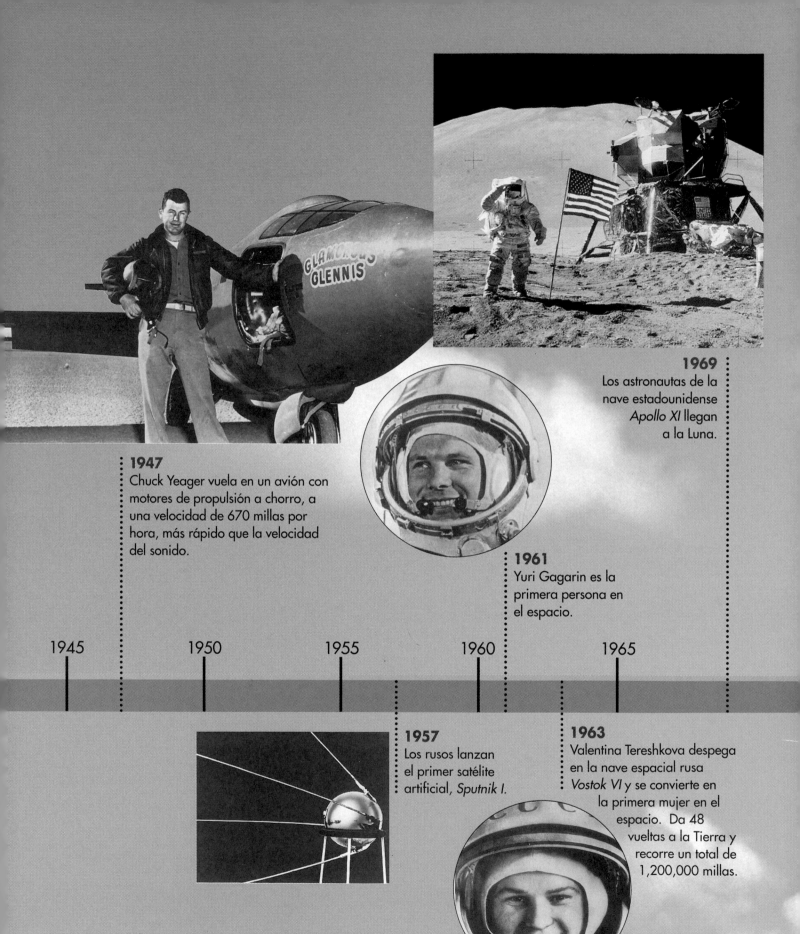

1947
Chuck Yeager vuela en un avión con motores de propulsión a chorro, a una velocidad de 670 millas por hora, más rápido que la velocidad del sonido.

1969
Los astronautas de la nave estadounidense *Apollo XI* llegan a la Luna.

1961
Yuri Gagarin es la primera persona en el espacio.

1945   1950   1955   1960   1965

1957
Los rusos lanzan el primer satélite artificial, *Sputnik I.*

1963
Valentina Tereshkova despega en la nave espacial rusa *Vostok VI* y se convierte en la primera mujer en el espacio. Da 48 vueltas a la Tierra y recorre un total de 1,200,000 millas.

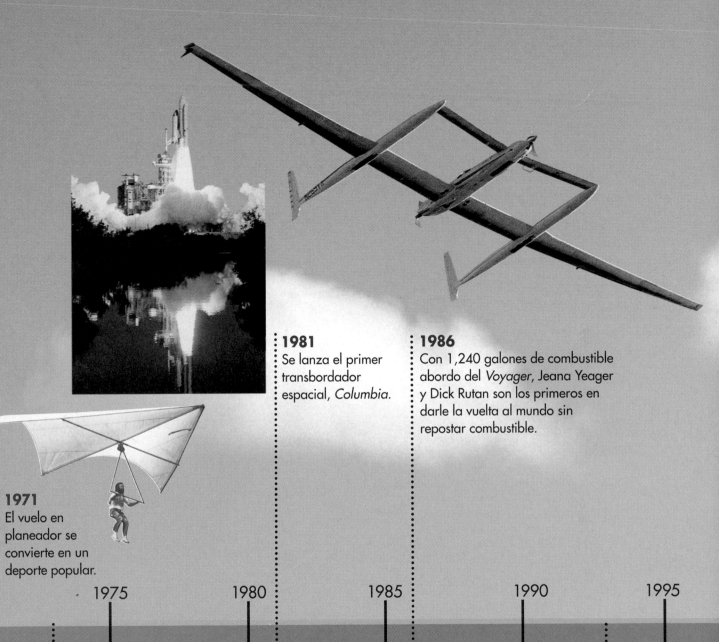

1981
Se lanza el primer transbordador espacial, *Columbia*.

1986
Con 1,240 galones de combustible abordo del *Voyager*, Jeana Yeager y Dick Rutan son los primeros en darle la vuelta al mundo sin repostar combustible.

1971
El vuelo en planeador se convierte en un deporte popular.

1970   1975   1980   1985   1990   1995

1973
La primera estación espacial de los Estados Unidos, *Skylab*, construida con piezas de naves espaciales viejas, demuestra que es posible vivir durante largos periodos de tiempo en el espacio.

1993
Victoria Van Meter, de 11 años, se convierte en la niña más joven en cruzar los Estados Unidos pilotando un avión. Su instructor de vuelo, a su lado durante toda la travesía, nunca toma el mando.

87

de
Romance de la luna, luna
por Federico García Lorca

La luna vino a la fragua
con su polisón de nardos.
El niño la mira mira.
El niño la está mirando.

Huye luna, luna, luna,
que ya siento sus caballos.
Niño, déjame, no pises
mi blancor almidonado.

El jinete se acercaba
tocando el tambor del llano.
Dentro de la fragua el niño
tiene los ojos cerrados.

¡Cómo canta la zumaya,
ay cómo canta en el árbol!
Por el cielo va la luna
con un niño de la mano.

La luna, un plátano
por Jesús Carlos Soto Morfín

Un plátano se fue
de noche
en un avión

Desde entonces
se quedó pegado
en el cielo
y le llaman luna

88

Nieve

por Alberto Forcada

Mi madre
me compró
una luna.

La pedí
de limón.

VOYAGER

Una aventura a los límites del sistema solar

SALLY RIDE
TAM O'SHAUGHNESSY

Ésta es la historia de dos naves espaciales: *Voyager 1* y *Voyager 2*. Se enviaron desde la Tierra para explorar cuatro planetas lejanos: Júpiter, Saturno, Urano y Neptuno.

La Tierra es el tercer planeta de los nueve que orbitan alrededor de la estrella que llamamos Sol. Júpiter, Saturno, Urano y Neptuno son el quinto, sexto, séptimo y octavo. Están muy, muy lejos. Júpiter, incluso en su posición más cercana a la Tierra, está a 400 millones de millas. Neptuno está a 3 mil millones de millas.

Estos cuatro planetas son muy diferentes a la Tierra.

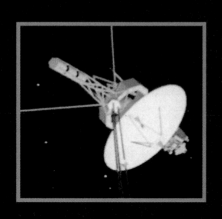

Los dos primeros, Júpiter y Saturno, se parecen mucho entre sí. Ambos son enormes. Júpiter es el planeta más grande del sistema solar; cabrían más de mil Tierras dentro de él. Ambos están compuestos mayormente de hidrógeno y de helio, los dos gases más livianos del universo. Hacia el centro de cada planeta el gas se hace más y más espeso, hasta que se convierte en líquido. Júpiter y Saturno no tienen tierra firme. Se les llama los "gigantes de gas" porque son enormes y están compuestos mayormente de gas.

91

Urano y Neptuno son también planetas gigantes. Aunque no son tan grandes como Júpiter y Saturno, ambos son mucho más grandes que la Tierra. Sus atmósferas también están compuestas de hidrógeno y de helio. Como están tan lejos del Sol, son planetas fríos y oscuros.

Los científicos habían estudiado los cuatro planetas gigantes a través de telescopios y habían descubierto mucho sobre ellos, pero incluso los telescopios más potentes no podían contestar todas sus preguntas. Una nave espacial diseñada para explorar los planetas gigantes les daría un vistazo más cercano. Pero habría sido imposible enviar astronautas tan lejos. Los astronautas nunca han viajado más allá de la Luna. Un viaje hasta los planetas gigantes sería mil veces más largo y duraría muchos años. Sólo una nave espacial robótica podría hacer el largo viaje.

La misión era tan importante que se construyeron dos naves espaciales, *Voyager 1* y *Voyager 2*. Si una se estropeaba en el largo viaje, quedaría la otra.

Las naves *Voyager* no eran muy grandes —cada una tenía el tamaño de un carro pequeño— pero eran las naves espaciales de diseño más avanzado hasta ese momento. Entre los instrumentos científicos que llevaban se incluían cámaras especiales con lentes telescópicos. Estas cámaras tomarían fotos muy de cerca de los planetas gigantes y la superficie de sus lunas. Otros instrumentos medirían la luz ultravioleta e infrarroja. Esta luz, invisible a las cámaras normales, les permitiría a los científicos aprender más sobre las temperaturas de los planetas y los elementos que los componen.

Durante su largo viaje a través del espacio, las naves *Voyager* serían controladas desde la Tierra. Los científicos mandarían órdenes por radio a las naves espaciales diciéndoles qué camino seguir, qué fotografías tomar y cuándo enviar la información. Las antenas de las naves *Voyager* estarían siempre dirigidas hacia la Tierra, listas para recibir instrucciones.

SALA DE CONTROL DE LA MISIÓN

Las señales de radio de las naves Voyager eran captadas por grandes antenas en California, Australia y España. Las señales se retransmitían en seguida vía satélite a la sala de Control de la misión en Pasadena, California.

Las fotografías e información recogidas por las naves espaciales se mandarían por radio a la Tierra. Pero los transmisores de radio de las naves *Voyager* no eran muy potentes y, cuando sus señales alcanzaran la Tierra, ya estarían muy, muy débiles. Se necesitaban muchas antenas grandes por todo el mundo para recibirlas, porque sería como tratar de oír un susurro a miles de millas de distancia.

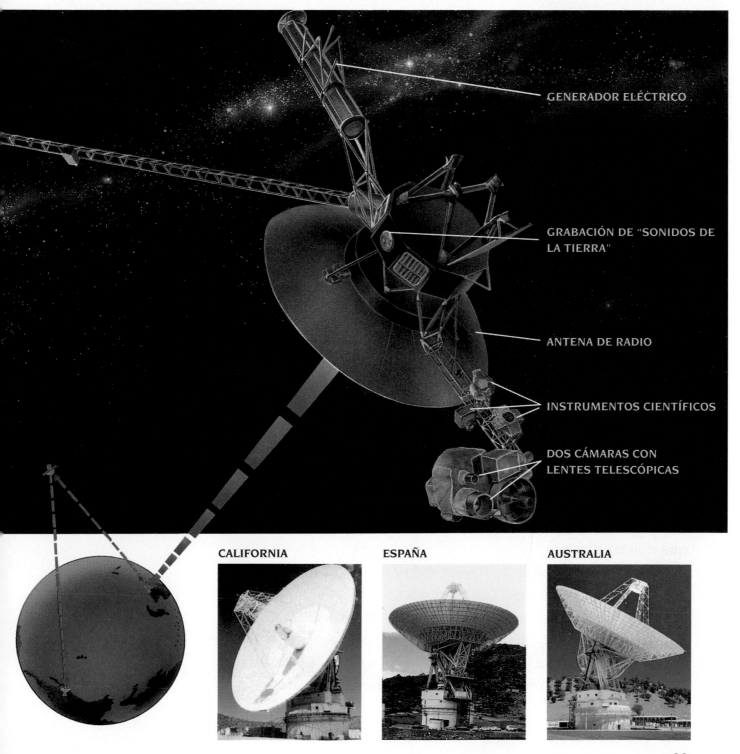

GENERADOR ELÉCTRICO

GRABACIÓN DE "SONIDOS DE LA TIERRA"

ANTENA DE RADIO

INSTRUMENTOS CIENTÍFICOS

DOS CÁMARAS CON LENTES TELESCÓPICAS

CALIFORNIA

ESPAÑA

AUSTRALIA

La exploración de los cuatro planetas se puede hacer sólo cuando los planetas están alineados correctamente en sus órbitas. Entonces puede usarse la gravedad de cada planeta como catapulta para acelerar las naves espaciales y ponerlas en camino hacia el siguiente planeta.

Las naves *Voyager* volarían a Júpiter, luego usarían la gravedad de Júpiter para impulsarse hacia Saturno. Si las dos naves *Voyager* todavía funcionaban cuando llegaran a Saturno, una de las naves se enviaría a estudiar la luna más grande de Saturno, Titán, y la otra seguiría su camino para explorar Urano y Neptuno.

Los planetas no se alinean así a menudo, ¡sólo cada 176 años! La misión del *Voyager* era una oportunidad extraordinaria.

En el verano de 1977, las naves *Voyager* despegaron hacia el espacio impulsadas por dos poderosos cohetes. Al salir de la Tierra, volaron tan deprisa que sólo tardaron diez horas en pasar la Luna. Mientras se alejaba, el *Voyager 1* tomó esta foto (derecha) de la Tierra y de la Luna, que dejaba atrás.

En camino a Júpiter, las naves *Voyager* tenían que pasar a través de un cinturón de asteroides. Los asteroides son rocas enormes que giran en órbita alrededor del Sol a altas velocidades. Hay miles de ellos entre Marte y Júpiter, y un choque contra uno podía destruir las naves espaciales. Las naves *Voyager* los cruzaron a salvo. El *Voyager 1* encabezaba el camino hacia Júpiter, el primer gigante de gas.

Los cuatro planetas gigantes, Júpiter, Saturno, Urano y Neptuno, vistos a escala. La Tierra también se ve a escala.

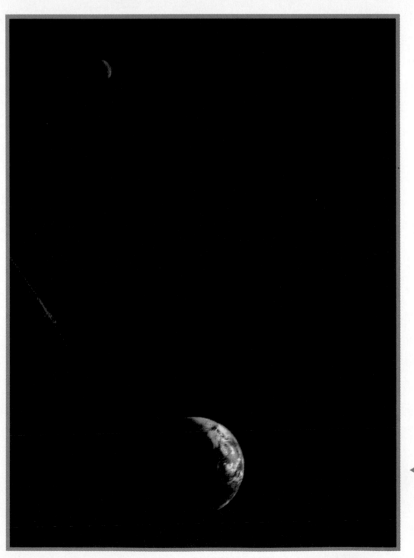

La Tierra y la Luna, fotografiadas por el *Voyager 1* en su rápida salida.

JÚPITER

Las naves *Voyager* se acercaban rápidamente a Júpiter. A medida que las naves se aproximaban al planeta, cientos de científicos llenaban la sala de Control de la misión para ver las fotos de cerca de este mundo tan lejano.

Las fotos de las naves *Voyager* se transmiten a través de señales de radio que viajan a la velocidad de la luz. Por eso, aunque las naves *Voyager* tardaron un año y medio en llegar a Júpiter, sus fotos llegaron a la Tierra en 45 minutos. Tan pronto como las grandes antenas de la Tierra recibían las fotos, las transmitían a la sala de Control de la misión, donde se proyectaban sobre pantallas de televisión. Los científicos quedaron asombrados por lo que vieron.

El planeta gigante tiene colores brillantes y diseños complicados que los científicos nunca habían visto a través de sus telescopios. Está cubierto por bandas anchas de nubes amarillas, anaranjadas, rojas y blancas. A través de estas nubes, se mueven tormentas de gran fuerza.

La Gran Mancha Roja es una tormenta enorme en la atmósfera de Júpiter que nunca desaparece. Los científicos la habían observado con sus telescopios durante trescientos años, pero nunca habían podido estudiar su movimiento. Se recogieron cientos de fotos de las naves *Voyager* en una película para poder observar los movimientos de la Gran Mancha Roja y de otras tormentas. La película mostró un gran torbellino en el centro de la Gran Mancha Roja y vientos poderosos en sus extremos.

Cada uno de los círculos blancos más pequeños es también una tormenta giratoria de gran fuerza. Los científicos no entienden por qué algunas tormentas son de color rojo brillante y otras son blancas. Aunque comparadas con la Gran Mancha Roja las tormentas blancas parecen pequeñas, algunas son tan grandes como la Tierra.

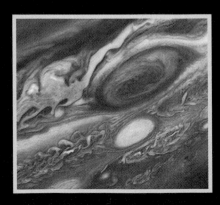

Una foto de la Gran
Mancha Roja de Júpiter ▲

Júpiter tiene 16 lunas que giran a su alrededor, por lo que parece un sistema solar en miniatura. Las naves *Voyager* descubrieron tres de esas lunas. Algunas de las otras se pudieron ver de cerca por primera vez.

Rocas y meteoritos se han estrellado contra Calisto, una de las lunas de Júpiter, durante más de 4 mil millones de años. Cada uno de estos choques ha dejado un cráter en la superficie helada de Calisto. Los cráteres más recientes parecen brillar. Cada choque rocía hielo fresco sobre la superficie, y el hielo más fresco es el más brillante.

Hace mucho tiempo, un objeto muy grande, quizás un asteroide, se estrelló contra Calisto. La superficie helada de Calisto no pudo mantener la forma del enorme cráter causado por el choque. La superficie se hundió poco a poco hasta recobrar su forma original, y ahora lo único que queda es una mancha brillante de hielo y una serie de anillos tenues que se crearon en el momento del choque.

Los científicos esperaban que la mayoría de las lunas del sistema solar se parecieran a Calisto: oscuras, congeladas y repletas de cráteres. Se asombraron cuando vieron las fotos de Ío, otra de las lunas de Júpiter, tomadas por las naves *Voyager*. No había cráteres y su superficie parecía ser de color naranja y estar manchada. Al principio Ío era un misterio. Pero una de las fotos de las naves *Voyager* mostró algo completamente inesperado: ¡un volcán en erupción! Hay volcanes activos en la Tierra, pero los científicos no pensaban

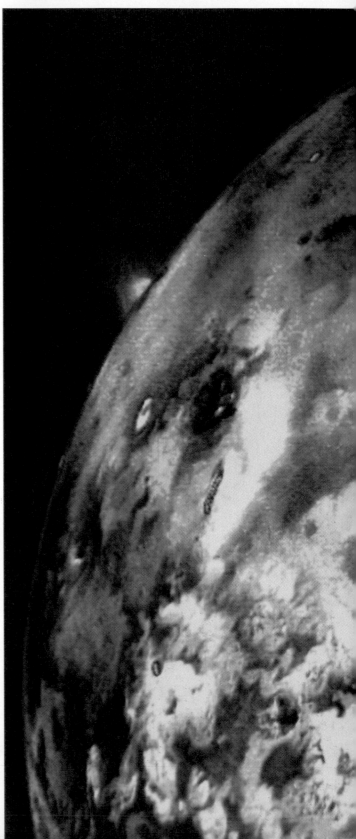

Voyager 1 tomó esta foto de un volcán en erupción en Ío. La pluma de gas tiene más de 100 millas de altura.

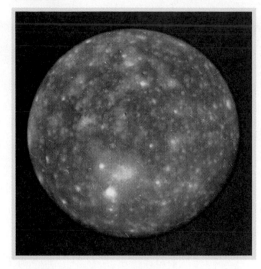

encontrarlos en ningún otro lugar del sistema solar. Mientras las naves *Voyager* pasaban por Ío, había nueve volcanes en erupción. El gas caliente que expulsaban algunos de ellos alcanzó cientos de millas de altura. No hay cráteres en Ío porque la lava de los volcanes corre sobre su superficie y los llena. La lava fría contiene el elemento químico azufre, el cual da a la superficie de Ío sus colores anaranjado, amarillo, rojo y negro.

Europa es la luna más brillante de Júpiter. Al igual que Ío, tampoco era como los científicos esperaban que fuera una luna. Es brillante porque está cubierta de una capa muy lisa de hielo que refleja la luz del sol. Los científicos creen que las líneas en la superficie de Europa son grietas en el hielo. El hielo nuevo debajo de la superficie se escapa por las grietas y forma crestas largas y planas.

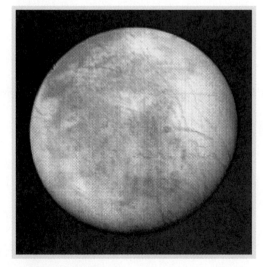

Europa, como Calisto, ha sufrido los choques de miles de rocas y meteoritos. Pero quedan muy pocos cráteres en su superficie. Hace tiempo, la capa de hielo de Europa debió haber sido blanda, o incluso líquida, causando que los cráteres se borraran.

Durante cientos de años, los científicos pensaron que Saturno era el único planeta con anillos, pero las naves *Voyager* descubrieron un anillo fino alrededor de Júpiter. El anillo no se podía ver desde la Tierra. Incluso las cámaras sensibles de las naves *Voyager* apenas podían verlo.

El anillo está hecho de partículas de polvo muy pequeñas que giran alrededor del planeta. ¿De dónde viene el polvo? Las naves *Voyager* descubrieron dos lunas muy pequeñas al borde del anillo. Los científicos creen que los meteoritos se estrellan contra esas lunas y les arrancan polvo de la superficie. La órbita del planeta atrae el polvo y lo hace parte del anillo.

Las naves *Voyager* enviaron a la Tierra más de 30,000 fotos de Júpiter y sus lunas. Mientras los científicos estudiaban las fotos y el resto de la información, las naves comenzaron su viaje de dos años al siguiente planeta, Saturno.

SATURNO

Saturno es el segundo planeta más grande
del sistema solar; sólo Júpiter es más grande.
Aunque Saturno es grande, es muy liviano.
No es como una roca grande. Una roca se
hundiría en un cubo de agua. Si pudieras encontrar un cubo lo bastante grande, Saturno
flotaría en el agua.

Cuando los astrónomos observan Saturno
con telescopios desde la Tierra, ven un bru-
moso planeta amarillo con tres anillos hermosos. Pero según las naves *Voyager* se acercaron
más y más, mostraron Saturno como nunca
antes se había visto. Descubrieron que el planeta tenía anchos cinturones de nubes ma-
rrones, amarillas y anaranjadas. La atmósfera
rayada les recordó Júpiter a los científicos,
aunque los colores no eran tan brillantes, ni las
rayas tan nítidas.

Vientos violentos braman en la atmósfera
de Saturno, soplando mucho más rápido que
cualquier viento de la Tierra. Las corrientes
de aire cerca del ecuador de Saturno pueden
alcanzar 1,000 millas por hora. Las naves
Voyager también descubrieron tormentas
fuertes y giratorias como las de la atmósfera de
Júpiter.

Los famosos anillos de Saturno están
formados por innumerables pedazos de roca
y hielo que giran en órbita alrededor del planeta, a alta velocidad. Si pudieras recoger
todas las partículas de los anillos, tendrías sufi-
cientes rocas y hielo para hacer una luna de
tamaño mediano. Los científicos piensan que
los anillos pueden ser los restos de una luna
que estalló debido a los choques.

Como parte de un experimento, las naves *Voyager* enviaron señales de radio a la Tierra a través de los anillos. Las señales se distorsionaron un poco al cruzar los anillos. Al estudiar esos cambios, los científicos concluyeron que los pedazos de roca y hielo que componen los anillos tienen muchos tamaños diferentes. Algunos son tan pequeños como granos de arena. Algunos son tan grandes como camiones.

Desde la Tierra, Saturno parece tener tres anillos grandes. En las fotos de las naves *Voyager*, parecía tener miles y miles de anillos. Otros instrumentos de las naves *Voyager* mostraron que los anillos son parte de una capa enorme de partículas. No existe ningún espacio completamente vacío entre los anillos. La capa fina empieza cerca de la cima de las nubes de Saturno y se extiende por 40,000 millas. Tres anillos muy tenues giran en órbita alrededor de la capa principal.

Las naves *Voyager* descubrieron una luna muy pequeña, invisible desde la Tierra, al borde de la capa principal de anillos. Esta luna, como los mismos anillos, probablemente es un trozo de una luna más grande que estalló cuando un cometa o un asteroide chocó contra ella. Hay otras lunas pequeñas como ésta que ayudan a dar forma a los anillos y a limpiar sus bordes.

Saturno tiene por lo menos 18 lunas, más que ningún otro planeta. Cuatro de ésas, incluso una que está al borde de la capa principal de los anillos, fueron descubiertas por las naves *Voyager*.

Las fotos de las lunas de Saturno tomadas por las naves *Voyager* muestran que el sistema solar puede ser un lugar peligroso. Una de las lunas, Mimas, casi no sobrevivió un choque que dejó un enorme cráter en su superficie. El cráter mide 80 millas de ancho, y la montaña que hay en el centro es más alta que el monte Everest. Si el choque hubiera sido más fuerte, Mimas se habría partido por la mitad.

▲ Los anillos de Saturno. Una computadora añadió colores a la fotografía para mostrar las diferentes partes de los anillos.

▼ Esta foto muestra Saturno, sus anillos y dos de sus 18 lunas, Tetis y Dione.

MIMAS

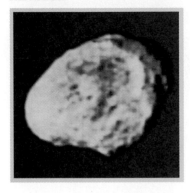

HIPERIÓN

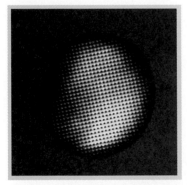

FEBE

TITÁN

Hiperión, otra luna, es probablemente un trozo de lo que era antes una luna más grande que se partió.

La mayoría de las lunas de Saturno son bolas de hielo que se formaron al mismo tiempo que el planeta. Pero Febe es diferente. Probablemente era un asteroide que se acercó demasiado al planeta y fue capturado por la fuerza de gravedad de Saturno. La foto salió borrosa porque Febe es pequeña y el *Voyager* estaba lejos.

Titán, la luna más grande de Saturno, fascinaba a los científicos. Antes de la misión de las naves *Voyager*, era la única luna del sistema solar que tenía una atmósfera conocida. Desde la Tierra, los científicos habían detectado gas metano alrededor de Titán, pero no sabían con certeza si había otros gases en su atmósfera. Para averiguarlo, enviaron al *Voyager 1* en una dirección que lo llevaría muy cerca de esta insólita luna.

Cuando la nave llegó a Titán, encontró una espesa neblina anaranjada que cubría la luna. La atmósfera de Titán es muy espesa, más de una vez y media más espesa que el aire de la Tierra. Está compuesta casi en su totalidad de nitrógeno, igual que la atmósfera de la Tierra. Pero a diferencia del aire que respiramos, la atmósfera de Titán no contiene oxígeno.

¿Qué hay debajo de la neblina anaranjada? Las cámaras del *Voyager 1* no pudieron ver la superficie de Titán, pero los otros instrumentos transmitieron algunas pistas. El etano es tan abundante en Titán como el agua en la Tierra. Los científicos piensan que quizás Titán tenga tormentas de lluvia de etano, y que quizás haya ríos y lagos de etano en su superficie congelada.

El acercarse tanto a Titán impidió que el *Voyager 1* continuara hacia Urano y Neptuno. En lugar de esto, la nave espacial se dirigió hacia fuera del plano principal del sistema solar.

El *Voyager 2* estaba en camino hacia los últimos dos planetas gigantes. Usando la gravedad de Saturno como una catapulta gigante, el *Voyager 2* se despidió de su gemelo y se dirigió a Urano solo.

URANO

Urano está tan lejos que el *Voyager 2* tardó más de cuatro años en llegar allí desde Saturno. El planeta estaba todavía a 150 millones de millas cuando el *Voyager* tomó esta foto.

Como Urano está tan lejos del Sol, no recibe mucho calor o luz. Es un planeta frío y oscuro. Tomar fotos en Urano es como tomar fotos durante el atardecer en la Tierra. Así que, según el *Voyager* se acercaba a Urano, los científicos iban ajustando sus cámaras para tomar fotos en esa luz tan débil.

El *Voyager* se acercó más y más al planeta, pero todas las fotos que envió lucían iguales. Urano no tiene, como Júpiter y Saturno, cinturones de color o tormentas giratorias. Su atmósfera azul pálido casi no tiene rasgos particulares. El *Voyager* midió vientos fuertes, pero no tan fuertes como los vientos de los otros dos planetas.

La atmósfera de Urano, como las de Júpiter y Saturno, está compuesta sobre todo de hidrógeno y helio. Pero también tiene pequeñas cantidades de metano. El metano le da a Urano su color azul.

Aunque este planeta azul pálido parece ser muy calmo y pacífico, los científicos creen que tuvo un pasado violento. En un pasado lejano, Urano probablemente chocó contra un objeto enorme, quizás un cometa del tamaño de la Tierra. Este choque fue tan violento que "tumbó" Urano. Ahora el planeta yace de lado. En su órbita alrededor del Sol, primero el polo sur apunta hacia el Sol, y luego el polo norte.

El mismo año en que se lanzaron las naves *Voyager* desde la Tierra, los científicos descubrieron, a través de sus telescopios, nueve anillos delgados alrededor de Urano. Cuando el *Voyager 2* llegó allí, encontró dos más.

Los anillos de Urano son muy diferentes del anillo tenue que rodea Júpiter y de la ancha capa de anillos de Saturno. Los anillos de Júpiter y Saturno tienen muchas partículas minúsculas, pero parece que los anillos de Urano están hechos principalmente de pedazos grandes de roca y de hielo del tamaño de peñascos. Los científicos estaban perplejos. ¿No deberían los peñascos chocar unos contra otros y romperse en trozos más pequeños? Los científicos todavía están estudiando la información enviada por el *Voyager*, y buscando las partículas pequeñas que, piensan, deberían estar allí.

Los anillos son también mucho más oscuros que los de Júpiter y Saturno. Los peñascos en los anillos de Urano son tan negros como el carbón.

La foto a la derecha, y una foto como ésta de Saturno, les dio a los científicos una pista para resolver el misterio de qué es lo que une los anillos. Debido a las fotos del *Voyager*, los científicos ahora piensan que las partículas se mantienen en forma de anillo por la existencia de dos lunas pequeñas, cada una a un lado del anillo. La gravedad de cada luna atrae las partículas hacia sí. Esta competencia mantiene las partículas en forma de anillo entre ambas lunas.

▲ Los anillos de Urano. Los dos anillos que el *Voyager* descubrió son tan tenues que no aparecen en esta foto.

▼ Dos lunas muy pequeñas (*círculos*), cerca de uno de los anillos de Urano.

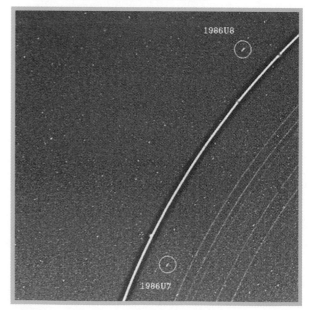

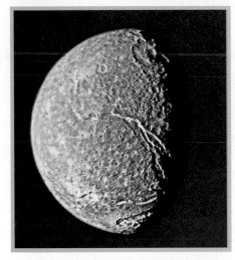

TITANIA

OBERÓN

MIRANDA

Las naves *Voyager* demostraron que las lunas y los anillos están estrechamente relacionados. Las lunas pueden mantener los anillos en su sitio, y los anillos, a su vez, pueden estar formados por los restos de lunas que estallaron en colisiones contra cometas o asteroides.

Antes de la visita del *Voyager 2* a Urano, los científicos habían descubierto cinco lunas alrededor del planeta, pero no sabían sus tamaños o de lo que estaban compuestas. En unas pocas horas, el *Voyager* descubrió diez lunas nuevas. Descubrió también que las lunas de Urano se componen sobre todo de hielo y de rocas, y que incluso las lunas más grandes, Titania y Oberón, miden sólo la mitad del tamaño de la Luna de la Tierra.

Miranda es la luna más cercana al planeta. Parece un rompecabezas cuyas piezas han sido revueltas. Parte de su superficie tiene cráteres y parece ser vieja, y la otra parte es muy áspera y parece ser más joven. Hay riscos de hielo de diez millas de altura y cañones de diez millas de profundidad. Miranda ha confundido a los científicos. Algunos piensan que posiblemente una colisión despedazó Miranda hace tiempo. Los trozos se quedaron en órbita alrededor de Urano y se juntaron progresivamente hasta que se formó una luna nueva. Esta teoría podría explicar la apariencia desigual de la luna que vemos hoy.

El encuentro del *Voyager 2* con Urano fue muy breve. La mayoría de las fotos del planeta, de sus anillos y de sus lunas se tomaron en sólo seis horas. Pero esas seis horas les dieron a los científicos el primer buen vistazo de este planeta azul pálido.

Después de haber viajado casi 3 mil millones de millas, el *Voyager* todavía tenía que recorrer 1,500 millones de millas más para llegar a Neptuno, el último planeta gigante en nuestro sistema solar.

NEPTUNO

El *Voyager 2* había viajado 12 años. La envejecida nave espacial había sobrevivido su largo viaje por el espacio y finalmente se estaba acercando a Neptuno. Había una gran animación en la sala de Control de la misión. Los científicos habían esperado mucho tiempo para poder ver de cerca este misterioso planeta.

El *Voyager 2* no los decepcionó. En las primeras fotos tomadas de cerca los científicos descubrieron una luna nueva girando en órbita cerca de Neptuno. Esta luna es pequeña, oscura y desigual. Da la impresión de haber sufrido muchos choques. El *Voyager* descubrió cinco lunas más, de tamaño pequeño, antes de alejarse de Neptuno.

Las próximas fotos del *Voyager* facilitaron otro descubrimiento: este planeta también tiene anillos. Dos de ellos son delgados y dos son anchos. Las partículas que forman los anillos de Neptuno son pequeñas, como las de los anillos de Júpiter. Pero también son muy negras, como los peñascos grandes que giran alrededor de Urano.

Los anillos de Neptuno son poco usuales porque algunas partes son más espesas que otras. Las partículas de los anillos no están repartidas uniformemente. Los científicos no entienden el por qué de esto. Quizás haya lunas muy pequeñas que den forma a los anillos, pero nadie las ha encontrado todavía.

Los científicos esperaban que Neptuno fuera muy parecido a Urano, porque los dos planetas son más o menos del mismo tamaño y están muy, muy lejos del Sol. Pero las fotos del *Voyager* los sorprendieron. Este planeta frío y azul tiene un clima violento. Su atmósfera tiene tormentas tan poderosas como las de Júpiter y Saturno.

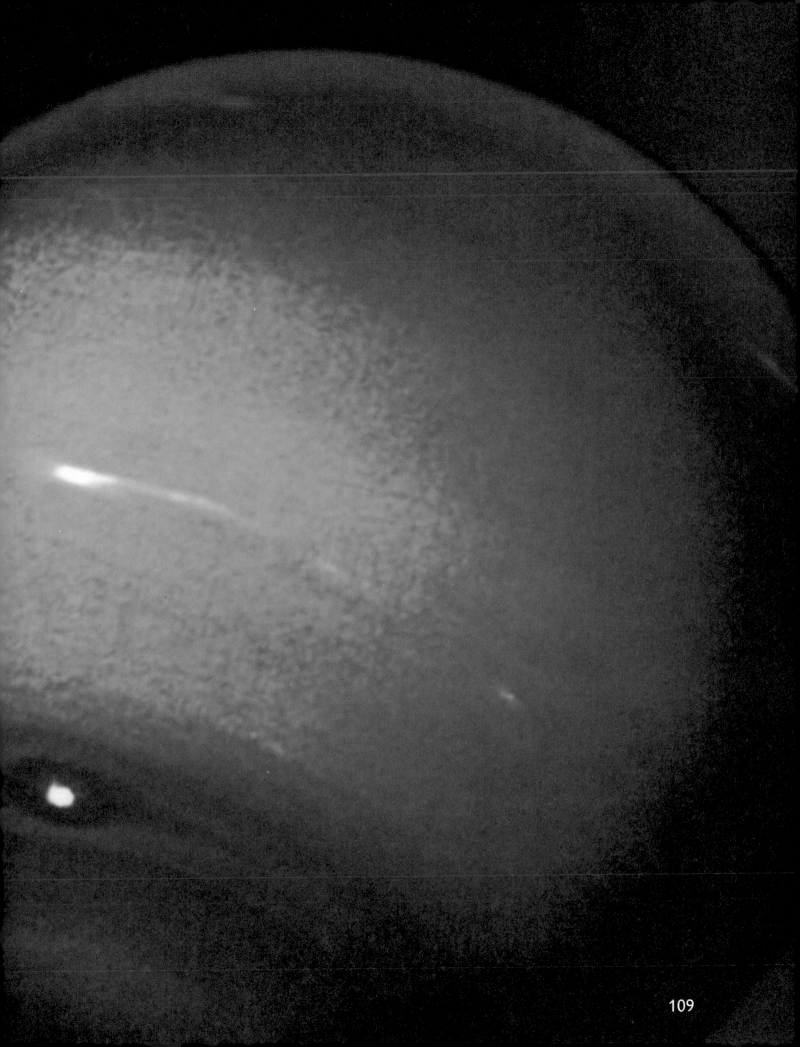

Una tormenta enorme fue nombrada la Gran Mancha Oscura porque les recordaba a los científicos la Gran Mancha Roja de Júpiter. Los vientos de sus bordes son los más poderosos que se han medido en ningún planeta: ¡más de 1,400 millas por hora!

El *Voyager* viajó más cerca de Neptuno que de ningún otro planeta, deslizándose a sólo tres mil millas por encima de sus nubes. Las nubes blancas de la atmósfera de Neptuno se parecen a las nubes altas y finas de la Tierra. Su sombra oscura se puede ver sobre la capa de nubes que hay por debajo. Los científicos dedujeron, al observar las sombras, que las nubes blancas flotan a muchas millas por encima de las otras.

El *Voyager* voló también muy cerca de los anillos de Neptuno. Según pasaba los anillos, minúsculas partículas de polvo lo azotaban una y otra vez. Aunque las partículas eran muy pequeñas, se movían tan rápido que el *Voyager* podría haber sufrido daños serios. Pero el bombardeo sólo duró unos momentos, y el *Voyager* pasó a salvo. La nave se apresuró hacia su último objetivo, la luna más grande de Neptuno, Tritón.

Se sabía muy poco de Tritón, pero las observaciones hechas desde la Tierra hacían creer a los científicos que quizás tenía una atmósfera. El *Voyager* descubrió que sí tiene una. La atmósfera de Tritón está compuesta de los mismos gases, nitrógeno y metano, que la atmósfera de la luna de Saturno, Titán. Pero la atmósfera de Tritón es muy, muy fina. Las cámaras del *Voyager* pudieron mirar fácilmente a través de ella hacia la superficie de la luna.

▲ **Se combinaron dos fotografías para hacer esta imagen de los anillos de Neptuno.**

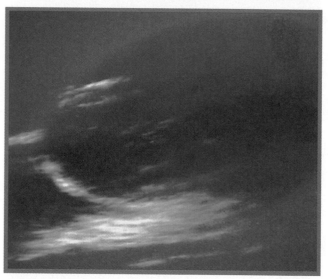

▲ **Una foto tomada de cerca de la Gran Mancha Oscura.**

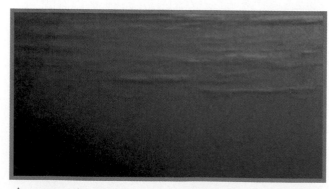

▲ **Las nubes blancas en lo alto de la atmósfera de Neptuno proyectan sombras oscuras sobre la capa de nubes azules que está por debajo.**

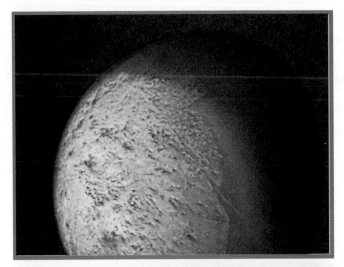

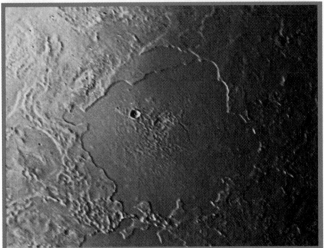

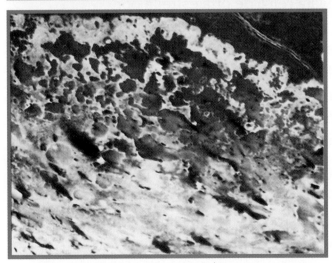

La mayoría de las lunas se forman al mismo tiempo que su planeta, así que giran en órbita en la misma dirección que la rotación del planeta. Tritón gira en órbita "al revés" que Neptuno. Por eso los científicos piensan que Tritón se formó en otro lugar del sistema solar, y que se acercó tanto a Neptuno que fue capturado por la gravedad del planeta.

Después de que Tritón entró en órbita, las fuerzas que la atraían hacia Neptuno pueden haberla calentado y fundido. Es posible que durante mil millones de años Tritón fuera una luna líquida. Hoy, Tritón es el lugar más frío del sistema solar. Su temperatura es de 390 grados (Fahrenheit) bajo cero. Su superficie está congelada y completamente endurecida.

Partes de Tritón están cubiertas de casquetes pálidos de hielo. Al principio, los científicos no podían explicar las rayas oscuras que veían en el hielo. Pero al ver más fotos, vieron como se proyectaban chorros oscuros de hielo y gas desde la superficie hacia arriba, que luego el viento desplazaba horizontalmente. Estos chorros, llamados géiseres, ocurren cuando el líquido que hay debajo de la superficie explota hacia arriba a través de lugares frágiles en el hielo —como soda caliente cuando abres una lata. Algunos géiseres pueden estar en erupción durante meses, rociando hielo y gas por millas en la fina atmósfera de Tritón y dejando rayas negras en su superficie helada.

▲ *Arriba*: Tritón. *Centro*: Parte de la superficie de Tritón. La fotografía se tomó a una distancia de aproximadamente 300 millas. *Abajo*: Parte del casquete de hielo en el polo sur de Tritón. Las manchas oscuras pueden ser géisers de hielo.

La última mirada del *Voyager* a Neptuno y Tritón.

El disco sujeto a cada *Voyager* contiene saludos en más de 60 idiomas, música de culturas diferentes y otros sonidos de la Tierra como el de las ballenas jorobadas. La carátula del disco (*esquina inferior derecha*) tiene símbolos que muestran dónde está localizada la Tierra en el universo.

Los géiseres de hielo nunca se habían visto antes. Este descubrimiento, en la luna más fría del sistema solar, fue un emocionante final a esta aventura de 12 años. Tres días después de irse de Tritón, el *Voyager* ya estaba a 3 millones de millas. Mientras se alejaba rápidamente, les dio a los científicos este último vistazo de Neptuno y Tritón. Poco después, el último planeta gigante era sólo un punto en la lejanía.

Las naves *Voyager* todavía están viajando.

Desde que dejó Saturno, el *Voyager* 1 se ha estado dirigiendo hacia el norte, hacia afuera del sistema solar. El *Voyager 2* ahora se está dirigiendo hacia el sur. Aunque las naves *Voyager* ya no toman fotos, todavía están recogiendo información. Seguirán enviando información por radio a la Tierra hasta el año 2020 aproximadamente. Ambas naves están estudiando el viento solar, compuesto de partículas de alta energía que fluyen desde el Sol. Están buscando el borde del sistema solar —el lugar donde la influencia de nuestro Sol se acaba.

Las naves *Voyager* no pararán allí. Continuarán hacia el espacio interestelar, el espacio vacío entre las estrellas. Aunque están viajando a más de 35,000 millas por hora, ninguna de las naves llegará cerca de otra estrella por miles y miles de años.

Es improbable que cualquiera de las naves *Voyager* sea descubierta por viajeros espaciales de otro mundo. Pero, por si acaso, llevan un mensaje de su patria, la Tierra. Un disco de cobre sujeto al lado de la nave espacial contiene fotos y sonidos de la Tierra. Comienza así:

"Éste es un regalo de un mundo pequeño y lejano, una muestra de nuestros sonidos, nuestra ciencia, nuestras imágenes, nuestra música, nuestros pensamientos y nuestros sentimientos".

Las naves *Voyager* todavía están viajando, dirigiéndose hacia las estrellas y llevando un mensaje de todos nosotros.

Sally Ride sabe mucho de viajes "fuera de este mundo". En 1983 se convirtió en la primera mujer estadounidense en el espacio cuando voló a bordo del transbordador *Challenger*. Durante el vuelo de seis días, Ride hizo experimentos científicos, participó en el lanzamiento de satélites y manejó un brazo robótico de cincuenta pies de largo. Hasta participó en un concurso de atrapar caramelos, ¡sin usar las manos! Dice: —Lo que más recuerdo del vuelo es que fue divertidísimo. Sin duda es lo más divertido que haré en toda mi vida. Ride escribió su primer libro juvenil acerca de la vida y del trabajo en el espacio. En 1987 guardó su traje espacial para siempre y ahora es profesora de física en la Universidad de California en San Diego. Sus dos carreras la ayudaron a escribir *Voyager: Una aventura a los límites del sistema solar.*

Tam O'Shaughnessy conoció a Sally Ride cuando, de adolescentes, competían en torneos nacionales de tenis. Las dos han sido amigas desde entonces. O'Shaughnessy jugaba al tenis profesionalmente antes de convertirse en profesora de biología en San Diego, California. *Voyager: Una aventura a los límites del sistema solar* es su primer libro.

IDEAS FUERA DE ESTE MUNDO

Pinta un planeta

¿De qué color es tu mundo?

¡Tonos vibrantes! ¡Anillos deslumbrantes! ¡Un montón de lunas! ¿Cómo te imaginas las vistas desde el *Voyager?* Utiliza la información y las fotos de esta selección para dibujar o pintar los cuatro planetas visitados por las naves *Voyager.*

Haz una lista

Lo que quiero saber es...

¿Qué es la Gran Mancha Oscura dé Neptuno? ¿Cómo pueden las lunas de un planeta ser tan diferentes una de otra? La lectura sobre el *Voyager* puede haber suscitado muchas preguntas. Haz una lista de las preguntas que tienes sobre los planetas, sus lunas y otras características del espacio.

Construye un modelo

No incluye pilas

Aunque las naves *Voyager 1* y *2* parecen unas antenas parabólicas más que unas elegantes naves espaciales, el diseño es apropiado para su misión. Usa materiales de arte para hacer un modelo de la astronave *Voyager*. Identifica cada parte con su nombre y di para qué sirve, o dibuja un diagrama de tu modelo.

Compara selecciones

¡Anuncia el ganador!

En este tema, fuiste desde un volcán misterioso, hasta la cima helada del mundo y luego a los límites del sistema solar. Las selecciones principales te llevaron a lugares raros con rasgos extraordinarios. Escribe un párrafo o dos explicando cuál de las aventuras te gustó más y por qué.

CADETES DEL ESPACIO

UNA VISITA A UN CAMPAMENTO PARA CHICOS ASTRONAUTAS

por Russell Ginns

—Habla el director del vuelo —dice una voz por la radio—. Prepárense para soltar los cohetes propulsores.

Aprietas dos botones amarillos que parpadean. Entonces oyes el sonido de dos pequeñas explosiones cuando tu nave suelta los cohetes. La cabina entera se estremece.

La piloto te toca el hombro. Señala la ventana, donde puedes ver a la Tierra encogerse y desaparecer.

—Tiempo en el espacio, ocho minutos y 10 segundos —dice una voz.

—El transbordador avanza a una velocidad de 3,700 pies por segundo —dice otra voz.

¿De verdad estás volando en el transbordador espacial, a 100 millas de la Tierra? No, pero estás haciendo lo más parecido posible, mientras completas tu misión final en el Campamento Espacial de los Estados Unidos en Huntsville, Alabama.

Cada año, miles de chicos de todas partes de los Estados Unidos van allí para aprender sobre el espacio y el programa espacial de los Estados Unidos. Lo mejor de todo es que los participantes reciben entrenamiento de astronautas.

El Campamento Espacial es para chicos del cuarto al sexto grado. La Academia Espacial es un programa similar para chicos del séptimo al

A partir de las seis de la mañana, los cadetes van de una sesión de entrenamiento a otra, y tienen sólo un corto tiempo entre ellas para comer y llamar a casa por teléfono. Toman clases sobre la historia de los trajes espaciales y aprenden todas las partes diferentes del transbordador espacial. Construyen y lanzan sus propios cohetes en miniatura y visitan el Centro del Espacio y de Cohetes, el museo espacial más grande de los Estados Unidos. Todas las tardes, los cadetes ven películas sobre la historia de la exploración del espacio.

Gran parte del equipo que usan en el campamento espacial es igual al equipo con el que los astronautas se entrenan de verdad.

El simulador "Cinco grados de libertad" fue usado por los primeros astronautas para aprender a moverse en gravedad cero. Los participantes están sujetos con cinturones a una silla que gira en todas direcciones: hacia arriba, abajo, a la izquierda y a la derecha. La silla entera flota en un almohadón de aire. Así que el más mínimo empujón en cualquier dirección puede hacer que la silla y su ocupante se deslicen por el suelo.

duodécimo grado. Ambos duran cinco días y medio, e incluyen clases, visitas y actividades prácticas que les dan a los chicos la oportunidad de experimentar cómo se siente ser un astronauta de verdad.

De mañana a noche

Desde temprano en la mañana hasta tarde en la noche, los chicos del campamento espacial están muy ocupados.

—A veces traen sus patines o radios al campamento —dice la entrenadora, Bridget Damberg—. Pero nunca he visto a nadie que haya tenido tiempo de usarlos.

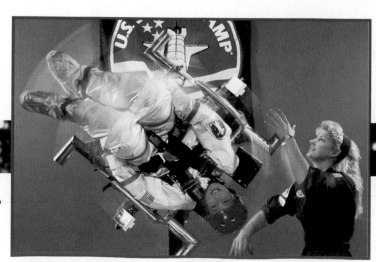

El entrenador empuja al participante, que lleva un destornillador en la mano, hacia una pared que tiene una tuerca. El objetivo es destornillar la tuerca sin tocar la pared.

—Hasta que te acostumbras, eres tú el que das las vueltas en vez del destornillador —dijo el cadete Danny Shaw, de 11 años.

Otro simulador se llama "Silla de entrenamiento de microgravedad". Es una silla que cuelga del techo con un sistema de poleas y muelles. La silla se ajusta para que la persona que se siente en ella pese una sexta parte de su peso normal. —Es como caminar por la Luna —dice Danny.

Pero caminar por la Luna no es sencillo. Si estás sujeto a la silla de microgravedad e intentas caminar normalmente, no vas a avanzar. Por el contrario, vas a rebotar hacia arriba y abajo en el mismo sitio.

—La mejor manera de caminar en la Luna es pretender que estás corriendo a cámara lenta, moviendo mucho tus brazos y tomando pasos gigantes —les dice el entrenador Paul Crawford a los cadetes.

—Eso sí funciona —reconoce Danny—, pero se ve un poco tonto.

Los chicos de la Academia Espacial también dan una vuelta por el "Simulador de entrenamiento multiaxial" y ¡de verdad que dan vueltas! Este simulador es un conjunto de grandes anillos de metal, uno dentro del otro. El astronauta se sienta en el centro. Cuando el instructor enciende el motor, el astronauta gira al azar en tres direcciones diferentes, todas a la vez.

—¡Parece que te va a hacer vomitar! —dijo Robin Lundesh, de 14 años—. Pero de verdad no es tan malo.

—Como el estómago siempre está en el centro mismo de los giros, nunca hay suficiente fuerza como para marear a nadie. Sin embargo, te da una idea de cómo se siente estar dando vueltas sin control en el espacio. No sabes qué está arriba y qué está abajo —dice Robin.

El "Simulador de entrenamiento multiaxial" hace girar a un participante en tres direcciones a la vez.

 El Control de la misión sigue cuidadosamente el progreso del transbordador.

La misión final

El evento principal de la semana en el Campamento Espacial o en la Academia Espacial es la misión de equipos. Durante una simulación que dura dos horas, los equipos hacen un vuelo completo en el transbordador espacial. Incluye despegar, lanzar un satélite, montar una estación espacial, aterrizar y cualquier medida de emergencia que tengan que tomar durante el proceso.

Cada cadete tiene una tarea diferente. Algunos van a la sala de Control de la misión, donde ayudan a dirigir el despegue y el aterrizaje, y el mantenimiento de constantes vitales. Asignan a otros cadetes a la cápsula, y su trabajo principal es navegar el transbordador. Otros son especialistas del cohete interespacial, y se encargan de poner satélites en órbita y hacer reparaciones fuera de la nave cuando está en el espacio.

—Al principio, me enojé porque no me escogieron para ser el piloto —dice Sean Allen, de 13 años. Fue elegido para ser el supervisor del tiempo atmosférico y progreso de la misión—. Pero mi trabajo fue más difícil de lo que pensaba. Tenía que controlar todo lo que estaba pasando durante el lanzamiento. Y al final decidí en dónde iba a aterrizar el transbordador.

Durante la misión cada persona sigue un guión que le indica lo que tiene que hacer y decir en ciertos momentos. Mientras tanto, los entrenadores se sientan

delante de una computadora, lejos de los "astronautas", y supervisan cómo va la misión. También crean problemas que los cadetes tienen que resolver.

—Hay 30 problemas que podemos causarles a los equipos —dice la entrenadora Tammy Motes—. Generalmente les damos por lo menos cinco o seis.

Por ejemplo, los entrenadores pueden dar la señal de que la presión de la cabina del transbordador está bajando. El piloto o el supervisor de sistemas de mantenimiento de constantes vitales tiene que darse cuenta de que la luz de aviso está parpadeando. Deben avisar al director de vuelo de que algo anda mal. Entonces, el director de vuelo tiene que consultar un manual para saber qué debe hacer, y comunicar sus instrucciones por radio.

—Mientras todo esto sucede, los demás miembros de la tripulación tienen que seguir con sus otras responsabilidades —dice Tammy Motes—. Si pasan demasiado tiempo arreglando cosas y no lanzan el satélite cuando deben, la misión entera es un fracaso.

De vuelta a casa

Cuando los cadetes han terminado su última misión, se dirigen a la ceremonia de graduación, donde reciben un diploma del Campamento Espacial y un par de alas para sus camisetas. Después, vuelven a casa.

Muchos de ellos vuelven el año siguiente, y pasan del Campamento Espacial a la Academia Espacial. Otros quizás vuelvan para tomar parte en el Nivel II de la Academia Espacial, que es más difícil. Y algunos quizás, sólo quizás, se convertirán en los astronautas de mañana.

Vida salvaje

Vida **salvaje**

Índice

ÉCHALE UNA OJEADA

DEPENDE DE TI

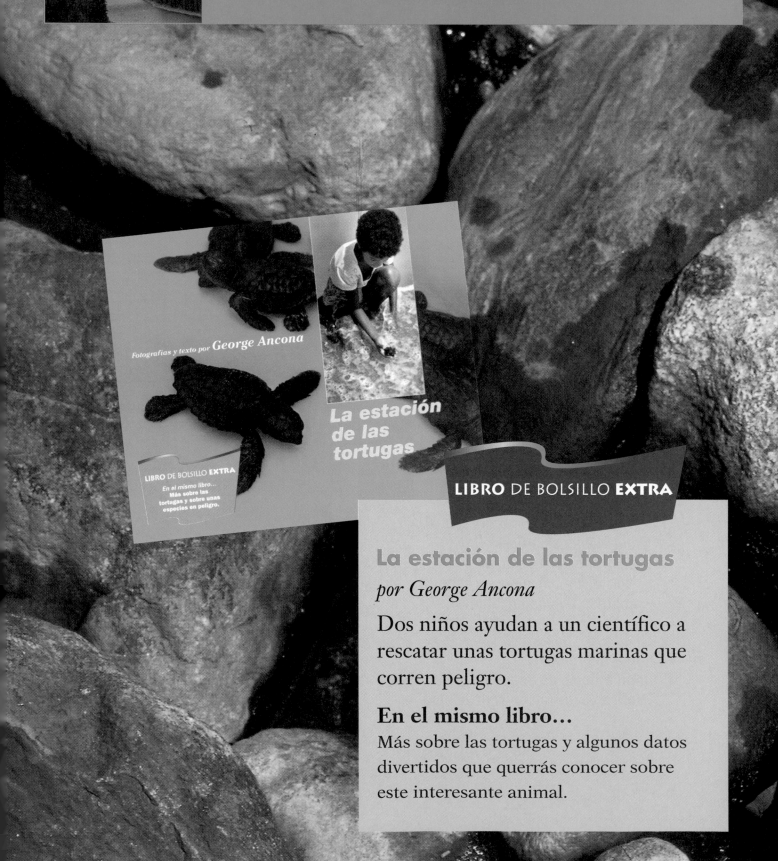

Fotografías y texto por *George Ancona*

La estación de las tortugas

LIBRO DE BOLSILLO **EXTRA**

En el mismo libro... Más sobre las tortugas y sobre unas especies en peligro.

LIBRO DE BOLSILLO **EXTRA**

La estación de las tortugas

por George Ancona

Dos niños ayudan a un científico a rescatar unas tortugas marinas que corren peligro.

En el mismo libro...

Más sobre las tortugas y algunos datos divertidos que querrás conocer sobre este interesante animal.

Las ballenas cautivas

por Carlos Villanes Cairo

Un grupo de ballenas se encuentra atrapado en las aguas heladas del Polo Norte. Entérate de los esfuerzos llevados a cabo para rescatarlas.

En el mismo libro...

Más datos fascinantes sobre las ballenas y la historia verídica de la ballena Humphrey.

El secreto de la foca
por Aidan Chambers
Will, un niño acostumbrado a vivir en la ciudad, va en una misión peligrosa para salvar una foca en cautiverio y darle libertad.

Jan y el caballo salvaje
por H. M. Denneborg
Un niño se hace amigo de un caballo cojo e intenta protegerlo de los otros caballos de la manada salvaje que lo maltratan.

Leones
por Lucy Baker
Un día en la vida de un león real en su hábitat natural.

El aullido del lobo
por Melvin Burgess
Ben habla demasiado y el cazador descubre que todavía quedan lobos en Inglaterra. A partir de ese momento, la vida del cazador se convierte en una persecución implacable con un único fin: exterminar a los lobos ingleses.

Los secretos de la Amazonia
por Pamela Stacey y David O. Brown
¿Qué secretos maravillosos esconde la región de la Amazonia? Descubre con Jacques Cousteau la vegetación y los animales extraordinarios de esta selva tropical.

La destrucción de los hábitats
por Tony Hare
Aprende cómo todos los animales dependen unos de otros y lo que podría suceder si seguimos destruyendo los lugares donde viven.

LOBOS

POR SEYMOUR SIMON

Imagínate la nieve cayendo silenciosamente en los grandes bosques de Norteamérica. Los únicos sonidos perceptibles son el crujido de los árboles y el vaivén del viento. De repente, el aterrador aullido del lobo rompe la quietud, y todas las historias y leyendas que has oído sobre el astuto y sanguinario lobo, y el malvado hombre lobo, empiezan a corretear por tu mente.

Pero, ¿cómo es realmente ese animal que imaginamos? ¿Es de verdad un cazador salvaje y destructor de gente y ganado? O por el contrario, ¿es una de las criaturas peor interpretadas de la naturaleza? Es posible que la gente deteste al lobo porque sabe muy poco acerca de él. En Norteamérica, por ejemplo, no se conoce ningún caso en el que un lobo sano haya intentado matar a un ser humano. Quizás si aprendemos más sobre el lobo y de cómo vive en su medio ambiente, podremos empezar a diferenciar entre el animal verdadero y las fábulas que hemos creado.

En muchos aspectos, el lobo es como el perro y el león, pero a diferencia de ellos, el lobo tiene mala reputación. El perro es el "mejor amigo del hombre", sin embargo, todas las razas de perro del mundo descienden de lobos domesticados hace miles de años. Además, el lobo también posee la mayoría de las cualidades que el hombre aprecia en el perro.

Al igual que el perro, el lobo es muy leal a los miembros de su familia. El lobo criado por seres humanos también llega a ser leal a sus amos. El perro es cariñoso e inteligente, y ésos son rasgos que también le vienen del lobo. Los lobos de una manada son juguetones entre ellos, y se cuentan entre los animales más inteligentes de la naturaleza.

Al igual que el león, el lobo es un cazador excelente y trabaja en grupo para capturar a su presa. Sin embargo, conocemos al león como "el rey de la selva", mientras que se tacha al lobo de "astuto y cobarde". Parece extraño que la gente adore al perro y admire al león y sin embargo odie al lobo.

El lobo, al igual que el ser humano, se adapta a los diferentes climas y ambientes. En cierta época, el lobo vagaba por casi todos los lugares de Norteamérica, Europa y Asia. El lobo puede vivir en los bosques, las praderas, las montañas y los pantanos, incluso en las áridas y heladas zonas de la tundra ártica. El lobo puede, a su vez, alimentarse de casi todo lo que captura, desde un alce a un ratón.

Los lobos pueden parecer muy diferentes unos de otros. Los puede haber de diferentes colores, de blanco a negro, pasando por todas las gamas y mezclas de beige, gris, marrón y rojo. Algunos lobos poseen un pelaje uniformemente espeso; otros, sin embargo, tienen más pelo alrededor del cuello y del lomo. Algunos son grandes y vigorosos; otros, más pequeños y rápidos. Los lobos incluso tienen diferentes personalidades; unos son líderes, otros son muy sociables, mientras que otros son "lobos solitarios".

Los lobos pueden parecer y actuar de maneras muy diferentes, pero la mayoría de los lobos pertenecen a la misma especie, llamada *Canis lupus* (*Canis* significa perro y *lupus* significa lobo). Los parientes más cercanos del lobo son el perro doméstico, el coyote, el chacal y el perro australiano llamado "dingo".

Hay muchas subespecies de lobos norteamericanos y también muchos nombres comunes para la misma clase de lobo. Ellos incluyen el lobo de la tundra (o ártico), el lobo gris (o del bosque) y multitud de nombres relacionados con el lugar donde se encuentra, como el lobo mexicano, el lobo de las Rocosas, el lobo de los bosques orientales (arriba), el lobo gris de Texas, y el lobo de las Grandes Llanuras (también llamado cazador de bisonte). En lugares fríos, los lobos suelen tener el pelo más largo y espeso, las orejas más pequeñas, y los hocicos más anchos que los lobos que viven en regiones más cálidas.

Los híbridos (mezclas), como el perro lobo o el lobo coyote, no son en realidad lobos. Aunque los perros lobos se parezcan mucho a los perros, son muy difíciles de entrenar y pueden ser peligrosos en cautividad, como mascotas, en hogares con niños pequeños.

El lobo rojo, *Canis rufus* (*rufus* significa rojo), contó durante un tiempo con miles de ejemplares que se extendían por todo el sureste de los Estados Unidos. Sin embargo, para los años 70, su número se había reducido a menos de cien. Un grupo de biólogos capturó tantos lobos como fue posible en Texas y Luisiana y los apareó cuidadosamente para que los lobatos fueran lo más parecidos al lobo rojo original.

En 1987, se pusieron en libertad ocho lobos rojos en una reserva nacional de Carolina del Norte. Desde entonces se han producido varias camadas. Cuando se ponen en libertad, los lobos llevan collares con transmisores para localizarlos por radio, de manera que si alguno se extravía en propiedad privada, es fácil de encontrar y rescatar. Al mismo tiempo se introdujeron algunas parejas de lobos en cuatro islas de la costa sureste de los Estados Unidos.

Algunos científicos piensan que el lobo rojo es en realidad un híbrido, una mezcla entre lobo y coyote. Sin embargo, no se ha observado la convivencia natural del lobo rojo junto a coyotes y lobos grises; por lo tanto, no ha habido posibilidad de apareamiento entre ellos.

Cuando está cazando alces, uapitís u otras presas mayores, el lobo puede correr millas y millas sin cansarse. Tiene músculos vigorosos, y patas largas y delgadas. Al igual que el perro y otros animales, el lobo corre con la punta de sus patas. Esto hace que sus patas sean aún más largas y le permite dar pasos largos y correr a gran velocidad. El lobo, al correr, parece deslizarse casi sin esfuerzo, como la sombra de una nube a la deriva.

El lobo es el miembro más grande de la familia de los perros, más grande incluso que cualquier perro salvaje y que la mayoría de los perros domésticos. El lobo se parece mucho al perro pastor alemán, con su pelaje grueso y espeso y su cola tupida. En invierno tiene el pelo muy espeso y le proporciona excelente protección contra la lluvia o la nieve. El agua resbala sobre su piel de la misma manera que resbala sobre un impermeable.

Un lobo adulto puede pesar de 40 a 175 libras (18 a 80 kilogramos), y medir más de 6 pies (2 metros) de la punta de la nariz al extremo de la cola. Los machos suelen ser más grandes que las hembras.

Los dientes del lobo, al igual que los del león y el tigre, están bien adaptados para capturar y devorar otros animales. El lobo tiene una mandíbula poderosa con dientes largos y afilados en la parte delantera llamados caninos. Éstos le sirven para agarrar y sujetar la presa, como el alce de la fotografía. Los dientes pequeños al frente de la mandíbula, entre los caninos, son los incisivos, muy útiles para desgarrar la carne de los huesos de la presa. A ambos lados de la mandíbula tiene los colmillos, que funcionan como tijeras y le sirven para cortar la carne en trozos suficientemente pequeños para poder tragarla.

Los lobos tienen el sentido del oído muy desarrollado. Pueden oír los aullidos de otros lobos a tres o cuatro millas de distancia. Pueden localizar ratones por los chillidos que emiten incluso cuando se encuentran bajo la nieve. De la misma manera que los murciélagos y los delfines, los lobos son capaces de oír sonidos muy agudos, imperceptibles al oído humano. Los lobos pueden orientar sus orejas hacia ambos lados. La dirección de las orejas cuando el sonido es más fuerte los ayuda a determinar de dónde viene el sonido. Los científicos creen que los lobos usan el sonido más que la vista y el olfato a la hora de capturar presas pequeñas. En el caso de presas de mayor tamaño, el lobo usa su olfato o las encuentra fortuitamente.

El lobo vive en manadas, que no es otra cosa que una familia de lobos. Las manadas constan de un jefe macho y una hembra con sus cachorros, y algunos parientes cercanos. Por lo general, una manada tiene de cinco a ocho lobos, pero las hay de dos o tres, y hasta de veinticinco.

Los miembros de la manada suelen ser muy amistosos entre ellos. Cazan, viajan, comen y hacen ruido juntos. Los lobos se traen trozos de comida unos a otros e incluso cuidan de los cachorros de las diferentes camadas. Los lobos corretean, se persiguen y juguetean con los cachorros. Les divierte jugar al escondite para sorprenderse al saltar inesperadamente.

Los lobos pueden producir toda una gama de sonidos además del conocido aullido: ladran, gruñen, gimotean y chillan. El ladrido parece ser una señal de aviso cuando es sorprendido en su madriguera. Los gruñidos son comunes entre los lobatos cuando juegan, y los adultos gruñen cuando otro adulto los reta. Los lloriqueos y los chillidos están conectados con el juego, la alimentación y el bienestar de la camada. Las madres chillan cuando el juego de los cachorros es demasiado violento; los padres, por el contrario, chillan para llamar a los lobatos.

Quizás de todos los sonidos que hace el lobo, el que más lo caracteriza es el aullido. Los lobos aúllan apuntando el hocico hacia el cielo y dan a su voz un solo tono agudo que se eleva repentinamente y luego baja con un efecto ondulante. Los lobos no tienen que estar erguidos para poder aullar; pueden estar sentados o tumbados. El lobo aúlla solo o en grupos de dos o tres. A menudo, los demás miembros de la manada se unen al coro hasta que la manada entera está aullando.

Los lobos parecen aullar a cualquier hora del día o de la noche. Aúllan para reunir la manada antes y después de cazar. También aúllan para poder encontrarse si una tormenta de nieve los separa o si están en territorio desconocido. Incluso pueden aullar como señal de advertencia a otras manadas para que se mantengan alejadas de su territorio de caza o por el simple placer de aullar.

Los aullidos aumentan durante los meses de invierno, y el sonido puede viajar hasta seis o siete millas en el aire frío y claro. Es fácil entender por qué la gente pensaba que había un lobo en el umbral de la puerta cuando el eco de sus aullidos cruzaba el paisaje nevado en el claroscuro que produce la luna.

Cada manada tiene su jerarquía particular. Los jefes de una manada de lobos reciben el nombre de macho "alfa" y hembra "alfa". Son normalmente los lobos más grandes y fuertes de la manada. Las manadas pueden ser tan diferentes entre ellas como cada uno de sus individuos. Una manada típica tiene una pareja dominante, el macho alfa y la hembra alfa, una pareja de lobos "beta", subordinados a ellos, y por fin, como base de la pirámide jerárquica, los lobos menos fuertes y los lobatos. (Alfa y beta son las letras A y B del alfabeto griego.) Cada miembro de la manada tiene su lugar, su grado jerárquico, más alto para algunos lobos y más bajo para otros. Este "orden de dominación" evita luchas en la manada.

Cuando dos lobos de una manada tienen un altercado, pueden levantar sus orejas, erguir sus colas, mostrar sus colmillos e incluso gruñir entre ellos. La mayoría de las veces, el lobo perteneciente a una posición jerárquica inferior se dará por vencido antes de empezar el combate. Para mostrar su sumisión, el lobo se agacha o se revuelca sobre su lomo, baja las orejas y mete la cola entre las patas. Este comportamiento parece evitar que el lobo dominante lo ataque y lo muerda; por esta razón los combates entre los miembros de una manada suelen solucionarse sin heridas graves.

El lobo caza de diferentes maneras. Un lobo solitario puede cazar presas pequeñas como ratones, conejos, ardillas, castores, patos, gansos e incluso pescado si lo encuentra. Pero muchas de sus presas son animales más grandes como ciervo, uapití, alce, caribú, buey almizclero y carnero de las Rocosas. La mayoría de éstos son difíciles de cazar y pueden ser peligrosos cuando se ven acorralados; por esta razón los lobos cazan en manada.

Una de las presas principales del lobo es el alce. Un alce adulto puede pesar más de 1,000 libras (450 kilogramos) y medir más de 6 pies (2 metros). Tiene pezuñas que pueden herir e incluso matar un lobo. Es a la vez fuerte y buen corredor. Por eso, no es sorprendente que de diez alces perseguidos nueve consigan escaparse.

Los lobos cazan el alce acorralándolo para inmobilizarlo. Un lobo puede atacar al alce por el hocico o la cabeza mientras los otros le rasgan los costados o el estómago. Después de matar una presa, los lobos pueden descansar un rato, o empezar a comer. Cada lobo come de 10 a 20 libras (4 a 9 kilogramos) de carne. Si les sobra algo, pueden regresar y comérselo más tarde.

Antes de que nazcan las crías, la madre y el padre lobos excavan una nueva guarida, extienden un viejo cubil de zorra, o usan una vivienda de castor. A menudo, especialmente si la comida escasea, solamente los jefes de la manada se aparean y producen lobatos. Una madriguera puede ser de 15 pies (4.5 metros) de largo y debe ser lo suficientemente alta para que los lobos puedan estar parados. Los lobatos nacen en la primavera, en guaridas bajo tierra, como ésta en Alaska.

Un grupo de lobatos nacidos al mismo tiempo, de la misma madre, es una camada. Esta camada tiene tres cachorros, aunque algunas pueden llegar a tener diez o más. Estos cachorros tienen solamente una semana de edad. Tienen pelaje fino, oscuro y suave, orejas caídas y narices chatas. Se parecen mucho a los cachorros de perro. Los lobatos no pueden ver de recién nacidos. Cada uno pesa aproximadamente una libra (.5 kilogramos). Durante las primeras semanas de vida, los lobatos son amamantados; su único alimento es la leche materna. Las madres permanecen junto a ellos asegurándose de que están bien alimentados, limpios y protegidos. Normalmente, la madre no tiene que salir a cazar para alimentarse porque el padre y otros miembros de la manada proveen el alimento necesario.

Aproximadamente a las dos semanas de nacer, los lobatos abren los ojos y empiezan a andar. A las tres semanas, empiezan a salir de la madriguera y a juguetear. Aunque todavía se amamantan, poco a poco empiezan a comer carne. Todos los miembros de la manada cuidan de los lobatos y les traen comida. Los lobatos se aproximan a los lobos cuando vuelven de cacería; mueven la cola, gimotean y lamen las mandíbulas de los lobos adultos. En ese momento, el lobo devuelve comida que ha tragado para dársela a los lobatos.

Los lobatos crecen muy deprisa; al mes ya pueden empezar a pelearse y a revolcarse por el suelo con sus hermanos. Poco después empiezan a establecer su propio orden jerárquico. Durante una pelea, uno de los lobatos se tumbará de espaldas para demostrar que se da por vencido; el contrincante levantará la cola en señal dominante. Los lobatos también juegan a cacerías, atacándose unos a otros, cazando insectos y pequeños animales. Estos juegos ayudan a los lobatos a practicar las habilidades que necesitarán cuando crezcan.

Durante el verano los lobatos empiezan a parecerse a los lobos adultos, pero siempre permanecen juntos en un lugar seguro mientras los adultos van de cacería. Para el otoño, los jóvenes lobos se unen a los viajes del resto de la manada. Pueden incluso tomar parte en la cacería y perseguir la presa, pero los lobos adultos son los que se encargan de matarla. Cuando llega el invierno, los lobatos están casi completamente desarrollados. El momento crítico llega alrededor de los dos años, cuando algunos toman la decisión de quedarse con la manada, mientras que otros se alejan para buscar pareja y crear nuevas manadas.

146

Hace doscientos años había miles de lobos por todo el hemisferio norte. Los lobos han sido cazados, atrapados y envenenados, por lo que hoy día sólo queda un número reducido de ellos en el este de Europa, China y algunas zonas de Norteamérica.

Henry David Thoreau, un naturalista estadounidense, escribió: "En la naturaleza libre está la conservación del mundo". Los ecólogos quieren reintroducir lobos en el parque nacional de Yellowstone, Wyoming. Algunos ven esto como un peligro para el ganado e incluso para su propia seguridad. ¿Debemos permitir que este símbolo de la naturaleza libre cace de nuevo en áreas remotas y en los parques nacionales donde en el pasado vagaba libremente? El destino del lobo está en nuestras manos y en nuestro deseo de compartir la tierra con los animales salvajes.

Acerca de Seymour Simon

A Seymour Simon le han encantado las ciencias desde que era niño. Durante su adolescencia, uno de los proyectos que lo divertía era ¡pulir las lentes para su propio telescopio! Simon ha enseñado en las escuelas públicas de Nueva York durante más de veinte años. Simon dice: —Son las preguntas... que se me ocurren a mí y las que me preguntan mis niños (tanto los míos propios como los que tengo en mis clases de ciencias), lo que me hace querer escribir libros científicos.

El tema de los lobos se le ocurrió a Simon de una manera natural porque había estudiado el comportamiento animal después de terminar sus estudios universitarios. También ha animado a muchos de sus estudiantes a estudiar los animales. A pesar de que nunca ha vivido con una manada de lobos, Simon dice que es importante observar de primera mano a los individuos que se estudian: —Me encantaría poner en práctica las investigaciones y los proyectos sobre los que escribo. A menudo he cuidado peces, gusanos, jerbos, hormigas, grillos y un sinnúmero de animales en mi propia casa.

Simon, desde la publicación de su primer libro en 1968, ha escrito más de sesenta libros para niños. Muchos de estos libros son acerca de animales como las ballenas, los felinos y las serpientes. Simon ha escrito también un libro acerca de las causas científicas y las devastadoras consecuencias de los terremotos. Búscalo en el tema "¡Catástrofe!" de este libro.

Una manada de ideas

El perro y el lobo

Uno de los parientes más cercanos del lobo es el perro doméstico. Aunque se parecen en muchos aspectos, no encontrarías divertido jugar con un lobo a que te trajera cosas. Para asegurarte de que los distingues, haz un cuadro con una columna para las similitudes, y una para las diferencias entre el lobo y el perro.

Un día en la vida del lobo

Ahora que ya sabes muchas cosas acerca del lobo, escribe una composición sobre un día en la vida de un lobo. Si prefieres, puedes representar lo que tu lobo hace durante el día.

Galería de los lobos

Con tus compañeros, usa las fotografías y la información del texto *Lobos* para crear una galería de arte sobre el lobo. ¡Dibuja, pinta y haz modelos de lobos! Experimenta con diferentes materiales. Cuando esté preparada, abre tu galería al público.

"Lobos, por $500"

¿Cuánto sabes sobre los lobos? Veamos. Forma un grupo con algunos de tus compañeros y prepara un concurso. Escribe una lista de preguntas que puedan responderse al leer *Lobos*. Después forma equipos y descubre cuál de ellos puede responder más preguntas correctamente.

Mentiras (que la gente cree)

MENTIRA: El roedor de las Rocosas nunca se lleva nada sin dejar otra cosa en su lugar.

VERDAD: El roedor de las Rocosas puede dejar lo que lleva para recoger algo nuevo. Sin embargo, puede corretear y llevarse algo llamativo y brillante como una moneda, un botón o un clavo sin dejar nada en su lugar, y esto parece suceder tan a menudo como lo anterior.

MENTIRA: Puedes morir si un monstruo de Gila o un lagarto de cuentas mexicano te muerde.

VERDAD: El monstruo de Gila y el lagarto de cuentas mexicano son los únicos lagartos venenosos del mundo. Pero aun así, su mordedura raramente es mortal para los seres humanos.

MENTIRA: El camaleón cambia de color para adaptarse a lo que lo rodea y esconderse de sus enemigos.

VERDAD: El camaleón no decide cuándo cambiar de color. Su color cambia normalmente, de tonos marrón a verde o de verde a marrón, cuando está nervioso o cuando hay un cambio de luz o de temperatura.

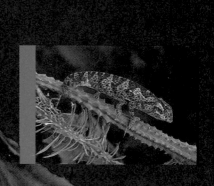

sobre los animales

por Susan Sussman y Robert James

MENTIRA: Si tocas una rana o un sapo, te saldrán verrugas.

VERDAD: Ningún animal puede producir verrugas. La orina de una rana o un sapo puede causar ardor si tienes un corte en la piel, pero es inofensiva.

MENTIRA: Los pájaros no comen casi nada —de ahí la expresión "comer como un pajarito".

VERDAD: Por su rápido metabolismo (consumen energía muy rápidamente), los pájaros deben comer durante la mayoría del tiempo que están despiertos. Algunos pájaros comen diariamente dos veces su peso.

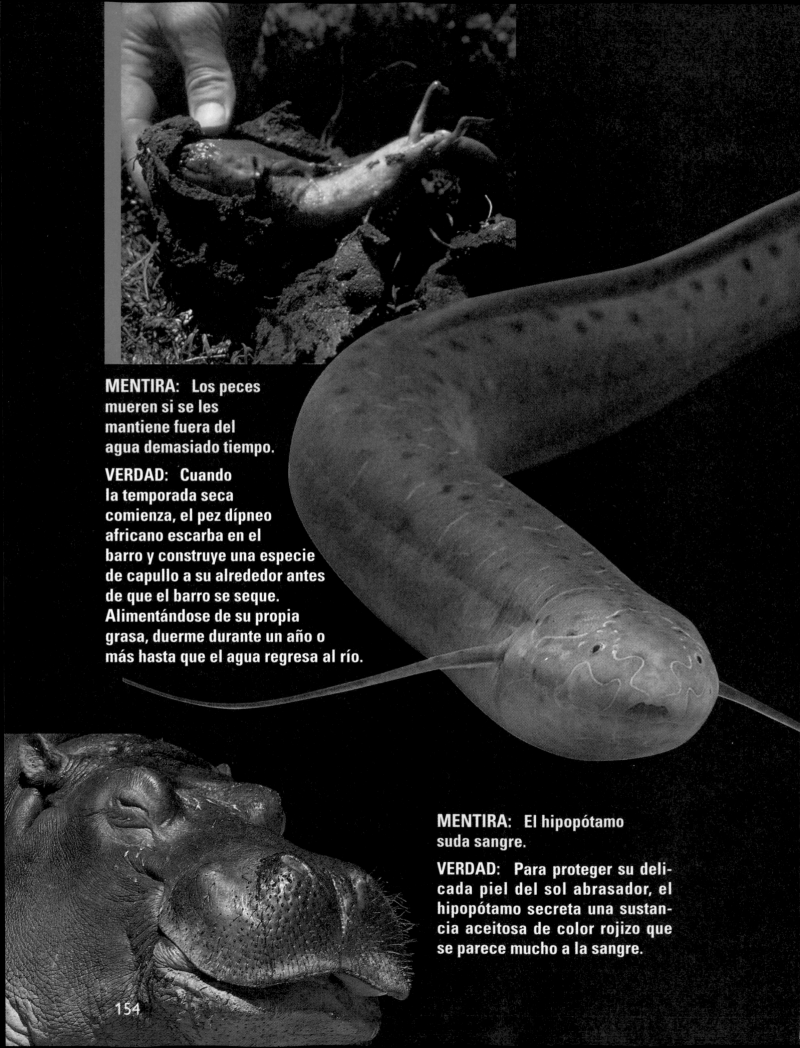

MENTIRA: Los peces mueren si se les mantiene fuera del agua demasiado tiempo.

VERDAD: Cuando la temporada seca comienza, el pez dípneo africano escarba en el barro y construye una especie de capullo a su alrededor antes de que el barro se seque. Alimentándose de su propia grasa, duerme durante un año o más hasta que el agua regresa al río.

MENTIRA: El hipopótamo suda sangre.

VERDAD: Para proteger su delicada piel del sol abrasador, el hipopótamo secreta una sustancia aceitosa de color rojizo que se parece mucho a la sangre.

MENTIRA: Todas las tortugas tienen el caparazón duro.

VERDAD: Hay tortugas de caparazón blando cuyo cuerpo, redondeado y liso, está cubierto por piel áspera y flexible. La tortuga-laúd también tiene un caparazón blando.

MENTIRA: Los camellos pueden viajar durante semanas por el desierto sin beber agua.

VERDAD: Para mantenerse sanos, los camellos que viven en el desierto deben beber por lo menos cada tres días y si es posible a diario. Podrían aguantar más tiempo, pero su salud sufriría. Los camellos pueden soportar calores que matarían a otros animales. Su propia temperatura aumenta durante la parte más cálida del día, para así absorber menos calor. El camello suda muy poco, reservando los fluidos para nutrir su propio cuerpo.

En busca del lobo

por Betty Miles

"Cuando pienso en lobos, me acuerdo de cuentos como 'Caperucita Roja' y de películas como *El hombre lobo...*"

"Cuando pienso en lobos, pienso en murciélagos, serpientes y arañas. ¡Todos son desagradables!"

Muchos chicos del quinto grado de la Escuela Mead en Wisconsin pensaban lo mismo acerca de los lobos hasta que empezaron a estudiarlos.

¡ABRAZA LA MANADA!

Aprendieron cómo los lobos crían a sus cachorros, cómo se comunican y cómo cazan para conseguir comida. Descubrieron que los lobos ayudan a mantener estables las poblaciones y a fortalecer las manadas de ciervos, uapitís y alces al cazar sólo los animales débiles, enfermos o viejos. Los estudiantes llegaron a ver al lobo de los bosques como una bellísima especie salvaje y una parte valiosa del ecosistema de Wisconsin. Aprendieron que en un tiempo hubo miles de lobos en el estado, pero la gente había matado tantos que para 1960 casi habían desaparecido. Más recientemente, algunos lobos migraron hacia el norte de los bosques de Wisconsin, pero la gente continuó temiéndoles e incluso matándolos.

A medida que sus sentimientos hacia los lobos cambiaban, estos estudiantes se dieron cuenta de que los sentimientos negativos de la gente hacia el lobo se debían a la falta de información o a temores de la niñez. Aprendieron que hay grupos en Wisconsin, como la Alianza en Defensa del Lobo Gris, que trabajan para educar y cambiar la actitud de la gente.

Se enteraron de que el Departamento de Recursos Naturales en Peligro de Extinción de Wisconsin estaba considerando un plan para aumentar a ochenta la población de lobos en la zona norte de Wisconsin. Se preguntaron cómo iba a reaccionar la gente. Decidieron averiguarlo. Crearon un cuestionario que les pedía a los participantes que respondieran (muy de acuerdo, de acuerdo, no opino, en desacuerdo o en completo desacuerdo) a diez enunciados, que iban desde "Intentar salvar al lobo gris es una buena idea" hasta "¡El único lobo bueno es el muerto!"

Enviaron los cuestionarios, y una carta personal, a 350 personas elegidas al azar en diecisiete condados del norte de Wisconsin. Un sesenta por ciento de los cuestionarios fueron devueltos, un porcentaje muy alto. Cuando analizaron las respuestas, descubrieron que casi un 75 por ciento estaba a favor del plan de repoblación del lobo gris.

Estudiantes del quinto grado de la Escuela Mead en Wisconsin hicieron carteles (página previa) y vendieron huellas de lobo (arriba) para cambiar la actitud de la gente hacia los lobos.

**Los estudiantes recaudaron más de $100 (arriba)
para la Alianza en Defensa del Lobo Gris.**

Los estudiantes del quinto grado decidieron que la actitud positiva hacia el lobo gris se debía en parte al trabajo de la Alianza en Defensa del Lobo Gris y decidieron apoyar sus actividades. Hicieron audio y videocasetes con canciones y poemas de lobos, para que el grupo los usara. Hicieron huellas y botones de lobos, para vender, y con todo recaudaron $100. También usaron la información de los cuestionarios para escribir cartas a sus legisladores apoyando el plan de repoblación.

Luego, empezaron su propio programa educativo con los estudiantes más jóvenes de su escuela. Les leían cuentos como "Caperucita Roja", dejaban que los niños expresaran sus sentimientos y después les enseñaban sobre los lobos de verdad. Desean que estos jóvenes crezcan respetando a los lobos y esperan con ansia el día en que una vez más Wisconsin tenga una población estable de lobos.

Encuesta de la escuela

Los estudiantes del quinto grado hicieron una encuesta
para averiguar qué pensaba la gente acerca de los lobos.
Les pidieron que leyeran varios enunciados y que eligieran
la respuesta más apropiada. He aquí dos de los
enunciados del cuestionario:

Creo que es una buena idea intentar salvar al lobo gris.

| Muy de acuerdo | De acuerdo | No opino | En desacuerdo | En completo desacuerdo |

Creo que los lobos son un peligro para la gente del
norte de Wisconsin.

| Muy de acuerdo | De acuerdo | No opino | En desacuerdo | En completo desacuerdo |

Una vez que los cuestionarios habían sido completados
y devueltos, los estudiantes analizaron los resultados.
Presentaron los resultados en gráficas de sectores, en
gráficas de barras y en cuadros. Aquí están los resultados
de los enunciados anteriores.

Los lobos son un peligro para la gente

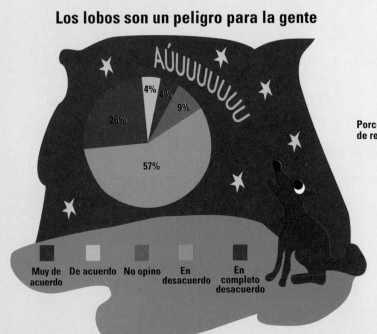

AÚUUUUUU

4% 4% 9% 26% 57%

Muy de acuerdo · De acuerdo · No opino · En desacuerdo · En completo desacuerdo

Debemos salvar al lobo gris

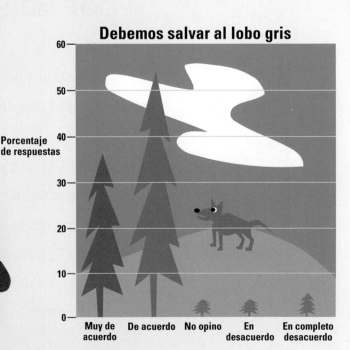

Porcentaje de respuestas

60 50 40 30 20 10 0

Muy de acuerdo · De acuerdo · No opino · En desacuerdo · En completo desacuerdo

La zorra negra
por Betsy Byars

Mientras sus padres están de viaje, Tom se siente muy solo al pasar el verano en la granja de su tía Millie y su tío Fred. Su prima, Hazeline, pasa la mayor parte del día con su amigo Mikey, y deja que Tom explore la granja y los bosques a su alrededor por su cuenta. Un día Tom ve una hermosa zorra negra. Vuelve a verla trece veces durante las próximas semanas y se siente protector de ella y de su cachorrito. Ahora el tío Fred quiere librarse de la zorra, que ha estado robando gallinas y pavos de la granja. ¿Qué puede hacer Tom?

A la mañana siguiente hacía un calor seco y, cuando miré por
mi ventana, el aire estaba marrón por el polvo. Apenas podía ver
el bosque. Era como si el polvo hubiera sido imanado por el sol y
se elevara para ir a su encuentro.

Happ estaba tumbado en el jardín bajo un árbol. Había
abandonado su caza en un momento dado durante la noche y se encontraba ahora en estado de postración. El calor ya era insoportable.
La tierra no se había alcanzado a enfriar durante la noche y ahora el
sol ya había empezado a recalentarla.

Bajé a desayunar y la única persona algo animada en la mesa
era el tío Fred. Hazeline estaba sentada con la barbilla apoyada en
la mano, mojando malhumorada un pedazo de tostada en su café y
mordisqueándola luego. La tía Millie solía sentarse tan tiesa como
una escoba, pero esta mañana ella también se apoyaba sobre la mesa.

—Siéntate y ponte un poco de cereales.

Me senté y ella dijo:

—Les juro que como no caiga un poco de lluvia nos vamos a
quedar todos tan secos que el viento nos barrerá como a la cosecha.

—Esta mañana voy a empezar a bombear agua de la charca —dijo el tío Fred.

—No servirá de nada. —La tía Millie le dio la vuelta a su servilleta en su regazo como si estuviera buscando el lado fresco.

—Y luego, esta tarde —me dijo el tío Fred—, tú y yo iremos tras el zorro.

Me di cuenta de que había sido este propósito lo que le había levantado el ánimo. —¿De acuerdo?

—Sí. —Yo no quería ir, por supuesto, pero mi idea era que si yo estaba allí, si permanecía junto a él en todo momento, a lo mejor se presentaba la ocasión en que pudiera rozarle en el codo mientras disparaba su escopeta y salvar la zorra. Era un pensamiento noble, pero ya desde entonces sabía que no iba a funcionar.

—En caso de que le interese a alguien... —dijo Hazeline en voz baja—, Mikey no va a casarse conmigo.

—¿Qué, Hazeline?

—¡He dicho que *Mikey no va a casarse conmigo!* —Y arrojó la servilleta y salió de la habitación.

—¿Qué significa *todo eso?* —preguntó el tío Fred.

—Mikey no va a casarse con ella a menos que adelgace diez kilos —dije yo.

—No puedo soportarlo más. ¡No puedo! —dijo la tía Millie—. Como ocurra otra cosa más en esta casa, no sé qué es lo que voy a hacer.

—Vamos, vamos. Mikey se casará con Hazeline. La lluvia caerá. Y vamos a atrapar al zorro que anda detrás de tus pollos —dijo el tío Fred—. Vamos, Tom, ayúdame con la bomba.

—Bueno, no dejes que el chico coja una insolación allí afuera —dijo la tía Millie—. Lo digo en serio. Eso sí que sería la puntilla.

—No me pasará nada.

Era por la tarde antes de que la bomba funcionara y el agua enfangada circulara entre las pequeñas hileras polvorientas de verduras.

—Bueno, eso ya está. Y ahora descansaremos un rato y nos iremos al bosque. —El tío Fred hizo una pausa, luego dijo—: Si estás demasiado cansado no tienes por qué venir.

—No, quiero ir.

Pareció complacido.

—Creo que lo pasarás bien.

Fuimos a la casa y yo esperé en los escalones de atrás mientras el tío Fred entraba a coger su escopeta. Salió llevándola, con los cañones hacia abajo, y sólo por la forma en que la sostenía podía adivinar que sabía todo lo que había que saber sobre esa arma en particular. Sabía que sus manos habían pasado tantas veces por encima de esa escopeta que podía cargarla y apuntar y seguramente darle a lo que quisiera, con los ojos vendados.

—Vamos.

Era igual que en una película de guerra cuando el sargento dice: "Muy bien muchachos, vamos allá" y todos los agotados y desanimados soldados se ponen en pie, se sacuden el polvo y empiezan a andar. Yo me puse en fila detrás del tío Fred y pasamos por el huerto —con Happ abriendo camino— y bajamos al arroyo. Rebasamos el lugar donde habíamos encontrado los huevos de pavo, rebasamos el lugar donde yo me había sentado y visto la zorra por primera vez. ¡Allí! Mis ojos encontraron el lugar exacto donde la había visto aparecer por primera vez sobre la cima de la colina.

El tío Fred cruzó el arroyo de un salto —el agua ahora estaba muy baja— y subió por la orilla. Yo le seguí en silencio.

—Huellas de zorro —dijo, y con la boca de su escopeta apuntó a las pequeñas señales en la arena. Yo ni siquiera había reparado en ellas.

Si alguna vez tuve la esperanza de que el tío Fred fuera incapaz de dar con la zorra negra, abandoné ahora esta esperanza de una vez por todas. Lo que yo había requerido semanas y una afortunada casualidad en conseguir, él lo haría en pocas horas.

—La zorra debe de estar por allá arriba en el bosque —dije yo ansiosamente, sabiendo que no estaba, o que si estaba habría ido allí sólo para dejar una pista falsa.

—Quizá —dijo el tío Fred.

—Pues vamos allí entonces —dije, y mi voz sonó como la de un niño malcriado e impaciente.

—No tengas tanta prisa. Vamos a mirar un poco.

Happ había olfateado el rastro de algo y subió corriendo por la

orilla del arroyo, rodeó el prado y luego volvió. El tío Fred caminaba
lentamente a lo largo de la orilla. Estábamos ahora a unos ochocien-
tos metros de la madriguera de la zorra. Si continuábamos subiendo
por el arroyo, pasado el árbol caído, pasada la vieja chimenea, si
rodeábamos un recodo y mirábamos hacia arriba a través de las
zarzas de cierta forma, entonces podríamos ver la madriguera de la
zorra. A mí me parecía, mientras estaba allí de pie, enfermo por el
calor y por el miedo, que la madriguera de la zorra era la cosa más
sencilla del mundo de encontrar. En cuanto diéramos la vuelta por
el recodo, el tío Fred exclamaría: "Allí está".

Yo dije otra vez:

—¿Por qué no subimos al bosque a mirar? Yo creo que la zorra
está allá arriba.

—No estoy buscando a la zorra —dijo él—. Podríamos pasar-
nos el día persiguiéndola sin darle alcance. Estoy buscando la

madriguera. —Caminó unos pasos más y luego se detuvo. Se arrodilló y levantó una pluma blanca.

—Uno de los pollos de Millie —dijo—. Desde hace una semana no ha habido la brisa suficiente ni para hacerla volar quince centímetros. Vamos.

Anduvimos por la orilla del arroyo en la dirección que me temía. Ahora me sentía presa de una desesperación absoluta. Noté los hombros muy pesados y creí que iba a ponerme malo. Normalmente, yo me ponía malo cuando ocurría algo horrible, pero esta vez seguí arrastrando los pies detrás del tío Fred. No podía quitarme de la cabeza que la vida de la zorra podría depender de mí. Tropecé en una raíz, caí sobre las rodillas y gateé. El tío Fred miró hacia atrás lo bastante para comprobar que aún le seguía y luego continuó despacio, examinando cautelosamente el terreno, el monte, todo. Nada podía escapárseles a aquellos ojos penetrantes.

De pronto oímos, desde monte arriba, el corto y agudo ladrido que yo conocía tan bien. ¡La zorra negra! El tío Fred levantó la cabeza e inmediatamente Happ abandonó la orilla del arroyo y desapareció como un rayo en el monte. Aulló al captar el rastro de la zorra, y luego su voz se perdió en los árboles lejanos, como el sonido de una sirena en la niebla.

—Ésa era la zorra —dije.

El tío Fred asintió. Continuó subiendo lentamente por el arroyo, saltando sobre maderos, rocas, apartando la maleza, sus ojos y la boca de la escopeta siempre en dirección al suelo.

Subimos al prado y luego volvimos a bajar al arroyo. Cruzamos el arroyo y, mientras estábamos allí de pie, Happ volvió. Estaba acalorado, polvoriento y con la lengua fuera. Se tumbó en el agua poco profunda del arroyo con las patas estiradas hacia atrás y lamió el agua despacio.

—Happ no ha atrapado a la zorra —comenté. Cada vez que hablaba, tenía la sensación de estar rompiendo una regla de la caza, pero no podía evitarlo. Tan pronto como dije esto, volvimos a oír el ladrido de la zorra. Esta vez parecía estar más cerca que antes. El tío Fred asió la escopeta con la mano, pero no la levantó. Happ, no obstante, se levantó inmediatamente ante la llamada, chorreando y jadeando todavía por su última carrera. Con la nariz pegada al suelo, se encaminó hacia los árboles.

El sonido de sus aullidos se apagaba a medida que se metía más en el bosque. Sabía que la zorra nada tenía que temer del perro. La zorra, con su ligereza y rapidez de movimientos, podía escabullirse de este perro torpón durante todo el día. El tío Fred, que a cada paso que daba se iba acercando más y más a la madriguera, era quien sería el fin de la zorra negra.

Para entonces sólo estábamos a treinta metros de la entrada de la madriguera de la zorra. El tío Fred había vuelto a cruzar el arroyo y subía hacia la arboleda. Desde donde estaba, podía haber lanzado una roca por encima de los árboles y habría aterrizado en el pequeño claro donde yo había visto jugar a la cría de zorro.

Dejó a un lado la arboleda, llegó
hasta un árbol solitario en el centro del
prado y permaneció allí de pie un momento.
Luego se quitó el barro del arroyo de su zapato golpeán-
dolo sobre una de las raíces y regresó junto a mí. Se volvió y
recorrió la longitud de la arboleda. Era igual que ese antiguo juego
de frío y caliente, en el que escondes algo y cuando la persona se
acerca le vas diciendo: "Caliente... más caliente... ahora te estás quemando... que te quemas... ¡que te abrasas, que te abrasas!" En mi fuero
interno en ese mismo instante yo estaba gritando: "¡Que te abrasas!"

—Mira eso —dijo. Y apuntó con su arma a una pila de tierra que
había sido amontonada en los dos últimos meses—. A veces cuando

169

una zorra construye una madriguera saca la tierra de un agujero, lo cierra y luego utiliza el otro agujero como entrada. Debe de estar por aquí en alguna parte.

Se movió entre los árboles hacia la madriguera, caminando lateralmente. Yo no pude ni moverme. Me quedé allí, parado, con el sol pegándome en la cabeza como un martillo y con la nariz que me goteaba.

Oí el sonido de los ladridos de Happ que se acercaban. Había perdido a la zorra en el bosque, pero ahora tenía un nuevo rastro, más viejo, pero aún caliente. Irrumpió con el estrépito entre los matorrales, bramando a cada pocos pasos, la cabeza a ras del suelo. Pasó junto a mí como una centella, sin ni siquiera verme en su vehemencia, los ojos rojos fijos en el suelo. Entró en el soto embistiendo como un toro bravo, y él y el tío Fred se plantaron sobre la hierba del pequeño claro al mismo tiempo.

—Aquí está —llamó el tío Fred—. Ven aquí.

Yo quería dar media vuelta y echar a correr. No quería ver al tío Fred y a Happ erguidos sobre ese claro tan apartado y bonito, pero en vez de eso, avancé entre los árboles y miré hacia el lugar que con tanto cuidado había estado evitando durante semanas. Allí estaban los huesos, algunos blanqueados por el sol, una ala seca de pavo, plumas y, detrás, el agujero parcialmente protegido. Naturalmente el tío Fred ya lo había visto, y mientras yo salía de los árboles apuntó hacia él con su escopeta.

—Allí está la madriguera.

Yo asentí.

—Las crías de zorro estarán dentro.

Ésta era la primera vez que se equivocaba. Allí adentro sólo había una cría de zorro, y me la imaginaba ahora acurrucada en la pared más alejada de la madriguera.

—Vuelve a la casa y tráeme una pala y un saco —me dijo el tío Fred.

Sin decir palabra, di media vuelta y regresé a la casa. Detrás de mí la zorra negra volvió a ladrar. Era una serie desesperada de ladridos que pareció durar mucho tiempo, y Happ se precipitó tras la zorra por tercera vez. Ahora era demasiado tarde para intentar algún truco,

porque el tío Fred se quedaba apoyándose en su escopeta a la espera de la pala y el saco.

Subí por los escalones de atrás y llamé con los nudillos. Normalmente entraba en la casa igual que lo hacía en la mía propia, pero esperé allí hasta que vino la tía Millie y dije:

—El tío Fred quiere que le lleve una pala y un saco.

—¿Han cogido a la zorra?

—El tío Fred encontró la madriguera.

—Si está en el bosque, la encontrará —dijo ella saliendo por la puerta—, pero tendrías que ver a ese hombre tratando de encontrar un par de calcetines en su propio cajón. Hazeline —llamó en dirección a su ventana—, ¿quieres ir a ver cómo tu padre saca las crías de zorro?

—No.

—Yo te digo que esa chica está de un humor espantoso —caminó conmigo hacia el cobertizo, me puso la pala en la mano y luego apretó contra mí un saco polvoriento de maíz—. Y ahora, que no lleguen demasiado tarde.

—No creo que tardemos mucho.

—¿Te encuentras bien? Tu cara está roja como un tomate.

—Estoy bien.

—Porque puedo decirle a Hazeline que le lleve esa pala a su padre.

—Me encuentro perfectamente.

Me dirigí hacia el huerto con la pala y el saco y me sentí como algún personaje de cuento de hadas que hubieran enviado en una misión imposible, como la de probar mi valía capturando un millar de águilas doradas y metiéndolas en el saco y haciendo para ellas una montaña plateada con mi pala. Ni siquiera eso parecía tan difícil como lo que estaba haciendo de verdad.

Debí tardar más de lo que pensaba en regresar, porque el tío Fred dijo:

—Creí que te habías perdido.

—No, no me he perdido, he estado aquí antes.

Le tendí la pala y dejé caer el saco al suelo. Mientras empezaba a cavar, cerré los ojos y apreté las manos contra mis párpados, y vi un repentino resplandor dorado de sol, y en este resplandor la zorra negra venía corriendo hacia mí.

Abrí los ojos y miré al tío Fred. Cavaba igual que hacía todas las otras cosas: vigorosamente, despacio y sin parar. Con su pala golpeó una roca y meneó la pala hasta que pudo sacar la roca de la tierra. A mis pies el montón de tierra y guijarros seguía creciendo.

Me volví y miré al otro lado del arroyo y vi por decimoquinta y última vez la zorra negra. Se movía angustiosamente hacia los matorrales y había tensión en sus pasos, como si estuviera preparada a dar un brinco o a hacer algún otro movimiento rápido y vigoroso. Ladró. Había vuelto a despistar al perro, y este ladrido era una aguda y patente llamada para que el tío Fred y yo la siguiéramos.

Hubo un gruñido de satisfacción por parte del tío Fred y yo me volví para verle levantar con la pala, cubierta de arena y guijarros, la cría de zorro.

La volcó encima del saco y la cría de zorro yació sin moverse.

—Está muerta —dije yo.

El tío Fred meneó la cabeza.

—No está muerta. Sólo está fingiéndolo. Su madre le enseñó a hacerlo.

Ambos miramos el zorrito sin hablar. Sabía que aunque viviera cien años, nunca vería algo que me pusiera tan malo como la visión de ese zorrito fingiendo estar muerto, cuando su corazón latía con tanta fuerza que parecía como si fuera a estallarle en el pecho.

Miré por encima de mi hombro y la zorra negra se había ido. Sabía que aún nos estaba vigilando, pero no podía verla. El tío Fred tanteaba la madriguera con su pala. Y yo dije:

—No creo que haya más. Ella sólo tenía uno.

Volvió a cavar, amontonó más tierra sobre el montón, luego dijo:

—Tienes razón. Generalmente una zorra tiene de cinco a seis cachorros.

—Creo que a los otros ha debido ocurrirles algo.

Se inclinó, dobló los extremos del saco y levantó la cría de zorro. Yo cogí la pala, él la escopeta y marchamos hacia casa, con la cría de zorro balanceándose entre nosotros. Happ se unió a nosotros mientras cruzábamos el arroyo y empezó a dar brincos excitados hacia el saco hasta que el tío Fred tuvo que sujetarlo a la altura del hombro para ponerlo fuera de su alcance.

Regresamos andando a la casa sin decir palabra. El tío Fred se fue directamente a unas viejas conejeras junto al garaje. Una vez Bubba había criado conejos allí, pero ahora las jaulas estaban vacías. El tío Fred abrió una, sacudió la cría de zorro fuera del saco, y luego cerró la puerta metálica.

La cría de zorro se fue hacia el fondo de la conejera y miró hacia nosotros. Su pelo era suave y lanoso, pero sus ojos eran penetrantes. Nerviosamente se fue a un rincón.

La tía Millie salió a mirarlo.

—Exactamente igual que un corderito —dijo—. Es una cosita preciosa, ¿verdad?

—Ayer no hablabas de esa forma —dijo el tío Fred.

—Bueno, no voy a dejar que nada vaya detrás de mis pollos.
¡Nada! Te perseguiría con la escoba si molestaras a mis pollos. —Se
rieron. Su estado de ánimo parecía haber mejorado mucho ahora que
la zorra estaba condenada y la tía Millie llamó—: Hazeline, sal a ver
esta preciosidad de zorrito.

—No.

El tío entró en el cobertizo, regresó y con un chasquido le puso
un candado al cierre de la jaula.

—¿Crees que alguien te va a robar tu zorro? —La tía Millie
se rió.

—Aunque no te lo creas una zorra es muy capaz de abrir una
jaula sin candado para sacar a su pequeño.

La tía Millie sacudió la cabeza asombrada, luego dijo:

—Bueno, ustedes los hombres tendrán que lavarse para la cena.

Entramos en la casa y le dije al tío Fred:

—¿Qué vas a hacer con el zorrito?

—Es mi cebo. Todo cazador tiene algún truco para capturar un zorro. Poseen alguna trampa especial o algo así. El señor Baines, el del almacén, hace una mezcla especial que dice que los zorros no pueden resistir. Lo mío es tender una trampa, utilizando el zorrito como cebo. Esta noche me sentaré fuera en el porche y la vigilaré.

—Oh.

—Nunca falla. Ése es un cebo que una zorra no puede resistir.

Acerca de Betsy Byars

Betsy Byars ha escrito más de treinta libros infantiles, pero *La zorra negra* tiene un lugar especial en su corazón. Dice ella: —Éste es mi libro favorito, porque es muy personal. Es un reflejo de mis hijos y de sus hazañas, así como de mí misma.

Byars basa la mayoría de sus cuentos en sucesos reales, experiencias familiares o incidentes que lee en los periódicos. En un cuento, por ejemplo, a una niña le preocupa que sus pies sean demasiado grandes. Dos de las hijas de Byars aseguran que sus propios pies inspiraron a su madre a que le diera a la niña esa preocupación.

Ahora que sus hijos ya son mayores, Byars puede dedicar más tiempo a su otra gran afición: volar. Obtuvo su licencia de piloto en 1984 y dice: —Estoy tan orgullosa de eso como lo estoy de mi carrera como escritora. —Byars vive en Clemson, Carolina del Sur, donde continúa escribiendo novelas juveniles.

Acerca de Ed Martínez

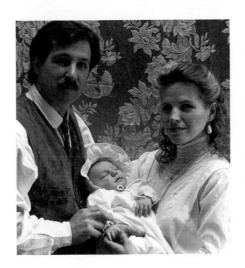

Ed Martínez vive en una casa antigua, construida hace 200 años en una zona rural de Connecticut, con su esposa y su hijo. La pintura al óleo sobre lienzo es su medio preferido para la ilustración, y la gente, su tema favorito. Él y su esposa disfrutan pintando los paisajes de la campiña de Connecticut. Martínez ha ilustrado otros libros juveniles.

¿Qué harías tú?

Escribe una carta

Queridos padres

Si Tom les escribiera a sus padres para contarles de su vida en la granja, ¿qué crees que les diría? Escribe una carta como tú crees que Tom la escribiría, sobre la búsqueda de la madriguera de la zorra con el tío Fred.

Organiza una discusión

Depende de ti

La tía Millie quiere salvar a sus pollos. Tom quiere salvar a la zorra. ¿Hay una manera de hacer las dos cosas? Discute cómo podrías salvar a la zorra y a los pollos.

Dibuja un mapa

¡Acechando a la zorra!

La zorra no puede burlar al tío Fred. A él no se le escapa ni una pista para encontrar la madriguera. Dibuja un mapa del camino seguido por Tom y el tío Fred a través del bosque; incluye todos los lugares mencionados en el cuento y todas las pistas que encuentran.

Lobatos y cachorros

En *Lobos* y en *La zorra negra* has aprendido sobre cómo los lobos y las zorras crían a sus cachorros. Haz dos listas. Muestra lo que has aprendido sobre la cría del lobato y de la zorra. ¿Cuidan el lobo y la zorra a sus crías de la misma manera o de manera diferente?

Vida salvaje

— ¿Quién la necesita?

por Ann Love y Jane Drake

¿Qué sucedería si una víbora malaya se deslizara hacia tu cocina? Tu papá daría un alarido, tu abuela se desmayaría y tú correrías a buscar tu bate de béisbol, ¿no? Antes de terminar con tu visitante inesperada, reflexiona un minuto. El veneno de la víbora malaya se usa para producir una medicina que ayuda a prevenir los ataques al corazón.

Muchos animales salvajes y plantas que pueden parecerte repulsivos, feos o desagradables son muy valiosos. Como esta víbora, nos proporcionan medicinas muy útiles y alimento tanto a nosotros como a otros animales. Además, todas las plantas y animales añaden algo de variedad y belleza a nuestro planeta.

La vida salvaje es una farmacia rica y natural. Abre el botiquín de tu familia, y probablemente verás una botella de aspirinas o algún otro remedio similar contra el dolor. ¿Sabías que el ingrediente que combate los dolores de cabeza proviene de la corteza de un sauce que crece a la orilla de los ríos? La aspirina puede fabricarse sintéticamente, usando los mismos productos químicos que se encuentran en el sauce, pero la medicina para el corazón llamada digitalis sólo puede producirse de la

planta dedalera. Miles de pacientes que sufren del corazón les deben sus vidas a esta delicada planta. Cientos de plantas y animales proporcionan ingredientes esenciales para medicinas. ¡La vida salvaje salva vidas humanas!

Sin las plantas silvestres no tendríamos alimentos. Todas las cosechas que se cultivan hoy en día están relacionadas con las plantas silvestres. Alrededor de 3,000 plantas son comestibles para el ser humano, pero sólo siete proveen la mayor parte de nuestro alimento: el trigo, el arroz, el maíz, la papa, la cebada, la batata y la mandioca. ¿Qué sucedería si una de estas "siete grandes" desapareciera? Muchísima gente se enfermaría o moriría de hambre.

Para prevenir que esto suceda, los granjeros pueden cruzar las plantas de cultivo con sus parientes silvestres, que son inmunes a muchas enfermedades. Si protegemos las plantas silvestres, podemos mantener nuestras

Una rana saltarina extiende su lengua y captura por sorpresa a la mosca que le servirá de comida.

cosechas saludables y preservar la producción de alimento para el futuro.

Las plantas y los animales también sirven como alimento para otras plantas y animales. Los mosquitos pueden volverte loco, pero son el alimento de muchos anfibios y aves. Los científicos ven a todos los seres vivientes como parte de un taller natural llamado ecosistema. Cada criatura o planta, no importa lo pequeña u ordinaria que parezca, hace un papel vital en este ecosistema.

La desaparición de una planta o animal puede tener graves repercusiones para otros. Piensa, por ejemplo, en el árbol dodo y el pájaro dodo. La fruta de ese árbol era la principal fuente alimenticia del pájaro dodo. Cuando éste desapareció, el número de árboles disminuyó de modo alarmante.

Entonces, cuando sólo quedaban 13 árboles en el mundo, un científico estadounidense, el doctor Stanley Temple, descubrió la razón. El árbol dodo dependía de que el pájaro dodo se comiera sus semillas. El poderoso sistema digestivo del pájaro dodo abría la cáscara de las semillas.

Estas semillas, arrojadas en los excrementos del pájaro, germinaban y desarrollaban nuevos árboles dodo. Las dos clases de dodos eran interdependientes; cuando el pájaro se extinguió, el árbol a su vez corrió peligro de extinción.

No todas las plantas y animales son tan útiles como la víbora malaya, la dedalera y el pájaro dodo. Algunos son sencillamente hermosos. Mucha gente disfruta de observarlos o fotografiarlos. La vida salvaje enriquece nuestras vidas y hace del mundo un lugar más interesante.

Los cerdos, monos y otros animales traídos a la isla Mauricio por marineros europeos se comían los huevos y las crías del dodo, lo que causó su extinción para 1681. Sin el pájaro dodo, el árbol dodo (izquierda) no tenía forma de plantar sus semillas.

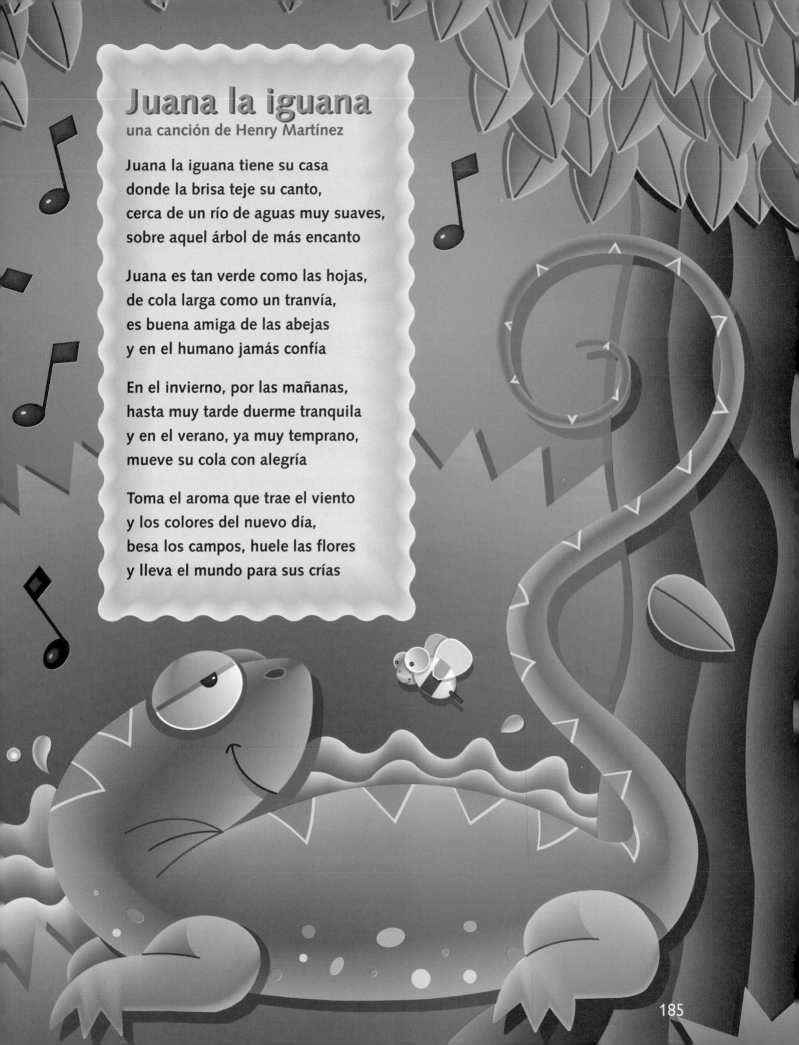

Juana la iguana

una canción de Henry Martínez

Juana la iguana tiene su casa
donde la brisa teje su canto,
cerca de un río de aguas muy suaves,
sobre aquel árbol de más encanto

Juana es tan verde como las hojas,
de cola larga como un tranvía,
es buena amiga de las abejas
y en el humano jamás confía

En el invierno, por las mañanas,
hasta muy tarde duerme tranquila
y en el verano, ya muy temprano,
mueve su cola con alegría

Toma el aroma que trae el viento
y los colores del nuevo día,
besa los campos, huele las flores
y lleva el mundo para sus crías

Salvemos los animales

UN ENSAYO PERSUASIVO POR LUISA BETANCES

Luisa está preocupada por el futuro de los animales y decidió escribir este ensayo para ofrecer una solución.

Salvemos los animales

Todos queremos salvar los animales que están en peligro de extinción. Sin embargo, la forma en que los protegemos ahora no es eficaz. En vez de proteger animales específicos, debemos concentrarnos en proteger los hábitats de todos los animales.

Las razones por las cuales yo pienso así son las siguientes: Primero, si protegemos los hábitats, también estamos protegiendo muchos animales, no solamente uno. Segundo, si protegemos todos los animales en su hábitat, protegemos el ambiente también. Tercero, cuesta menos dinero salvar muchos animales en un solo hábitat que salvar un solo animal. Cuarto, si salvamos el hábitat, también salvamos los árboles que nos dan oxígeno a todos los seres vivos.

Las Naciones Unidas dicen que hay 533 mamíferos, 862 pájaros, 257 reptiles, 133 anfibios, 934 peces, 2,647 insectos y 26,000 especies de plantas que están en peligro de extinción. En vez de tratar de proteger cada una de estas especies vivientes, debemos proteger el ambiente en su totalidad.

Luisa Betances
Escuela Robert Simon
Nueva York, Nueva York

Luisa tiene 11 años y nació en la República Dominicana. Tiene una hermana y un hermano que nacieron en los Estados Unidos. A Luisa le encanta leer, sobre todo, cuentos de hadas. También le gusta mucho dibujar. Su asignatura preferida es matemáticas. El deporte que más disfruta es montar en bicicleta.

187

Adiós falcón
escrito por Wenceslao Serra Deliz

Algunas veces en nuestras vidas suceden cosas que parecen dignas de un cuento. Cosas que recordamos como parte de un sueño real y vivido.

Lo que voy a contarte me sucedió a mí. Todo comenzó en Barranquitas, un pueblo amable y hermoso del centro de Puerto Rico, acurrucado entre verdes montañas.

Era la una de la tarde. Hacía fresco, a pesar de que empezaba el mes de julio. Un amigo me llevaba en su carro. Veníamos de trabajar en el pueblo. En la salida, donde la carretera empieza a subir la montaña verde, un niño nos hizo señas. Cuando mi amigo detuvo el carro, el niño nos dijo, alargando la mano: "¡Dos pichones de falcón! ¡A peso cada uno!" Eran dos pajaritos recién nacidos y asustados en un nidito de paja, quizás donde mismo habían nacido. Aún no tenían plumas, y su piel era muy fina, casi transparente. Sus corazones latían con fuerza, como si fueran a salirse de los pechos.

Good-bye, Falcon

written by Wenceslao Serra Deliz

Sometimes things happen in our lives that seem worthy of a story. Things that we remember as part of a real and living dream.

What I am going to tell you happened to me. It all began in Barranquitas, a lovely and handsome town nestled between green mountains in the center of Puerto Rico.

It was one o'clock in the afternoon, and cool, even though the month of July had already begun. I was riding in a friend's car. We were returning from our work in town. At the exit where the road begins to climb the green mountain, a boy signaled to us. When my friend stopped the car, the boy held out his hand and said, "Two falcon chicks! For a peso each!" The two scared baby birds were in a straw nest, maybe the same one in which they were born. They didn't have feathers yet, and their skin was very fine, almost transparent. Their hearts beat with such force it seemed they would pop out from their chests.

Los compré y regalé uno a mi amigo. Yo sabía que, a pesar de lo asustados que se veían, los dos pájaros querían crecer y volar un día por el cielo…

Durante todo el camino hablé con mi amigo sobre estos pájaros. El falcón es pariente del guaraguao, y se parece mucho a éste. Vive en todos los campos de Puerto Rico. Prefiere las montañas más cálidas. El color de sus plumas es parecido al barro de las montañas, con manchitas negras. Con sus fuertes garras atrapa lagartijos e insectos para alimentarse. Le gusta volar acompañado de su pareja.

Al llegar a mi casa en la urbanización Las Lomas, del pueblo de Río Piedras, puse el pequeño y transparente pájaro en una jaulita de alambre. Lo dejé en mi cuarto, sobre el escritorio. Al pasar de los días noté que en la pared, en la silla y en parte de la cama había grandes manchas blancuzcas. Ya empezaba a crecer y, como la jaulita resultaba pequeña, había ensuciado todo a su alrededor. Tuve que hacer una jaula más grande para sacarlo al patio, donde estaría desde entonces.

I bought them both and gave one to my friend. I knew that even though they were frightened, the two birds wanted to grow, and one day, to soar through the sky. . . .

For the rest of the trip I talked with my friend about the birds. The falcon is related to and looks very much like the *guaraguao*. Falcons live in the countryside of Puerto Rico and prefer the warmest mountains. Their feathers are colored like the mountain mud, speckled with black. With strong claws they trap small lizards and insects to eat. Falcons like to fly together with their mates.

When I arrived at my home in the housing development of Las Lomas, in the town of Río Piedras, I put the tiny, transparent bird in a little wire cage. I left him in my room on top of my desk. As the days passed I noticed large, whitish stains on the wall, the chair, and part of the bed. The bird had begun to grow and since the little cage was too small, he had soiled everything around him. I had to make a bigger cage and put him out on the patio, where he would stay from then on.

Pasaron las semanas lentamente. Ya iban apareciendo las plumas color barro. Su cuerpo crecía despacio, como crece un niño. Podía notar las pequeñas diferencias de una a otra semana. Es emocionante ver crecer algo vivo: un conejo, un perro, un pajarito o un árbol que hemos sembrado… Todos podemos sentir esa gran alegría si aprendemos a mirar y sentir las cosas vivas que nos rodean.

Al pasar de los meses ya había en la jaula del patio un falcón adulto y hermoso. Pero entonces comencé a notar algo extraño. En sus ojos había una mirada cansada que contrastaba con su belleza de ave salvaje. Sus gritos agudos eran ya una queja interminable. Parecían decir que la jaula donde había crecido le resultaba ya muy pequeña. El mensaje era claro: ya no soportaba el cautiverio, sus ojos necesitaban un mundo de luz, de árboles verdes y de vientos azules…

192

The weeks dragged by. Already his mud-colored feathers were appearing. His body grew slowly, as a child grows. I noticed small differences from week to week. It is moving to see a living thing grow: a rabbit, a dog, a little bird, or a tree we have planted. . . . All of us can sense this great joy if we learn to see and feel the living things that surround us.

Months passed and soon the cage on the patio held a handsome adult falcon. But then I noticed something strange. A tired look in his eyes clashed with the wild beauty of the bird. His sharp cries were soon an unending complaint. They seemed to say that the cage where he had grown was now much too small. The message was clear: he could no longer endure captivity; his eyes needed a world full of light, of green trees and blue breezes. . . .

Esa misma tarde abrí su jaula, como quien tiende la mano para ayudar a un amigo. El falcón miró sorprendido a su alrededor. No sabía qué hacer en aquel momento nuevo para él. Tuve que tomarlo en mi mano. Sus grandes garras me apretaron asustadas y temblorosas. Lo tiré entonces al aire y voló muy poco, lo suficiente como para posarse en la horqueta de un panapén de una finca vecina. Allí se quedó un largo rato, hasta que llegaron las sombras de la noche.

La noche era como un pájaro de grandes alas negras llenas de nuevas y pequeñas luces. Yo pensaba en un joven falcón que había volado hacia un mundo nuevo. En ese momento comenzaba para él una libertad que alumbraban las estrellas, los cucubanos, y que perfumaban las flores sencillas del moriviví…

That same afternoon I opened his cage, like someone putting out a hand to help a friend. The falcon, surprised, looked all around. He didn't know what to do at that moment, so new for him. I had to take him out with my hand. His great claws grasped me, frightened and trembling. I threw him then into the air and he flew just a bit, enough to perch in the fork of a breadfruit tree on the neighbor's farm. He stayed there a long time, until the night shadows gathered.

The night was like a bird with great black wings full of small new lights. I thought about the young falcon who had flown toward a new world. For him, at that moment, there began a new freedom lit up by the stars and the fireflies, and perfumed by the simple flowers of the *moriviví*. . . .

Al amanecer del día siguiente me despertó el chillido del falcón y el escándalo de sus alas en los árboles. Debía tener mucha hambre. Era un cazador que aún no sabía cazar solo.

Me levanté de la cama. Fui a la nevera y saqué un pedazo de carne. Salí a la calle que daba a la finca y divisé al falcón en lo alto de un árbol. Al verme, comenzó a moverse a las ramas más bajas. Me miró con desconfianza, pues parecía no querer cambiar su libertad por la jaula del patio. Alargué la mano suavemente, dándole a entender que su libertad estaba segura. Se balanceó hábilmente en la rama más baja, abriendo sus grandes alas en el amanecer frío. Tomó rápidamente la carne y voló hacia un alto pino de la finca. Lo miré con alegría y tristeza. Tristeza, porque sabía que pronto no volvería a verlo. Con alegría, porque ya era muy feliz en su mundo verde recién descubierto...

At dawn the next day the falcon's shriek and the racket of his wings in the trees woke me. He must have been hungry. He was a hunter who still didn't know how to hunt alone.

I got out of bed, went to the refrigerator, and took out a piece of meat. I walked out to the road leading to the farm and spied the falcon high up in a tree. When he saw me, he started to move to the lower branches. Looking at me warily, he didn't seem to want to trade his liberty for the cage on the patio. I held out my hand softly, letting him know that his freedom was assured. He balanced deftly on the lowest branch, opening his great wings in the cold dawn. Swiftly, he grabbed the meat and flew toward one of the farm's tall pines. I watched him with joy and sadness. Sadness, because I knew that soon I would no longer see him. With joy, because he was already very happy in his newly discovered, green world. . . .

Desde ese momento, mi amigo decidió comer tres veces al día, como todos nosotros. Y tres veces bajaba desde el pino más alto: por la mañana, al mediodía y al atardecer. Yo le extendía mi mano con un pedazo de carne, cariñosamente. Él lo veía desde la altura, ponía su cuerpo en posición de ataque y salía disparado como una flecha.

Se posaba entonces en mi brazo. Tenía bastante cuidado de no arañarme con sus fuertes garras. Cogía la carne con su pico y volaba otra vez muy alto. Esto sucedía todos los días. Muchas personas iban a verlo, pues se había hecho famoso. Una amistad entre un ave de presa y un hombre es algo que vemos muy pocas veces.

Una tarde pasó algo muy gracioso. En el momento en que le ofrecía su acostumbrada comida, bajó tan abruptamente que no pudo posarse en mi brazo. Agitó sus alas violentamente sobre mi cabeza y sentí que sus garras

From that moment, my friend decided to eat three times a day, like all of us. And three times he would come down from the tallest pine: in the morning, at noon, and at dusk. Affectionately, I offered him a piece of meat from my hand. He saw it from up high and prepared himself for the attack, darting down like an arrow.

Then he landed on my arm. He took care not to scratch me with his strong claws. Grabbing the meat with his beak, he flew back up. Every day this happened. Many people came to see him, as he had become famous. A friendship between a bird of prey and a man is something we see very few times.

One afternoon something funny happened. At the moment that I offered him his usual meal, he descended so abruptly that he couldn't land on my arm. He flapped his wings frantically over my head and I felt his claws sink into my

se hundieron en mi pelo tratando de equilibrar su cuerpo. No me asusté, pues noté que mi amigo hizo un esfuerzo cariñoso por no hacerme daño. A pesar de todo, pude alzar mi brazo y ofrecerle su alimento. Él lo tomó y regresó otra vez a los árboles rumorosos y verdes que lo esperaban...

Un día noté con sorpresa que había venido a comer solamente dos veces. Me preocupé mucho. Después imaginé lo que pasaba, al verlo volar acompañado de una pareja de igual color. Tenía compañía y aprendía a cazar con ella.

Pronto comenzó a bajar solamente una vez. Su compañera lo esperaba en una rama baja del pino. No había duda: ya sabía trabajar para conseguir su alimento y era realmente libre. Pensé que ahora venía a buscar algo de comer sólo para verme y despedirse de mí.

hair in an effort to balance his body. I wasn't afraid because I noticed that my friend made a loving effort not to hurt me. In spite of everything I was able to raise my arm and offer him his meal. He took it and returned again to the murmuring green trees that waited for him.

I was surprised one day when I noticed that he had come to eat only twice. I was very worried. Later, I realized what was happening when I saw him fly by accompanied by a mate of his same color. He had company and was learning to hunt with her.

Soon he began to come down only once a day. His mate waited for him on one of the low branches of the pine tree. There was no doubt: he already knew how to work for his meals and he was truly free. I thought that now he came to get something to eat only to see me and say good-bye.

Después sus esperadas visitas perdieron regularidad. El día que dejó de visitarme me di cuenta que en los últimos días había estado despidiéndose realmente. Mi amigo aprendió a amar la libertad que fue conquistando poco a poco en un esfuerzo diario. Imagino que no resultó fácil para él, pero el resultado final debió ser mucho más feliz que las paredes de su jaula metálica...

Adiós, falcón. Al conocerte supe que era posible tener un amigo del aire, los árboles y los nidos. Aprendí que también los animales pueden sentir miedo ante lo desconocido y sin embargo trabajar y aprender para ser libres. En mi recuerdo siempre eres parte de las montañas donde te conocí. Del cielo donde volaste. De la mañana y de la tarde...

202

Afterwards, his visits lost regularity. The day he stopped visiting me I realized that in the last few days he had really been saying good-bye. My friend learned to love the freedom that he won bit by bit through daily effort. I don't imagine that it was easy for him, but the final outcome must have been much happier than the walls of his metal cage. . . .

Good-bye, falcon. Knowing you made me realize that it is possible to have a friend from the air, the trees, and the nests. I learned that animals, too, can be afraid of the unknown and still work and learn to be free. In my memory you are always part of the mountains where I met you. Of the sky where you flew. Of the dawn, and of the dusk. . . .

Acerca del autor

Wenceslao Serra Deliz

Criar un falcón fue una experiencia extraordinaria para Wenceslao Serra Deliz. Tanto enriqueció su vida que decidió transformar la experiencia en *Adiós falcón*.

Muchas veces Serra Deliz escribe sobre el tema de Puerto Rico, donde nació y se crió. Las vistas, los sonidos y los cuentos de su tierra natal forman parte de su carácter. Aunque ha vivido en varios lugares en Puerto Rico, diría que es de Quebradillas, un pueblito en la costa noroeste de la isla.

A su padre, quien era ebanista y músico, Serra Deliz le atribuye el desarrollo de sus dotes artísticas. El padre de Serra Deliz murió cuando el autor era todavía un niño, pero su influencia ha durado toda una vida.

Serra Deliz ha escrito varios cuentos y poemas para niños. También le encanta conducir talleres de poesía para escritores jóvenes.

Acerca del artista

Luis Tomás

Los pájaros y el arte eran unos de los primeros intereses de Luis Tomás. De niño en Phoenix, Arizona, criaba palomas como pasatiempo. También le gustaba dibujar los animales en el zoológico de Phoenix. Los padres de Tomás, quienes nacieron en México, le transmitieron el amor que sentían por el arte y la música. Ahora Tomás trabaja como compositor y artista en Arizona. Muchas veces usa un diario para escribir y dibujar sus experiencias y sueños. Él dice: —Puede ser un instrumentito muy poderoso.

Pon tus ideas en libertad

Canciones y poemas

El escritor Serra Deliz comenta que su experiencia con el falcón "se merece un cuento", pero él podría haber escrito la historia del falcón en cualquier otro género literario. Escribe una canción o un poema sobre falcones o sobre el falcón de este cuento.

Haz un dibujo

Antes y después

¡El polluelo delgaducho se convierte en un adulto majestuoso! ¡Nacido en una jaula finalmente alcanza la libertad! Haz dos dibujos mostrando el falcón antes y después de ser soltado.

Escribe un diario

¿Cómo crece un falcón?

Una tarde fresca de julio, Wenceslao Serra Deliz compra un polluelo pelón de falcón. Después de unos meses se despide del falcón ya crecido que considera su amigo. ¿Qué le pasa al autor entretanto? Escribe un diario con la descripción de sus sentimientos al ver el falcón crecer y darse cuenta de que su amigo necesita la libertad.

Organiza un debate

Una jaula: ¿Sí o no?

¿Deberíamos criar las aves y otros animales salvajes en cautividad o deberíamos permitirles vivir en estado salvaje? Organiza un debate en tu clase. Usa la información y los detalles de las selecciones que has leído para apoyar tus ideas.

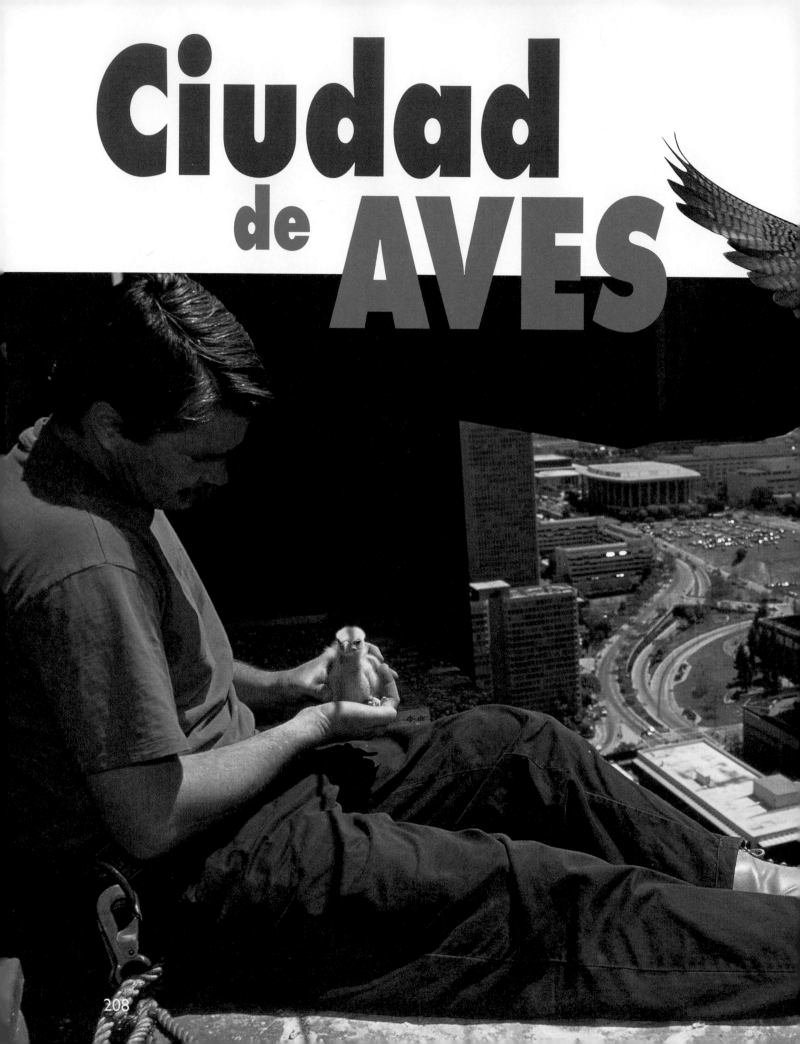

Ciudad
de AVES

El halcón peregrino vive en lugares despoblados, de terreno rocoso y escarpado. Entonces, ¿qué está haciendo en grandes ciudades llenas de gente?

por Claire Miller

Cuando tus abuelos eran jóvenes, había muchos *halcones peregrinos* por el mundo. Eran famosos por ser las aves más rápidas. (Los peregrinos pueden lanzarse en picado y cazar aves más pequeñas en pleno vuelo.)

Cuando tus *padres* eran muy jóvenes, estas aves ya tenían problemas. Los insecticidas usados en los ranchos y en los bosques se habían introducido en su alimento. El veneno, llamado DDT, causó que las cáscaras de sus huevos se debilitaran hasta quedar muy delgadas.

En vez de criar a sus polluelos, las aves encontraban sus nidos llenos de ¡huevos revueltos! Sin nuevos polluelos, en poco tiempo los peregrinos desaparecieron de la mayor parte del mundo.

Al rescate

Un grupo de científicos quiso ayudar a estas aves en peligro de extinción. Tomaron algunos de los huevos de cascarón blando de los nidos del peregrino. Cuidadosamente los llevaron a sus laboratorios; incubaron algunos de los huevos en unos recipientes llamados *incubadoras*.

Al principio los científicos soltaron a los polluelos en lugares donde los peregrinos solían vivir. Pero

Brian Walton está sentado en la repisa de la ventana de un rascacielos. La cría de halcón peregrino que tiene en sus manos tendrá que aprender a cazar aves sobre las ruidosas calles de una gran ciudad. Pero estará a salvo del DDT, un veneno usado en el campo.

209

"¡Eh, mírame volar!", parece decir esta cría de peregrino al mover sus alas. Jerry Craig alimentará diariamente a los peregrinos en esta caja de iniciación. Cuando hayan aprendido a cazar para conseguir su propia comida, Jerry les quitará la caja.

muchas de las aves fueron atacadas por el búho real.

Mientras tanto, algunos peregrinos descubrieron los rascacielos de las grandes ciudades. Para las aves, eran como acantilados. Algunos edificios tenían repisas en las ventanas donde las aves podían poner sus huevos.

En las ciudades, los halcones estaban a salvo de los grandes búhos. Y había abundancia de aves para alimentarse. Así fue cómo los científicos se dieron cuenta de que las ciudades podían ser un buen lugar para poner en libertad las crías de peregrino.

Feliz iniciación

Para acostumbrar a las crías a vivir en las grandes ciudades, los científicos usaron unas jaulas gigantescas a las que llamaron *cajas de iniciación*. Colocaban las cajas en lo alto de los edificios y ponían las aves dentro.

—Primero queríamos que las aves se acostumbrasen a su ambiente —dice Jerry Craig, un científico que trabaja en Denver, Colorado—. Luego los dejábamos volar libremente. Mucha gente estaba preparada para rescatarlos de accidentes

Los peregrinos salvajes descansan en lugares escarpados y planean entre colinas y altas montañas. Pero ahora también viven entre rascacielos en grandes ciudades como Denver, Colorado (a la izquierda).

con vehículos si aterrizaban en la calle.

—Durante unas semanas, las aves continuaron yendo a la caja por su comida, —añade él—. Pero muy pronto, aprendieron a cazar sus propias presas. Nosotros seguimos proporcionándoles comida hasta que aprendieron a alimentarse por sí solas.

Marcando las crías

Los científicos intentan llevar un recuento de todas las crías que se han puesto en libertad, por lo que colocan unas bandas numeradas en las patas de las aves. Las bandas ayudan a distinguir una ave de las otras.

John Barber trabaja en un rascacielos de Baltimore, Maryland. Ya hace muchos años que los peregrinos crían sus polluelos en la repisa de una de las ventanas de un edificio de la ciudad. John observa atentamente a los polluelos cada año.

Cuando los polluelos tienen tres semanas, John sale a la repisa y les coloca las bandas numeradas en las patas. ¡No parece importarle que la repisa esté en el piso 33!

—Estoy realmente contento de ayudar a estas aves en peligro de extinción —dice John—, algunos de los halcones que he marcado han sido encontrados anidando aquí o en otras ciudades, pero otros han muerto al chocar con ventanas o han sido atropellados por vehículos. Las bandas numeradas nos ayudan a identificar el ave afectada.

Los famosos peregrinos

En varias ciudades norteamericanas, los peregrinos se han convertido en los nuevos vecinos.

Durante los dos años pasados, por ejemplo, 24 crías de peregrino fueron puestas en libertad en Kansas City, Misuri.

Las cajas de iniciación en lo alto del Edificio de Energía y Electricidad fueron retiradas para dejar en libertad a los peregrinos. Desde el edificio de un banco cercano, una cámara de televisión seguía los movimientos de las aves. La gente que iba al banco podía ver las aves por televisión.

Los habitantes de Kansas City quieren que las aves se queden, así que han añadido algo nuevo: cajas para que los halcones puedan anidar en las chimeneas del Edificio de Energía y Electricidad. Las cámaras de televisión pueden observar cualquier ave que haga uso de las cajas. Es una buena manera de observar las aves sin molestarlas.

Un halcón peregrino alimentando su cría hambrienta.

¡Qué espectáculo!

Es muy divertido ver crecer a las crías de los peregrinos. Pero lo más emocionante es observar a los adultos.

—Siempre me emociona ver un halcón peregrino planear en las corrientes de aire caliente, por encima de los edificios —dice Pat Redig, un científico de Minnesota que ha estado trabajando con peregrinos desde hace 20 años—. Yo sé que en cualquier momento, uno de esos peregrinos puede lanzarse y agarrar un pájaro en vuelo. ¡Qué espectáculo!

Libres de DDT

Para los peregrinos, comer aves de la gran ciudad puede ser bueno para su salud. Tomemos, por ejemplo, los peregrinos que viven en Los Ángeles. Parece ser que se encuentran en mejores condiciones que los que viven en las áreas rurales.

—Los peregrinos de las zonas rurales *siguen* sufriendo las consecuencias del DDT —explica Brian Walton, un científico especializado en aves—. A pesar de que los granjeros no han usado DDT en 20 años, todavía se hallan restos en los cuerpos de las aves que los peregrinos comen. Por esa razón, todavía encontramos peregrinos con huevos rotos en sus nidos.

—Los peregrinos de las grandes ciudades comen aves que nunca van a las zonas que fueron infectadas con DDT. Como las palomas no comen DDT, los peregrinos de las ciudades no lo tienen en su cuerpo. Y como consecuencia, ponen huevos de cascarón duro.

Peregrinos "de película"

Los peregrinos de la ciudad han hecho muchos amigos por todo el país. Por ejemplo, los habitantes de Toledo, Ohio, consideran a su pareja de peregrinos

Este rufián peregrino acaba de cazar una paloma en pleno vuelo.

212

realmente especial. Por
ahora es la única pareja que
anida en Ohio.

    —El tener peregrinos
en ciudades como Toledo es
estupendo para fotógrafos
como yo —dice Sharon
Cummings—. No tenemos
que escalar peligrosas cimas
escarpadas para tomar
fotografías de aves. Sólo
tenemos que enfocar
nuestras cámaras desde la
ventana de un edificio de
oficinas cuando pasan volando o aterrizan en una repisa.

    —Pero durante el
tiempo de incubación
—añade ella—, algunos
no los encuentran tan

encantadores. Tienes que
mirar por dónde andas.
El piso bajo sus nidos está
lleno de las sobras de su
comida: ¡cabezas de pájaro!

Búscalos en tu ciudad

Quizás tú también puedas
ver peregrinos. Viven en
más de 30 ciudades de
Norteamérica. Cuando
vayas a una gran ciudad, pregunta en la asociación local
de amigos de las aves, el
museo de historia natural
o un centro ecológico.
Investiga si hay peregrinos
que vivan allí. Si los hay,
quizás puedas echar un vistazo a los nuevos vecinos.

**Como a muchas crías
de halcón en otras
ciudades, a éstas se
les colocarán bandas
numeradas para que
los científicos los
puedan identificar.**

**En lo alto de un edifi-
cio, este halcón pere-
grino observa una
cámara de televisión
(abajo). El ave no
sabe que es la estrella
de la película. Los que
miran el monitor de
televisión pueden ob-
servar todo lo que
hace el peregrino
(izquierda).**

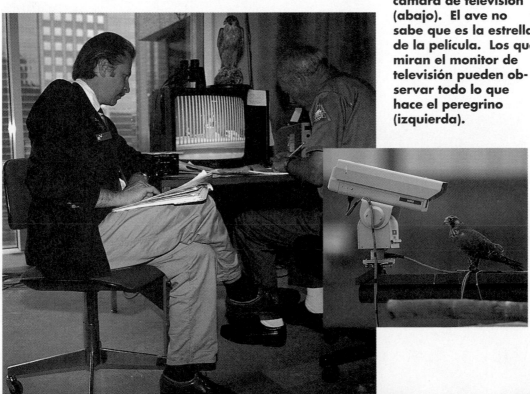

213

Desde otro punto de vista

Desde otro punto de vista

ÍNDICE

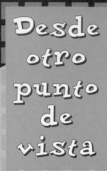

LEE POR TU CUENTA

OMAR S. CASTAÑEDA

EL TAPIZ DE ABUELA

ILUSTRADO POR ENRIQUE O. SÁNCHEZ

LIBRO DE BOLSILLO **EXTRA**

El tapiz de Abuela

por Omar S. Castañeda

Esperanza aprende con su abuela el hermoso arte del tejido y, además, una lección valiosa.

En el mismo libro...

Más sobre Guatemala, sus mercados y sus costumbres, y un perfil de Rigoberta Menchú.

LIBRO DE BOLSILLO **EXTRA**

Antonio en el país del silencio

por Mercedes Neuschäfer-Carlón

Antonio descubre que la amistad no tiene edad ni nacionalidad.

En el mismo libro...

Más sobre la amistad, sobre el deporte del fútbol y sobre unos corredores que siempre superan la meta.

Los cazadores invisibles/ The Invisible Hunters
versión de Harriet Rohmer
Una leyenda fascinante de los indios miskito de Nicaragua en la que se explora la relación entre dos pueblos con culturas diferentes.

Zuecos y naranjas
por Monserrat del Amo
Vicente y su familia se mudan de un país a otro, y tanto él como sus nuevos compañeros de clases aprenden a reconocer y a aceptar sus diferencias.

La pesca de Nessa
por Nancy Luenn
Un día la pequeña Nessa y su abuela pescan tantos peces que no se los pueden llevar a casa. Mientras esperan ayuda, los animales del bosque las amenazan. Descubre cómo la sabiduría esquimal ayudará a Nessa a protegerse a sí misma y a su abuela.

La habitación de Mauricio
por Paula Fox
Los padres de Mauricio no pueden comprender la afición de su hijo por coleccionar lo que ellos llaman "basura".

Abuelita Opalina
por María Puncel
Isa necesita escribir un ensayo sobre su abuela, pero no tiene ninguna. Cuando Isa usa su creatividad para resolver el problema, sus amigos se ponen celosos.

Acerca de la autora de
En el año del jabalí y Jackie Robinson

Bette Bao Lord

A los diez años

La historia de la llegada de Shirley Temple Wong a América desde China está basada en la niñez de Bette Bao Lord. Ella recuerda así la llegada del barco al puerto de San Francisco en el otoño de 1946: "Ayer, con la barbilla apoyada en la barandilla del *S.S. Marylinx*, miré a través de la neblina buscando *Mei Guo*, el país bonito. Se negaba a aparecer. Luego, en un abrir y cerrar de ojos, surgió el Golden Gate, más parecido a las puertas del cielo que a los arcos de un puente hecho por el hombre". De California, la familia partió hacia Nueva York.

"Llegué a Brooklyn, Nueva York, un domingo", recuerda. "El lunes ya estaba matriculada en la escuela. Por levantar diez dedos, me vi condenada al quinto grado. Fue un tremendo error. Según los cálculos americanos, acababa de cumplir ocho años. Los estudiantes del salón me llevaban una o dos cabezas de estatura".

Al igual que Shirley, Lord no se dio por vencida y aprendió inglés. Por un tiempo, soñó con ganar el Premio Nobel de química. Pero hizo una carrera que ayudó a promover una mejor comprensión entre China y los Estados Unidos. Durante años, enseñó baile moderno y actuó en varias representaciones.

Lord se hizo escritora cuando decidió contar la historia de su hermana Sansan "que se crió en China y se reunió con la familia tras una separación de dieciséis años". Más adelante escribió sobre su propia juventud en los Estados Unidos. El resultado fue su primer libro juvenil, *En el año del jabalí y Jackie Robinson*. "La pequeña embajadora de China" es uno de sus capítulos.

En 1985

Acerca del ilustrador

El hacer las ilustraciones de *En el año del jabalí y Jackie Robinson* le trajo muchos recuerdos a Winson Trang. Al igual que Shirley, la protagonista de la historia, Trang nació en Asia y vino a los Estados Unidos sin saber una palabra de inglés. Llegó a San Francisco en 1979, cuando tenía 15 años.

Trang tuvo que recorrer un largo y peligroso camino para llegar a los Estados Unidos. En 1975, tras una larga guerra, se fue de Vietnam, su país natal. Con un primo, viajó en tren a China, país natal de sus abuelos. Después viajó en barco a Hong Kong, donde vivió en un campamento de refugiados durante un año hasta que unos parientes lo ayudaron a entrar a los Estados Unidos.

Otros miembros de la familia de Trang llegaron a los Estados Unidos por rutas diferentes, a veces evitando desastres a duras penas. Su mamá y sus hermanas viajaron en un barco que zozobró. De un total de cuatrocientos pasajeros, ellas se encontraban entre las noventa personas que sobrevivieron.

Trang aprendió inglés rápidamente y, después de la universidad, se matriculó en una escuela de arte. Mientras trabajaba como traductor de chino, empezaron a llegarle trabajos de ilustrador independiente. Uno de sus encargos fue un libro escrito por Lawrence Yep.

Trang comparte su propia historia para animar a los jóvenes que se interesan en la carrera de ilustrador. —No te des por vencido —dice—. ¡Persiste hasta que surja tu oportunidad!

En China su familia la llama Sexta Prima o a veces Bandida. Pero poco antes de embarcarse con su madre para América a reunirse con su padre, Bandida cambia su nombre por el de Shirley Temple Wong. Llega a Brooklyn, Nueva York, en el año 1947. En China es el año del jabalí. Shirley está a punto de enfrentarse con su mayor obstáculo: su primer día en una escuela estadounidense.

La pequeña embajadora de China

A las nueve en punto de la mañana siguiente, Shirley se sentó en la oficina de la directora de la P. S. 8. Su madre y la maestra estaban hablando pero Shirley no entendía ni una palabra. Le resultaba molesto. ¿Por qué no había estudiado ella también el curso de inglés de los discos que Papá había enviado? Pero ya era demasiado tarde. Dejó de tratar de entender. De pronto, Mamá murmuró molesta en chino: —¡Deja, si no...!

Shirley agachó la cabeza rápidamente. Había estado mirando fijamente a la desconocida. Pero no pudo evitar levantar la vista otra vez. Había algo más extranjero en la directora que

En el año del jabalí y Jackie Robinson

por Bette Bao Lord

en ningún otro extranjero que había visto hasta ahora. ¿Qué era? No eran sus ojos azules; muchos otros también los tenían. No era la nariz recta; todas las narices de los extranjeros eran más rectas que las de los chinos. No era el pelo azul; en America había pelo de todos los colores.

Claro, sí, por supuesto. La mujer no tenía pestañas. Otros extranjeros tenían vello por todo el cuerpo, más vello que seis chinos juntos. La piel de esta mujer no tenía pelo. Era tan lisa como la panza del Buda Feliz, con excepción de las filas de rizos duros que tenía pegados a la cabeza.

No tenía ni cejas. Las llevaba pintadas, y se parecían al carácter de la escritura china que significa hombre, 人. Y cada vez que inclinaba la cabeza, todo el pelo se le movía a la vez, como si fuera un sombrero.

—Shirley.

Mamá trataba de llamar su atención.

—Dile a la directora cuántos años tienes.

Shirley levantó diez dedos.

Mientras la directora llenaba un formulario, Mamá discutía agitadamente. Pero, ¿por qué? Shirley había dado la respuesta correcta. Contó para estar segura. El día que nació, ella tenía un año. Dos meses más tarde, con la llegada del año nuevo, tenía dos. Ése era el año del conejo. Luego llegaron los años del dragón, de la serpiente, del caballo, de la oveja, del mono, del gallo, del perro y ahora era el año del jabalí, que era el décimo, prueba de que tenía diez años.

Mamá meneó la cabeza. Parecía que había perdido el argumento. Declaró en chino: —Shirley, vas a entrar en quinto grado.

—¿Quinto? Pero, Mamá, si no hablo inglés. Además, sólo he acabado tres grados en Chungking.

—Ya lo sé. Pero la directora me ha explicado que en América se asignan los grados de acuerdo a la edad. Diez años significa quinto grado. Y tenemos que respetar las reglas americanas, ¿verdad?

Shirley asintió obedientemente. Pero no por eso dejó de pensar que era ella, Shirley, quien tenía que ir a la escuela y que sólo Shirley iba a estar en apuros si fracasaba.

Mamá se levantó para irse. Tomó a Shirley de la mano.

—Recuerda, hija mía, que quizás tú eres la única china a quien estos americanos van a conocer. Da lo mejor de ti misma. Sé más que buena. En tus hombros descansa la reputación de todos los chinos.

¿Los quinientos millones en su totalidad?, se preguntó Shirley.

—Tú eres la pequeña embajadora de China.

—Sí, Mamá. —Shirley irguió los hombros e intentó sentirse merecedora de ese gran honor. Al mismo tiempo, deseaba poder irse con Mamá.

Una vez a solas, la maestra y Shirley se miraron. De repente la directora cerró un ojo, el derecho, y lo volvió a abrir.

¿Era ésta otra costumbre extranjera, como darse la mano? Si una directora lo hace, pensó Shirley, debe ser correcto. Tenía que devolverle el gesto, pero no sabía cómo hacerlo. Así que cerró y abrió los dos ojos, dos veces.

Esto provocó una risa cariñosa.

Entonces la directora la llevó a su clase. El salón era grande, con ventanas que llegaban hasta el techo. Fila tras fila de estudiantes, todos distintos. Algunas caras eran blancas, como platos limpios; otras, negras como el ébano. Algunas eran morenas. Unas pocas tenían puntitos por todas partes. Un niño era tan redondo como una jarra de agua. Otros eran tan delgados como palillos de comer. Ninguno llevaba un uniforme azul como el suyo. Llevaban suéteres con animales, camisas de rayas y camisas de cuadros, vestidos de colores tan variados como las pinturas del tío bisabuelo. Incluso había tres niñas que llevaban aretes.

Mientras Shirley miraba a su alrededor, la directora había comenzado un discurso. De repente acabó con "Shirley Temple Wong". La clase se levantó y saludó con la mano.

¡Amitabja! Qué altos eran todos. Incluso Jarra de Agua le sacaba una cabeza a ella. Por un breve instante se preguntó si Mamá consideraría la posibilidad de comprarle un par de zapatos de tacón alto a una embajadora.

—¡Hola, Shirley! —gritó la clase.

Shirley saludó inclinándose mucho. Luego, respondiendo al azar, les contestó:

—¡Hola!

La maestra se presentó y llevó a la nueva estudiante a un asiento de la primera fila. A Shirley le gustó inmediatamente, aunque tenía un nombre bastante difícil: señora Rappaport. Era una mujer pequeña de huesos delicados y pelo rojo como el fuego, peinado hacia el cielo. Shirley pensó que, en su vida anterior, la maestra debía haber sido un pájaro, quizás un cardenal. Con todo, infundía respeto, porque

ningún estudiante hablaba sin que le tocara. O
quizás lo que infundía respeto era el largo y
desagradable palo que estaba colgado en la
pared detrás de la mesa. En comparación con
este palo, parecía minúsculo el bastón de bambú
que usaba el maestro de Chungking para casti-
gar a Cuatro Manos siempre que le robaba
cualquier tontería a alguien.

Durante la clase, Shirley se inclinaba hacia
delante, casi sin tocar su silla, para captar los
significados, pero las palabras le sonaban como
agua borboteando. De vez en cuando, cuando
la señora Rappaport miraba hacia ella, Shirley
abría y cerraba los ojos como la directora lo
había hecho, para mostrarse amistosa.

A la hora del almuerzo, Shirley fue con su
clase a la cafetería de la escuela, pero antes de
poder agarrar una bandeja, varios niños y niñas
le hicieron señas para que los siguiera. Estaban
sonriendo, así que se fue con ellos. Volvieron a
escondidas al salón de clase a recoger sus
abrigos, luego, salieron de prisa y cruzaron el
patio hasta llegar a una tienda cercana. Shirley
estaba segura de que no debían de estar allí,
pero ¿qué otra cosa podía hacer? Éstos eran
ahora sus amigos.

Cada uno le dio el dinero del almuerzo al
dueño de la tienda, al que llamaban "don P." A
cambio, él le entregó a cada uno una botella de
agua de color naranja, un pan cuyo tamaño era
el doble del de una mazorca de maíz, y que
chorreaba albóndigas, pimientos, cebolla y una
salsa roja caliente, y un trozo grande de papel
para ponerlo en la acera helada y sentarse
encima. Mientras comían, todos, menos Shirley,
jugaban a las canicas o las cartas y se intercam-
biaban chapas de botella y fotos de hombres

que agitaban un palo o que llevaban un enorme guante. Fue el mejor almuerzo de su vida.

Y hubo más. Después de comer, el dueño de la tienda dejó que cada uno eligiera una de las cosas que se exhibían debajo del mostrador de cristal. Había tiras de papel salpicadas de chinches de azúcar rojas y amarillas, soldados de chocolate envueltos en papel de plata azul, cajas de pasas y nueces, bolsas de papas fritas, galletas tan grandes como panqueques, elefantes de caramelo, pirulís de todos los colores, una colección de labios rojos, dientes blancos, orejas rosas y bigotes negros rizados, todos de cera. Shirley fue la última en decidirse. Eligió una mano llena de jugo. Tenía mejor aspecto que sabor, pero no le importó. Mañana podría volver a elegir.

Pero cuando estaba sentada en su silla otra vez, esperando a que la señora Rappaport entrara al salón, le temblaban las rodillas. ¿Qué pasaría si la maestra se enteraba de su escapada? Ahí acabaría su destino de embajadora. Se vería deshonrada. Sus padres quedarían mal. Quinientos millones de chinos sufrirían. Las albóndigas le daban vueltas en el estómago como piedrecitas.

Entonces llegó la señora Rappaport. No lucía contenta. Shirley se acobardó cuando la maestra caminó directamente hacia el largo y horrible palo. Por primera vez su corazón sintió piedad por Cuatro Manos. Cerró los ojos y le rezó a la diosa de la Merced. Oh, Kwan Yin, ¡por favor, no me dejes llorar! Esperó, escuchando a que los pasos de la señora Rappaport sonaran más y más fuertes. Pero no fue así. Por fin, la curiosidad venció al miedo y levantó la vista. ¡La señora Rappaport estaba usando el palo para abrir una ventana!

232

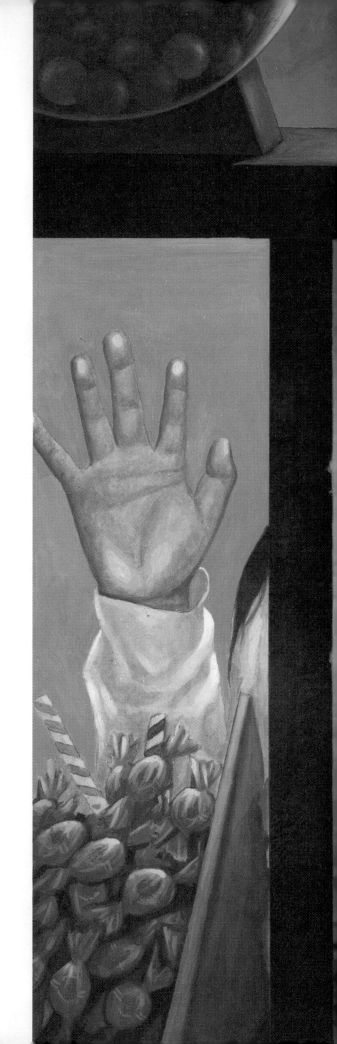

Las lecciones continuaron. En la clase de matemáticas, Shirley levantó la mano. Fue a la pizarra y escribió la respuesta correcta. La señora Rappaport la premió con una gran sonrisa. Shirley abrió y cerró los ojos para mostrarle su alegría. Al poco rato, se puso a soñar en elefantes de caramelo y galletas del tamaño de panqueques.

La escuela había acabado. Mientras Shirley se ponía el abrigo, la señora Rappaport le dio una carta, que obviamente tenía que dar a sus padres. El miedo volvió. Daban vuelta tras vuelta, y esta vez se sentían como piedras.

Apenas saludó a su madre en la puerta.

—¿Qué pasó?

—Nada.

—Te ves enferma.

—Estoy bien.

—¿Quizás es algo que almorzaste?

—No —dijo demasiado de prisa—. No tiene nada que ver con el almuerzo.

—¿Entonces qué?

—El trabajo de embajadora es más difícil de lo que pensaba.

A la hora de acostarse, Shirley no pudo atrasar más la entrega de la carta. Temblando, se la dio a Papá. Se veía en un barco, de vuelta a China.

Papá se la leyó en voz alta a Mamá. Luego los dos se volvieron hacia ella con cara de no entender.

—Tu maestra sugiere que te llevemos a un médico. Cree que te pasa algo en los ojos.

Velo con los ojos de

Haz un dibujo

En la clase

Piensa en el salón de clases de Shirley durante su primer día de escuela. ¿Qué personas y qué objetos se destacan? Haz un dibujo del salón tal como lo ve Shirley.

Escribe una carta

Querido Cuarto Primo

¿Cómo le describiría Shirley su primer día de clases a su primo favorito en China? Escribe una carta, como la que Shirley podría escribir, acerca de cómo se siente al estar en América.

Escribe una guía

¿Qué es un guiño?

Palos raros, comida extraña, gente cerrando y abriendo los ojos... Shirley está rodeada de cientos de detalles nuevos. Escribe una guía para Shirley que explique algunos aspectos y costumbres de su escuela y de su salón de clases.

Compara y contrasta

En la misma situación

Piensa en alguna vez en que tú fuiste el nuevo de un grupo. ¿Cómo te sentiste? ¿Qué observaste? Habla con tus compañeros y compara tu experiencia de ser "el nuevo" con la de Shirley.

237

Jelly Bean

UNA DESCRIPCIÓN POR ADRIANA BLANCO

Para cualquier otra persona, él puede ser un perro más. Para Adriana, él es alguien muy especial. Adriana escribió esta descripción de su perro para que otros pudieran verlo como ella lo ve.

Adriana Blanco
Escuela Primaria Downer
San Pablo, California

A Adriana le gustan mucho los perros, en especial su perrito Jelly Bean. Todos los días juega con él y lo saca a caminar. También le gusta practicar deportes; sus favoritos son el voleibol, la natación y patinar en el parque. La clase que más disfruta es la de lectura. Su comida favorita son los tamales.

Jelly Bean

Mi perro se llama Jelly Bean. Es chiquito como un osito de peluche. Es de color negro como la noche. Jelly Bean tiene el pelo rizado y sus ojos son color café claro. La cola de mi perro es chiquitita y las orejas son largas. Cuando toco a mi perro se siente suavecito. También tiene dos lunares en la lengua.

Cuando me regalaron a Jelly Bean, él tenía un mes de edad. Su dueño era un amigo de Papá que se mudó a otro país. La primera semana que tuvimos al perrito, todos en mi familia estábamos muy contentos.

Cuando llegó a vivir con nosotros, Jelly Bean no entendía español, sólo inglés. Ahora sí entiende. Primero le hablábamos en español y luego se lo repetíamos en inglés para que se enterara de lo que le decíamos. Le enseñamos español hablándole en inglés y en español. Ahora es un perrito bilingüe, como todos en mi familia.

Cuando estaba chiquitito, a Jelly Bean le gustaba mascar casi todo lo que encontraba. ¡Hasta le mascaba el cordón a mis zapatos! Ahora que está más grande, sigue portándose como si todavía fuera chiquito. Por lo general es juguetón y cariñoso. Si quiere jugar, agarra la pelota y la trae adonde estamos nosotros para que se la tiremos otra vez. Cuando la pelota cae debajo de un mueble, se para enfrente y empieza a rascarlo para indicarnos que necesita ayuda.

A Jelly Bean le encanta salir de paseo. Muchas veces acompaña a Mamá a llevarnos a mi gemela y a mí a la escuela en la mañana. En cuanto Mamá agarra su cartera, Jelly Bean sabe que vamos a salir y se pone a dar saltos de alegría. Siempre le ponemos su collar azul. Cuando me quedo en la escuela él se pone triste, porque quiere venir conmigo. Cuando llego a la casa Jelly Bean se vuelve loco de alegría y empieza a brincar y a ladrar, y me lame la mano.

Cuando sale le gusta explorarlo todo. Huele el piso, los árboles, las flores, los postes y las ruedas de los carros. Si encuentra un gato u otro perro, quiere correr a perseguirlos y les ladra. Hay que sujetarlo fuerte para que no se escape.

A mi perro también le gusta pasear en carro. Él siempre quiere ir en el asiento del frente y Papá tiene que cambiarlo al asiento de atrás. Jelly Bean se molesta y empieza a cambiarse de una silla a otra. Cuando por fin se queda en su silla, saca la cabeza y las patitas del frente por la ventana. Deja los ojos abiertos y saca la lengua, y va mirándolo todo.

A Jelly Bean no le gusta mojarse. No le gusta la lluvia, ni tampoco le gusta que lo bañen. Cuando se entera de que le toca el baño se escapa y se mete debajo del carro para que no lo podamos sacar. Otras veces, se esconde debajo de la cama y se hace el dormido y empieza a roncar. Cuando lo baño en la tina se pone a temblar y si lo baño con agua caliente se le pone el pelo aún más rizado. No es difícil bañar a Jelly Bean. Cuando sale de la tina se hace el dormido. Lo seco con una toalla y con el secador de mano, y luego le echo perfume de perro pero no le gusta, porque empieza a rascarse la nariz. Lo mejor de todo es que huele muy limpio y se ve curioso.

Jelly Bean brinca y ladra cuando huele comida. Él come de nuestra comida. Cuando Mamá está cocinando, él mueve el hocico para oler lo que ella cocina. Le encanta comer junto a nosotros. Su comida favorita es el pollo y se lo come súper rápido. También le gusta comer nieve, caramelos y papitas fritas. Él quiere comer de todo lo que comemos nosotros. Cuando nos levantamos de la mesa del comedor en la noche, después de la cena, él se sienta en una de las sillas y mira a Papá como diciendo que él también quiere comer ahí.

A Jelly Bean le gusta que venga visita a la casa. Salta por todas partes, y empieza a dar vueltas a toda la casa por dentro y por fuera. Le brinca encima a la gente y quiere que lo toquen, lo rasquen y jueguen con él. Cuando la gente se sienta, él se acuesta a su lado y si se levantan, él los sigue adonde van. Si llega a la casa gente que él no conoce, les gruñe y les ladra y les agarra los zapatos. Yo creo que Jelly Bean es un gran perro guardián.

Su lugar favorito para dormir es la cama de mis padres. Algunas veces Jelly Bean duerme conmigo. Cuando mi perro duerme, ronca, y cuando sueña, se pone a llorar. Mi papá lo despierta y lo arropa para que esté calentito.

Jelly Bean es un perro gracioso y, a veces, se porta como si entendiera todo lo que pasa a su alrededor. El día que mi hermana gemela y yo cumplimos siete años, Mamá y Papá nos celebraron una fiesta con familiares y amigos. Cuando reventamos la piñata, mi perro agarró el primer caramelo que salió de la piñata y fue corriendo adonde estaba Papá para que le quitara la envoltura y podérselo comer. Todos nos reímos mucho con la inteligencia de Jelly Bean.

Mi perro es mi mejor amigo y también es como otro hermanito para mí. Por eso lo quiero mucho a mi Jelly Bean querido.

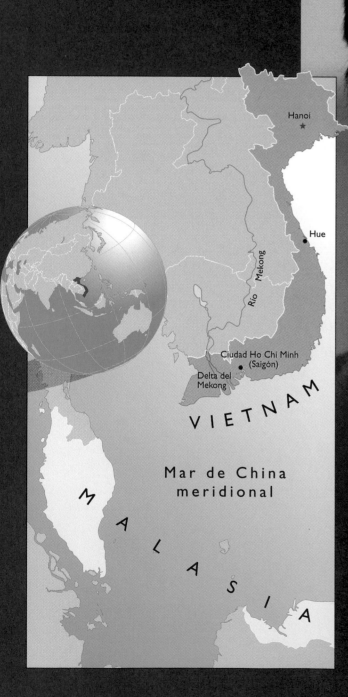

Hanoi

Hue

Río Mekong

Ciudad Ho Chi Minh
(Saigón)

Delta del
Mekong

VIETNAM

Mar de China
meridional

MALASIA

Vietnam está situado al este de la península de Indochina, al sureste de Asia. En 1978, la familia de Hoang Anh huyó de Vietnam. Primero fueron a Malasia, situada al suroeste de Vietnam, al otro lado del Mar de China meridional.

Hoang Anh

Un niño vietnamita-americano

por Diane Hoyt-Goldsmith

Me llamo Hoang Anh Chau (OAN ON CHO). Vivo en la ciudad de San Rafael, en California. En nuestra casa hablamos dos idiomas: vietnamita e inglés. Llegué a este país con mi familia cuando era todavía un bebé. Todos somos refugiados de Vietnam y vinimos aquí para empezar una vida nueva. Mis padres, mis hermanos mayores, mi hermana y yo somos nuevos ciudadanos de los Estados Unidos. Somos vietnamita-americanos.

Mi padre, Thao Chau (TAO CHO), es pescador. Los días en que hace buen tiempo, se levanta a las tres de la madrugada. Va a su barco y sale al océano. Mi padre trabaja muy duro todo el día y visita los lugares donde tiene sus trampas preparadas para atrapar cangrejos y anguilas. Normalmente no llega a casa hasta mucho después del anochecer. Mi padre aprendió a ser pescador en Vietnam.

El padre de Hoang Anh levanta la trampa metálica de cangrejos con una polea eléctrica. La taza blanca de plástico en el centro contiene el cebo.

Satisfecho de la buena pesca de la mañana, Hoang Anh ayuda a su padre a poner los cangrejos en un barril. Su padre lleva los cangrejos al mercado de San Francisco, donde los vende.

Mis padres eran de un pueblecito llamado Kieng Giang (KIN LLAN) del delta del río Mekong (MEY KON) en el sur de Vietnam. En esa región, se cultiva mucho el arroz. Mi padre, al igual que su padre, tenía un tractor y se ganaba la vida arando la tierra para los hacendados.

Pero en 1977, mis padres tomaron una decisión que cambió su vida. Decidieron irse de Vietnam.

Mi padre había sido soldado del ejército de Vietnam del Sur desde 1971. Durante varios años, había luchado junto a los estadounidenses en contra de las fuerzas comunistas de Vietnam del Norte. Durante la guerra, muchos amigos y parientes de mi padre murieron. Vio cómo la guerra destruía casas, granjas y pueblos. Se dio cuenta de que su forma de vivir estaba cambiando para siempre.

Ante la imposibilidad de derrotar a los comunistas, los Estados Unidos mandaron a sus soldados a casa en 1973. Dos años más tarde, los comunistas de Vietnam del Norte asumieron control de todo el país. El nuevo gobierno trató duramente a la gente que, como mi padre, había luchado contra ellos. Mis padres temían por su propia seguridad y se preocupaban por el futuro. Querían criar a sus hijos en un lugar mejor.

Sin embargo, el gobierno comunista de Vietnam no dejaba que la gente saliera del país. Por eso mis padres hicieron planes en secreto para escapar de Vietnam y buscar una vida nueva, segura y libre, en los Estados Unidos. Fue así cómo se convirtieron en refugiados.

Para llevar a cabo su plan, mi padre vendió su tractor y compró un pequeño barco de pesca. Aprendió a pescar en las aguas del Golfo de Tailandia. Tenía un plan de escape, pero no quería que el gobierno vietnamita sospechara nada. Esperó el momento adecuado.

Luego, un día en 1978, mis padres prepararon comida y ropa para un viaje largo. Se despidieron de sus padres y de sus amigos. En la oscuridad de la noche, mis padres subieron a sus cuatro hijos a bordo del pequeño barco de pesca. Con su familia y otros veinticuatro refugiados escondidos en la bodega del barco, mi padre se alejó de las orillas de Vietnam.

Simuló que era un día normal de pesca. Pero cuando el pequeño barco llegó a mar abierto, no se detuvo a poner las trampas para cangrejos. Navegando hacia el oeste y hacia el sur, continuó rumbo al país isleño de Malasia.

Mis hermanos y mi hermana eran demasiado pequeños para darse cuenta de lo que estaba pasando. No tenían idea del peligro que corrían. El barco, pequeño y atestado de gente, pasó muchos momentos difíciles durante el viaje. Podía haberse perdido en alta mar o hundido en una tormenta terrible. Los pasajeros podían haberse quedado sin comida y sin agua antes de llegar a tierra firme. Lo peor de todo es que los piratas podían haber descubierto el barco, haberles robado todas sus pertenencias e incluso haberlos matado.

Pero mi familia tuvo suerte. Después de dos días y dos noches en el océano, llegaron a salvo a Malasia. Durante más de un año, vivieron en un campamento de refugiados. Estaba lleno de gente que había huido de Vietnam. Las condiciones del campamento eran muy malas. Casi no había comida, y no había nada que hacer.

Yo nací en aquel campamento de refugiados en Malasia. A pesar de las malas condiciones del lugar, fui un bebé muy sano. Cuando tenía unos meses, una iglesia del estado de Oregón se hizo responsable por mi familia y emigramos a los Estados Unidos.

He leído en los libros que más de un millón de personas huyeron de Vietnam después de la guerra porque tenían miedo de cómo iba a ser el país con un gobierno comunista. Muchos de los que

huyeron en barcos consiguieron llegar a salvo, como
mi familia. Pero muchos más naufragaron y tuvieron
que ser rescatados por barcos que pasaban. El gobierno
comunista descubrió a algunos y los envió de vuelta
a Vietnam. La gente más desafortunada fue la que se
topó con barcos piratas. Les robaron, les pegaron, los
secuestraron, los vendieron como esclavos e incluso los
tiraron por la borda. Como consecuencia, muchos
refugiados desaparecieron para siempre.

A veces, cuando ayudo a mi padre en el muelle,
miro su barco de pesca y pienso en su audaz huida.
El barco en el que mi familia se fue de Vietnam era
diez pies más corto, y sin embargo transportó a treinta
personas a una nueva vida. Mis padres fueron muy
valientes al correr tantos riesgos para traernos a todos
a los Estados Unidos.

El padre de Hoang Anh
va de pesca con este
barco. Es mucho más
largo que el barco que
sacó a su familia y a
muchos otros refugiados
de Vietnam.

BARCO en el PUERTO

por María de la Luz Uribe
ilustrado por Fernando Krahn

Corría el aire, corría,
del mar al puerto.
Y un barco azul navegaba
en el mar abierto.

Y un capitán que era chico
como tus dedos
mandaba el barco, mandaba
con sólo un gesto.

Crecía el barco, crecía
llegando al puerto.
Y el capitán ordenaba
a sus marineros.

Y todos, que eran pequeños
como tus dedos,
todos habían crecido
llegando al puerto.

Cantaban todos, cantaban
los marineros.
Y era grande el capitán,
y el barco, inmenso.

Porque todo lo que chico
se ve de lejos,
llega a ser grande de cerca;
barco en el puerto.

Después de la tormenta de nieve

por

RUDOLFO A. ANAYA

oda la noche, la furia de la tormenta traqueteó sobre el techo de hojalata de nuestra casa. El viento aulló por las llanuras del este de Nuevo México, mientras acarreaba la nieve punzante. La tormenta parecía una pelea continua, gruñendo y quejándose.

A la mañana siguiente, salté de la cama y me vestí rápidamente. Mi cuarto estaba helado y el frío me hizo temblar. Fui a la ventana de mi dormitorio y raspé el hielo para poder ver afuera. Allí estaba el paisaje más hermoso que jamás había visto. Todo estaba cubierto con una gruesa capa de nieve.

Desde nuestra casa, situada en el declive de la colina, se veían los árboles del río. Todos estaban cubiertos de nieve. Al otro lado del río, el pequeño pueblo de Santa Rosa también estaba acurrucado bajo la nieve.

Cuando una tormenta venía del norte, rugía por toda la tierra con la furia de un búfalo enloquecido. Afortunadamente, mi padre había traído bastante leña para nuestra estufa el día anterior. Ya podía escuchar a mi madre preparando el desayuno en la cocina.

hora todo estaba en paz. El montoncito cubierto por un pie de nieve era el corral de mis conejitos. Yo sabía que los conejos estarían calentitos debajo de la nieve. El molino de viento que nos daba agua parecía un gigante congelado. Los postes de la cerca del nuevo corral parecían duendes con gorras de nieve, todos en fila.

Mi padre ya se había ido a darle de comer a la vaca. Podía ver sus huellas profundas en la nieve. Él tenía muchas tareas que hacer en la mañana. Y hoy esos trabajos serían particularmente difíciles. Me puse la chaqueta y entré a la cocina. Cada mañana yo también tenía mis quehaceres antes de ir a la escuela.

—Buenos días —le dije a mi madre.

—Buenos días, Antonio —me respondió, dándome un hueso para Lobo, mi perro.

Me apresuré a salir afuera. Lobo había dormido cómodamente en su casa. Salió a saludarme y a recibir su hueso.

—Buenos días —le grité a mi padre. Estaba ordeñando la vaca.

—¡Qué tormenta! —exclamó—. Tal vez no tendrás que ir a la escuela hoy. Tengo que arreglar el camión; tal vez podrías venir conmigo.

Recordé el gran examen que mi profesora había anunciado para ese día. Ella había dicho que todos los estudiantes del quinto grado teníamos que tomarlo. No podía faltar a la escuela.

Saqué la comida especial para los conejitos. Ellos salieron de sus cajas y empezaron a mordisquear. Como el agua de su bandeja estaba congelada, tuve que romper el hielo y poner agua fresca.

La tormenta había terminado y el sol comenzaba a brillar por entre las nubes, pero iba a hacer mucho frío. "Tal vez no habrá clase", pensé, mientras mi padre y yo regresábamos a casa.

—Siéntate y come —dijo mi madre. Había preparado tortillas calientes, huevos fritos y papas. Puse chile a los huevos.

—Tal vez pueda arreglar el camión hoy —dijo mi padre mientras bebía su café.

Hacía varias semanas que estaba sin trabajo y no teníamos dinero para arreglarlo.

—¿Y de dónde vas a sacar el dinero para arreglarlo? —preguntó mi madre.

Ella todavía estaba enojada porque él le había prestado el camión a un amigo. Este amigo tenía que transportar algunas cabezas de ganado, pero el peso había sido tan grande que rompió el eje trasero. Podía arreglarse fácilmente, pero no teníamos dinero para hacerlo.

Mi madre movió la cabeza de un lado a otro. El invierno había llegado y como mi padre no tenía trabajo, las cosas serían muy difíciles. Yo sabía que él estaba preocupado.

—No se hubiera descompuesto si no se lo hubieras prestado a tu amigo —dijo mi madre, muy enojada.

Yo sabía que a mi mamá no le gustaban los amigos de mi papá. Mi padre había trabajado en un rancho toda su vida, pero cuando mis padres se casaron, mi mamá insistió en que se mudaran al pueblecito de Santa Rosa. A ella no le gustaba la soledad del rancho. Quería estar en el pueblo, cerca de sus amigos y de su familia. Los amigos de mi padre eran todos vaqueros. Eran muy independientes y trabajaban duro, pero cuando venían al pueblo celebraban demasiado.

—Tenía que mudar su ganado —trató de explicarle mi padre.

—Sí, y de paso se rompió el camión. ¿Por qué tienes que prestarles tus cosas a tus amigos? Esos amigos tuyos no saben cuidar nada.

—Sí saben —protestó mi padre—. Fue un accidente. Eso le pasa a cualquiera.

—Ujú —se burló mi madre mientras terminaba de freír los huevos y el tocino para el desayuno de mi padre.

Yo siempre sentía algo feo en el estómago cuando los oía pelear. No comprendía por qué tenían que discutir. Pensaba que tal vez era porque él había crecido en los ranchos de las llanuras, mientras que ella se había criado en un pueblo cerca del río de un valle. Mi padre estaba acostumbrado a andar a caballo en las afueras, pero ahora vivía en el pueblo.

—Date prisa y termina, Antonio —dijo mi madre—. Tienes que ir a la escuela temprano.

—No tiene que ir a clase hoy —dijo mi padre—. Hay demasiada nieve en el suelo.

—Tengo que ir —le contesté—. Hoy es el día de nuestro gran examen. La profesora dijo que todos los estudiantes de quinto grado tienen que tomar el examen.

—No tienes botas de hule —dijo mi madre, frunciendo el
ceño—. Y el camión de tu papá está en el garaje, descompuesto, gracias a su amigo.

—Cuando yo trabajaba en el rancho cortábamos un saco
de yute y lo usábamos para envolver nuestros zapatos. Así
nos abrigábamos los pies —dijo mi padre.

—¿Un saco de yute? —preguntó mi madre, irritada—.
¿Mi hijo tiene que ir a la escuela con pedazos de saco de
yute viejo amarrados a sus pies? Si estuvieras trabajando,
podríamos comprarle botas de hule para cubrirle los
zapatos.

—Hay poco trabajo que hacer en el pueblo —dijo mi
padre de manera poco convincente.

—Tú tenías trabajo, pero necesitabas tu camión para trabajar —le recordó ella.

—Un hombre tiene que ayudar a sus amigos —dijo mi
padre.

Mi padre se levantó, caminó hacia la ventana y miró allá
afuera hacia la tierra congelada. A veces, cuando miraba las
llanuras lo escuchaba suspirar, y muchas veces decía que
ojalá se hubiera ido a California cuando era más joven. Yo
sabía que amaba la libertad de los espacios abiertos y el trabajo en los ranchos. Había nacido para ser vaquero, pero
cuando se casó con mi madre tuvimos que irnos a vivir al
pueblo para estar cerca de la escuela.

Cuando nos mudamos al pueblecito, mi padre consiguió
un trabajo repartiendo comestibles para la tienda del pueblo.
La gente compraba la comida y el dueño del almacén le
pagaba a mi padre para que la distribuyera. Pero ahora su
camión estaba descompuesto y no podía trabajar.

Terminé mi desayuno. La comida de mi madre era la
mejor del mundo. La mantequilla se derretía en las tortillas
calientes y el chile picante, los huevos y las papas estaban
deliciosos. Cuando comía lo que mi madre preparaba, me
sentía cálido y seguro.

—El examen debe ser muy importante —dijo ella—.
¿Quieres tratar de ir?

—Sí —contesté—. No le tengo miedo al frío.

Miré a mi padre. Yo quería ser fuerte y valiente como él.
Miré a mi madre. Yo quería ser inteligente como ella.
Mamá no había ido a la escuela, porque cuando era niña no
se creía que las niñas debían ir a la escuela. Sin embargo ella
sí creía en la educación.

—Bien —dijo ella—. Vamos a probar la idea de los sacos
de yute.

Mi padre le trajo un saco de yute que había servido para
guardar la comida de los conejos. Cortaron la tela gruesa en
tiras y con ellas envolvieron mis pies. Luego amarraron el
material con un cordón. Mis pies parecían dos paquetes
calientes.

Me puse la chaqueta y una gorra de lana. Estaba listo
para comenzar la caminata hacia el pueblo y la escuela.

—Adiós —dijo mi padre.

—Que te vaya bien en el examen —dijo
mi madre mientras me besaba—. Abrígate bien.

Afuera, al respirar, mi aliento hizo una pluma
de vapor. Lobo vino, dando saltos para
saludarme. Le di un abrazo.

—Lobo —le dije—. ¿Te gusta la
nieve? Tal vez esta tarde podamos
ir a cazar liebres.

Le dije adiós a Lobo y me fui
por el sendero que daba al puente
sobre el río y conducía hacia el
pueblo.

El aire estaba helado. El mundo entero lucía nuevo. Nunca había visto una capa de nieve tan profunda. Empecé mi camino con ánimo, pero pronto me di cuenta de lo difícil que era seguir mi camino a través de los bancos de nieve. Me cansé. Las tiras del saco de yute empezaron a mojarse y mis pies se estaban enfriando.

Al cruzar el puente sobre el río me paré a mirar el mundo que la tormenta había creado. Todos los árboles estaban cubiertos de nieve y el río estaba congelado, excepto por un poco de agua que corría por el centro. Parecía como si un artista hubiera pintado un cuadro. Nunca antes había visto nada tan brillante, tan limpio y tan nuevo.

Cuando llegué a la escuela, muchos de los chicos del pueblo ya estaban en los patios. Se estaban tirando bolas de nieve. Algunos perseguían a las chicas, tratando de ponerles nieve por la espalda. Tan pronto como me vieron llegar, dejaron de jugar.

—Oye —dijo uno de los muchachos—. ¿Qué lleva Toni?

Miraron mis zapatos de nieve hechos de sacos de yute. Eran dos paquetes gordos cubiertos de nieve. Todos los chicos del pueblo llevaban zapatos de hule para la nieve.

Los chicos se rieron de mí, como si yo fuera lo más divertido que hubieran visto. Me sentí triste por dentro, igual que cuando escuchaba a mis padres peleándose. De repente, me olvidé de la belleza de la nieve que tanto había admirado. Me sentí muy solo.

Los demás chicos se quitaron las botas de hule y las pusieron en el armario, pero yo entré a la clase llevando mis zapatos de saco de yute. La profesora me frunció el ceño. Había traído nieve a la sala.

—Lo siento —dije, y salí otra vez. Me saqué las tiras de saco de yute y las tiré a la basura.

Estaba avergonzado. Pensé, "no soy como los otros chicos". Mi padre preferiría estar trabajando en un rancho. No le gustaba el pueblo. Mi madre quería que yo aprendiera mucho en la escuela para que cuando creciera pudiera tener un buen trabajo. Seguí pensando en sus discusiones mientras tomaba el examen.

—Volvámonos al campo —mi padre siempre decía—. Es una vida dura, pero allí me siento libre. Aquí tengo trabajo un día, y al siguiente me despiden.

Yo sabía que estaba triste porque extrañaba la libertad de esos espacios abiertos.

—No, tenemos que quedarnos aquí para que Antonio pueda ir a la escuela —decía mi madre—. Quiero que él tenga un buen futuro. Hoy en día se necesita una buena educación.

Yo sabía que los dos querían lo mismo para mí, pero cada uno tenía su manera distinta de ver las cosas.

El examen duró toda la mañana. Había preguntas sobre muchos temas diferentes. La maestra nos había dicho:

—Cada estudiante de quinto año necesita tomar este examen. Si les va bien, pueden continuar adelante. Si no...

—dejó la frase sin terminar, pero todos sabíamos que teníamos que hacerlo lo mejor posible.

Sin embargo, no podía concentrarme. Todavía podía oír a los chicos que se burlaban de mí. Se habían reído de mis zapatos de saco de yute. Pensé en mis padres. La situación no era fácil para ellos ahora que mi padre no estaba trabajando. Hacían lo mejor que podían.

Pero, ¿por qué se peleaban? Tal vez porque mi padre ya no quería sentirse tan atado. Y mi madre decía que ojalá ella hubiera podido ir a la escuela. Pudo haber sido profesora. "¿Están contentos con sus vidas?", me preguntaba.

Pensé que no me había ido bien en el examen. Aquella tarde me quedé en mi pupitre mientras los otros chicos salían a correr. Sabía que habría más peleas con bolas de nieve, pero no tenía ganas de juntarme con ellos.

—¿Estás bien, Toni? —me preguntó la profesora.

—Sí —le dije. La verdad es que no lo estaba. Yo deseaba hablarle y contarle cómo me sentía, pero no podía. No pensaba que podría explicarle todo lo que sentía. Junté mis libros y salí afuera.

El sol había brillado todo el día. Ya se podía ver la tierra donde la nieve se había derretido. El nuevo, limpio y puro mundo de la mañana ya se estaba derritiendo. Debajo había fango y lodo. "Todo cambia", pensé, "de un día a otro". ¡Cómo deseaba que algunas cosas pudieran permanecer iguales para siempre!

Los patios de la escuela ya estaban desiertos. Los chicos se habían ido a sus casas. Estarían caminando con sus botas de hule por el lodo y los charcos, sin mojarse los zapatos. Chapoteé en el lodo y pensé en mis zapatos de saco de yute. Me habían mantenido los pies calientes en la nieve, pero no servían para caminar en el lodo. Sabía que mis zapatos para la escuela se iban a mojar y embarrar mucho.

De repente, escuché un bocinazo. Miré y ahí estaba mi padre en su camión. Me estaba llamando y me hacía señas.

—¡Antonio! —gritó. Yo corrí hacia él.

—¡Lo arreglaste! —le dije.

Él sonrió.

—¡Súbete! —me dijo. Me subí y recorrimos la calle enlodada rumbo a casa.

—Tú ya sabes cómo tu madre siempre está diciendo lo bueno que son sus hermanos, tus tíos. Que son hombres trabajadores. Que son buenos rancheros. Que son como hormigas, porque guardan comida para el invierno y nunca les falta nada. Pues bien, yo me puse a pensar. "Si sus hermanos son tan buenos, ¿no podrán hacerme un préstamo para que yo pueda arreglar mi camión?" Así que me fui a ver a tu tío Pedro y le expliqué lo que había pasado. Y así nomás, me prestó el dinero. Hice arreglar el camión y volví a conseguir mi antiguo trabajo.

—¡Qué bueno! —le dije. Veía que estaba contento. Le gustaba sentir que estaba cuidando a su familia.

En el asiento había una caja. La empujó hacia mí.

—Anda, ábrela —me dijo.

La abrí. Adentro había un par de botas de hule. Nuevecitas. Brillaban y olían a nuevo. Sentí que algo se me atoraba en la garganta de lo contento que estaba.

—Gracias —fue todo lo que pude decir.

—Y para tu mamá —dijo, mientras apuntaba a otra caja—, una caja de dulces.

Cuando llegamos a casa, todos estábamos muy felices. Mi madre se sentía orgullosa de mi padre. Por supuesto, él no le dijo dónde había conseguido el dinero para arreglar el camión, por miedo a que ella dijera: —¿Ves? Como siempre te lo he dicho, muy responsables.

Entonces hubiera habido otra discusión.

—¿Cómo te fue en el examen? —me preguntó.

—Bien —le dije.

Me di cuenta de que ella podía notar por mi voz que yo estaba preocupado.

Me puso la mano en el hombro.

—No te preocupes. Un examen no dura toda la vida. Un solo examen no muestra la clase de persona que eres por dentro. Y eso es lo importante, ser una buena persona.

Mi padre asintió con la cabeza. Puso su brazo alrededor de la cintura de mi madre. "Por fin", me dije, "están de acuerdo en algo".

Me disculpé, me puse mis nuevas botas de hule y la chaqueta y salí. Le silbé a mi perro Lobo, que me siguió. Caminamos lejos, hacia las colinas. Iba pateando montoncitos de nieve y charcos de lodo mientras caminaba. Una liebre pasó corriendo por el campo y Lobo la persiguió.

Ya se hacía tarde y pronto se pondría el sol. Esa noche haría mucho frío. Todo volvería a congelarse otra vez. Me volteé y miré hacia atrás, a nuestra casa. Parecía tan pequeña. El humo se subía por la chimenea. Sabía que mi madre estaba preparando la cena y que ella y mi padre estaban hablando sobre lo que había pasado ese día.

Ella estaría muy contenta de que él hubiera vuelto a conseguir su antiguo trabajo. Quizás él le estaría contando de los días cuando era vaquero en los ranchos y trabajaba con los caballos y el ganado. Tal vez se pelearían un poquito mientras hablaban, pero no importaba. Cada uno tenía un sueño diferente y una manera distinta de expresarlo.

Le silbé a Lobo y vino corriendo. Juntos regresamos, caminando hacia el calor de nuestro hogar.

Acerca del autor
RUDOLFO A. ANAYA

Rudolfo A. Anaya nació en los llanos del este de Nuevo México y creció en Santa Rosa. Ha vivido casi toda su vida en Nuevo México, tierra natal de sus padres.

El señor Anaya recuerda cuán fascinante le era sentarse y escuchar a las personas que contaban cuentos. Esta forma típica de literatura oral, junto a la rica cultura de Nuevo México y sus intentos de joven como pintor, lo inspiraron a escribir sus propios cuentos. También reconoce el deseo artístico de crear algo basado en toda la gente que ha conocido, oído o visto. Dice: —Ellos son el arte verdadero. Yo sólo los reflejo.

Además de escribir, el señor Anaya también enseña composición y literatura chicana en la Universidad de Nuevo México. Aunque se mantiene bastante ocupado, siempre saca tiempo para editar antologías de literatura chicana porque quiere celebrar a los escritores de su estado y a su región. —Tenemos una cantidad inmensa de talento en el Suroeste —dice—, y un público con muchas ganas de leer lo que escribimos.

Entre sus escritos más conocidos está *Bendíceme, Última*, que ganó el Premio Quinto Sol en 1971 y le trajo fama internacional.

Acerca del ilustrador
RUBÉN DE ANDA

Rubén de Anda nació en Los Ángeles, y ha vivido en National City y San Diego, California.

Comenzó a dibujar cuando tenía ocho años. La señora Donella, su maestra de segundo grado, se dio cuenta de su talento y lo animó a que continuara. —Tanto le gustó el dibujo que hice de un tren —dice el artista—, que lo colgó en una pared del salón de clases por una semana, y luego ¡me lo pidió como regalo! El sentimiento de aceptación y satisfacción fue tan grande que he estado pintando desde entonces.

Además de libros, Rubén ha ilustrado carteles, revistas y folletos. Entre los libros que ha ilustrado, se encuentra *Una grieta en la pared*.

Para ilustrar "Después de la tormenta de nieve", comenzó como siempre: se imaginó de la misma edad y en el mismo ambiente que los personajes del cuento. Mientras leía el cuento, iba formando las escenas en su mente. El último paso era pasarlas al papel. Entonces le pidió a un chico llamado Omar, amigo de la familia, que fuera su modelo.

El señor de Anda anima a los chicos que les guste el arte: —Pídeles a tus padres o maestros que te ayuden a conocer artistas. Visítalos en sus estudios y pregúntales cómo tú también puedes ser un artista. Compra una libreta y, ¡a dibujar, dibujar y dibujar!

¡UNA TORMENTA DE IDEAS!

COMPARTE TUS SUEÑOS

Al final del cuento, Antonio piensa que "cada uno [tiene] un sueño diferente y una manera distinta de expresarlo". ¿Cuál es tu sueño favorito? ¿De qué modo lo expresas? ¿Has pensado en cómo hacerlo realidad? Comparte tu sueño con un compañero.

UNA TORMENTA DE EMOCIONES

Cuando Antonio llega a la escuela con unos zapatos para la nieve hechos de sacos de yute, todos los chicos se ríen de él. ¿Alguna vez se ha burlado alguien de ti por algo que llevabas puesto? ¿Cómo te sentiste y qué pensaste? Escríbelo en tu diario y cuenta cómo lograste resolver la situación. Después, compártelo con un compañero.

VIVIR ES APRENDER

Piensa en "Después de la tormenta de nieve" y *En el año del jabalí y Jackie Robinson*. Los personajes de Antonio y Shirley aprenden lecciones importantes de las experiencias que les ha tocado vivir. Discute en tu grupo qué aprendió cada uno de estos personajes. ¿En qué se parecen y en qué son diferentes?

LO PRIMERO ES LO PRIMERO

El título es lo primero que leemos en un libro aunque no es necesariamente lo primero que se le ocurre al escritor. Piensa en el título del cuento "Después de la tormenta de nieve". ¿Por qué crees que Rudolfo Anaya lo tituló así? Si tuvieras que escribir un cuento, ¿qué título le pondrías? Diles a tus compañeros sobre qué trataría tu cuento y por qué lo titularías así.

Intenta verlo . . . .

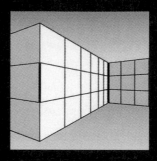

¿Más largo o más corto? ¿Miden lo mismo las líneas oscuras de este dibujo? La perspectiva hace que tu cerebro diga que no, pero ¿qué dice tu regla?

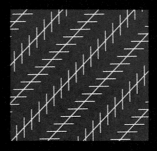

¿Líneas paralelas? Las líneas cortas dan la impresión de que las largas se están desviando. Pero, ¿es así realmente? Levanta tu libro por el borde inferior, mira el dibujo desde la esquina inferior izquierda y tendrás la respuesta.

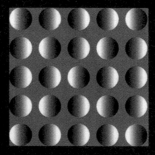

Sombras y formas El sol provee una luz constante desde arriba que tu cerebro usa para definir las formas. En este cuadro, la luz ilumina los círculos desde ángulos diferentes, de modo que tu cerebro no puede "decidir" qué están formando. Sin embargo, si giras el dibujo 90 grados a la izquierda o a la derecha, la luz vendrá desde "arriba". Entonces verás una X de círculos cóncavos (curvados hacia adentro), o una de círculos convexos (curvados hacia afuera).

¿Qué es? Este jarrón fue hecho para la reina Isabel II y el príncipe Felipe de Inglaterra. Cuando lo miras, ¿qué ves? ¿Un jarrón de forma irregular o los perfiles de Isabel (a la derecha) y de Felipe (a la izquierda)? Tu cerebro puede reconocer los dos, pero no simultáneamente. Puedes ver el jarrón al fondo y los perfiles en primer plano, o viceversa; por eso parecen saltar hacia delante y hacia atrás ante tus ojos.

¡si puedes!

Los artistas y los arquitectos usan la luz, los colores y las formas, y la manera en que funciona tu cerebro, ¡para confundirte y sorprenderte!

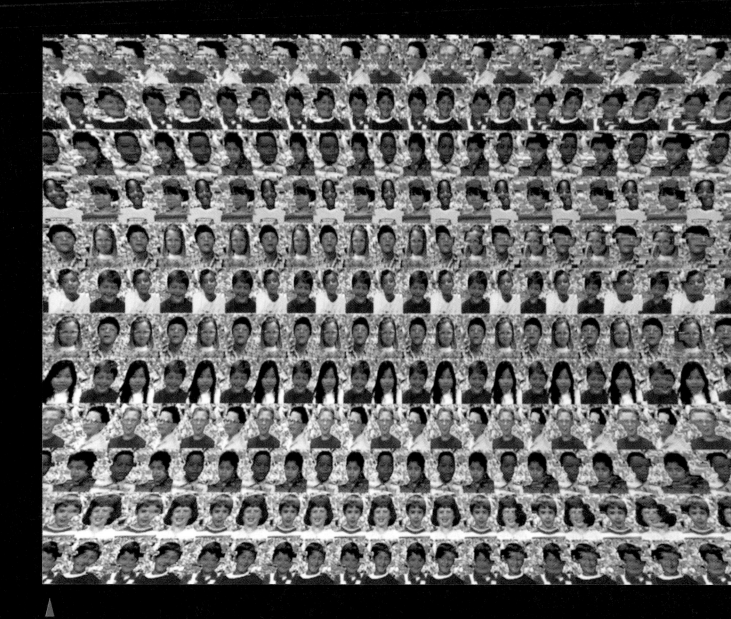

▲
Con paciencia se llega a la perfección Explora el mundo emocionante de las imágenes tridimensionales. Cuando miras fijamente "a través" de las figuras repetidas, aparece gradualmente una nueva imagen tridimensional. Inténtalo —¡pero no mires la nueva imagen "en sí" o desaparecerá!

Arte fantástico Este mural está pintado en un tanque
de agua en Sacramento, California. El artista usó una
técnica llamada *trompe-l'oeil* (engaña ojo), tan realista que es casi fotográfica, para que parezca que este
superhéroe está atravesando y rompiendo la pared en
pedazos.

◀ **¿En qué dirección va?** El artista gráfico holandés M. C. Escher tituló esta trampa visual "Relatividad". El cuadro, visto en su totalidad, resulta confuso, pero tiene sentido si miras cada escalera separadamente.

▼ **Arquitectura artística** Se reflejan la calle, los edificios vecinos y el cielo. El arquitecto diseñó este rascacielos en el centro de Winnipeg, Manitoba, para que se destacara de su entorno y a la vez desapareciera en él.

Los publicistas quieren que veas las cosas de una cierta manera. La "Brigada Insecto" es una publicación mensual de una revista juvenil que te ayuda a entender cómo los publicistas utilizan las palabras —y el dinero— para anunciar los productos de sus clientes.

De los archivos de la

NO TAN SECRETOS

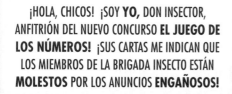

¡HOLA, CHICOS! ¡SOY **YO,** DON INSECTOR, ANFITRIÓN DEL NUEVO CONCURSO **EL JUEGO DE LOS NÚMEROS!** ¡SUS CARTAS ME INDICAN QUE LOS MIEMBROS DE LA BRIGADA INSECTO ESTÁN **MOLESTOS** POR LOS ANUNCIOS **ENGAÑOSOS!**

BRIGADA INSECTO

¡No puedo creer que tantos calmantes DIFEREN-TES sean los preferidos de "3 de cada 4 doctores"!

Anónimo
Riverview, Michigan

No soporto los anuncios que dicen que sus productos están garantizados de por vida.

Alexis Allen
Brigantine, Nueva Jersey

¡3 DE CADA **4 DOCTORES** PREFIEREN **CEREBROL** COMO ALIVIO CONTRA EL DOLOR!

3 DE CADA **4 DOCTORES** PREFIEREN **ASUFRIR...**

3 DE CADA **4 DOCTORES** PREFIEREN **CALAMBRÍN...**

¡VAMOS A JUGAR A **EXPLICA ESTAS CIFRAS!** BUENO, CHICOS, ¿A QUÉ SE DEBE QUE MARCAS DISTINTAS PUEDAN **AFIRMAR LA MISMA COSA?**

¡TAL VEZ PORQUE ESOS TRES DOCTORES **CAMBIAN** CONSTANTEMENTE DE OPINIÓN!

¡TAL VEZ PORQUE LA GENTE QUE REALIZÓ LA ENCUESTA **NO SABE CONTAR**!

¡TAL VEZ PORQUE LA **OTRA** OPCIÓN QUE OFRECÍA LA ENCUESTA ERA **CAMINAR SOBRE CARBONES CALIENTES**!

¡TAL VEZ PORQUE TRES DOCTORES TENÍAN **ESTETOSCOPIOS** EN LOS OÍDOS Y **NO OÍAN BIEN**!

¡TAL VEZ PORQUE ÉSOS SON **NOMBRES** DIFERENTES PARA LA **MISMA MEDICINA**!

¡**CORRECTO**! ¡LA **BRIGADA INSECTO** HA GANADO LA PRIMERA RONDA! ¡AHORA PROBEMOS CON **OTRO ANUNCIO**!

¡ESTA ESPECIAL **GRABADORA DE VÍDEO REX 900** VIENE CON TODO LO QUE NECESITAS, INCLUSO UNA **GARANTÍA DE POR VIDA**!

¿QUÉ LES PARECE ESO, **BRIGADA INSECTO**?

¡UNA VIDA PUEDE DURAR **1 SEGUNDO** O **100 AÑOS**!

¿A QUÉ VIDA SE REFIEREN, A LA **MÍA** O LA DE LA **GRABADORA DE VÍDEO**? ¡HE CONOCIDO ALGUNAS GRABADORAS DE VÍDEO CON **VIDAS REALMENTE CORTAS**!

"GARANTÍA DE POR VIDA". ¡ESO SUENA A QUE SEGUIRÁ FUNCIONANDO HASTA QUE YO TENGA **90 AÑOS**! ¡PERO PROBABLEMENTE NO LLEGARÁ NI A MIS **19**!

NO DICEN QUÉ GARANTIZAN "DE POR VIDA". ¿SERÁ EL BOTÓN DE **REBOBINAR**?

¿ESTARÁ INCLUIDA LA **MANO DE OBRA**? ¡LO QUE NO DICEN PUEDE **COSTAR MUCHO**!

¡LA **BRIGADA INSECTO** HA GANADO DE NUEVO!

ILUSTRADOR —ANGELO TORRES

Mop, el chico Moondance y yo

POR WALTER DEAN MYERS

Mop, T.J. y el hermano de T.J., Moondance, habían vivido juntos en la Academia Dominica, un hogar para huérfanos. A T.J. y a Moondance los han adoptado, pero si la Academia cierra, el futuro de Mop y el de Taffy, la llama de la Academia, es incierto. Mientras tanto, los Alces, el equipo de béisbol de los niños, está intentando con todas sus fuerzas llegar a las finales. El equipo tiene muchos animadores: Marla, la entrenadora; la hermana Carmelita de la Academia y Peaches, un personaje del barrio. Pero también hay los que dudan del equipo. El señor Treaster, un entrenador rival, sigue riéndose de los Alces. El padre adoptivo de T.J. y de Moondance, que era jugador profesional de béisbol, se está impacientando y T.J. está empezando a dudar de sí mismo.

El sábado era el día que jugábamos contra los Pumas y yo estaba muy animado. Papá preguntó tres veces cuándo iba a empezar el partido. Yo estaba de buen humor, pero no me duró mucho ya que, cuando Moondance y yo llegamos a la Academia para recoger a Mop, nos dijeron que el zoológico no quería a Taffy.

—¿Y qué van a hacer con ella? —preguntó Moondance.

—Quizás encontremos una granja que se la quede —dijo la hermana Carmelita encogiéndose de hombros—. Hay muchas granjas de llamas allá en el Oeste.

—Vámonos al partido —dijo Mop—. Hablaremos luego de Taffy.

Primero teníamos que jugar contra los Pumas y luego contra los Halcones. Si ganábamos contra los Pumas, aseguraríamos el segundo puesto y jugaríamos en las finales contra el equipo que ocupara el primer puesto, que ya sabíamos que iba a ser el de los Águilas. Aunque perdiéramos contra los Pumas, todavía podríamos llegar a las finales si les ganábamos a los Halcones.

—Vamos a ganarles a los Pumas —dijo Marla cuando llegamos al campo de juego—. Si lo conseguimos, nos podemos relajar un poco para el último partido antes de las finales.

—No vamos a ganar las finales contra los Águilas —dijo Evans—. Son demasiado buenos.

—Tenemos una posibilidad en una serie corta de finales —dijo Marla—. Sólo tenemos que ganar dos juegos de tres.

—¿Cómo les vamos a ganar dos juegos si no les hemos ganado ni una sola vez? —dijo Evans.

—Somos mejores que la primera vez que jugamos contra ellos —dijo Marla—. Y lo vamos a demostrar.

Mike fue nuestro lanzador y los Pumas hicieron cinco carreras en la primera entrada. Yo no estaba jugando. Marla tenía a Lo Vinh jugando de tercera base en lugar de a mí.

—¿Por qué no estás jugando de tercera base? —Mi papá había llegado poco después de que empezara el partido—. Ese niño que han puesto allí no parece tan bueno.

—No sé —dije—. A lo mejor Marla sólo quiere dejarlo jugar un rato.

Papá apretó un poco la quijada y se subió a las gradas a ver el partido.

En la tercera entrada el resultado era de 15 a 3 y sabía que íbamos a perder. Papá tenía razón de pensar que Lo Vinh no era tan bueno en tercera base. Pero cuando se hizo daño en la mano, ¡Marla puso a Jennifer! ¿Has visto a Jennifer jugar alguna vez? Si la bola pasa a dos pies de ella, ni siquiera trata de cogerla.

Brian se enfadó y tiró su guante al suelo; Marla le dijo que si lo volvía a hacer, lo iba a sacar del juego.

—¡Oye, Marla, qué buen equipo tienes! —Joe Treaster había llegado y se estaba apoyando en la cerca. —¡Espero que lleguen a las finales!

—Yo también —dijo Marla.

Un tipo se acercó al campo de juego y dijo que creía que Marla debía poner a Moondance en tercera base y a Jennifer de jardinera.

—¡Vuelva a las gradas, que yo soy la que dirige este equipo! —dijo Marla alzando mucho la voz.

—¡Así es, nena! —gritó el señor Treaster otra vez.

En la quinta entrada anotamos dos carreras y de nuevo todos se alegraron. Marla cambió a Brian de campocorto a lanzador y puso a Mike de campocorto. Pero aun así perdíamos por mucho.

Al comienzo de la sexta entrada, Brian estaba de lanzador y logró eliminar al primer Puma. Mop se lanzó al suelo para agarrar una bola fuera del cuadro y eliminó al segundo. Los dos bateadores siguientes hicieron toques de bola hacia la tercera base, donde estaba Jennifer, quien ni siquiera intentó correr detrás de ellas. Brian se enfadó tanto que le tiró el guante. Fue entonces cuando Marla lo sacó del juego.

El padre de Brian le gritaba a Marla. El señor Treaster también le gritaba y se reía. Me volví para ver qué hacía mi padre y vi que estaba hablando con la hermana Carmelita.

—¡Oye! ¡T.J.! ¡Despierta!

Me volví y vi que Marla me estaba señalando. Agarré mi guante y me acerqué a ella.

Volvió a poner a Mike de lanzador, trajo a Joey DeLea para jugar de campocorto y me puso a mí de jardinero derecho.

—Vamos, chicos —dijo Marla—. Vamos a demostrarles que los podemos parar cuando queremos.

Mike hizo caminar al primer bateador para llenar las bases. Entonces le tocó a su mejor bateador. Le dio al primer lanzamiento.

Oí el golpe del bate y vi que la bola venía justo hacia mí. Según se iba acercando, se hacía más y más grande.

Corrí por ella. Sabía que la iba a agarrar. Bajaba más y más. Mientras, yo golpeaba el guante con el puño y estaba listo para agarrarla.

Estaba un poco más alta de lo que pensaba.

Retrocedí dos pasos y me estiré todo lo que pude. La bola pasó justo por encima de mi guante, rebotó, saltó la cerca y fue un doble automático.

Todos en el campo tiraron sus guantes al suelo y me miraron. Todos.

Yo estaba solo, en el jardín, y desde allí, pude ver a mi papá sacudiendo la cabeza. Yo sabía lo que estaba pensando; se preguntaba cómo podía tener un hijo que jugara tan mal.

Anotaron una carrera más y nos tocó batear a nosotros. Cuando volví de mi puesto, vi que Marla estaba hablando con todos, y al llegar al banco, me dijeron cosas como "buen intento" y "casi la agarraste". Pero nadie me miró y entonces supe que Marla les había pedido que me dijeran todo eso.

No anotamos ninguna carrera en esa entrada, pero tampoco lo hicieron los Pumas en la séptima.

Yo era el último en la séptima. Ya había dos jugadores eliminados y fallé en los dos primeros lanzamientos. Hice un toque en el siguiente lanzamiento y, aunque le di, salió fuera. El árbitro me eliminó por una regla que dice que un toque que salga fuera en la tercera bola deja fuera al bateador.

Los Pumas nos ganaron 18 a 5.

Después del partido, ni siquiera quería acercarme a Papá. Se nos acercó a Jennifer y a mí, que estábamos guardando las bases en la vieja bolsa azul donde poníamos nuestras cosas, y se fue a hablar con Marla.

—Una dura derrota —dijo.

—Todas las derrotas son duras, señor Williams —dijo Marla.

—Titi dijo que es posible que lleguen a las finales. —Papá se apoyó en el otro pie—. No sé cómo van a ganar.

Apreté una base hacia abajo de la bolsa, tan fuerte como pude.

—No sé quién es ese Titi —dijo Marla—. Pero también le podía haber dicho que hemos anotado algunas carreras contra este equipo. Si además de Brian tuviéramos otro lanzador, si, por ejemplo, Moondance pudiera lanzar la bola por encima de la base, por lo menos tendríamos la posibilidad de que nos respetaran.

—¿Por qué no dejas que Titi ayude? —dijo Papá—. Ella era la mejor lanzadora de nuestra liga.

—En primer lugar, no conozco a esa tal Titi —dijo Marla—. Y creo que es un poco tarde ya que la final empieza la semana próxima.

—¿No conoces a la hermana Carmelita? —dijo Papá.

—¿La hermana Carmelita?

—Sí, hace mucho tiempo, antes de ser monja, jugaba al béisbol en las ligas de niños aquí mismo, en Lincoln Park —dijo Papá—. Entonces la llamábamos Titi. ¡Y cómo *lanzaba*!

Así que la hermana era lanzadora. Pero, ¿sabes quién ayudó de verdad a Moondance a convertirse en un buen lanzador? ¡Peaches! Bueno, Peaches *y* la hermana Carmelita.

Marla habló con la hermana Carmelita y le preguntó si podía ayudar a Moondance. La hermana Carmelita dijo que no estaba segura, pero que lo intentaría. Así que todos fuimos al día siguiente al campo de juego y Papá puso los cómics del periódico del domingo en el suelo como cajón de batear. Moondance empezó a lanzarle a Mop.

¡Zas! ¡Zas! ¡Zas!

Lanzaba la bola sobre el cajón con tanta rapidez que era algo ridículo.

¡Zas! ¡Zas! ¡Zas!

283

Marla sacudió la cabeza.

—Vamos a ver cómo agarras la bola, Moondance. —La hermana Carmelita miró cómo Moondance agarraba la bola.

—Así —dijo Moondance, enseñando la bola.

La hermana Carmelita sujetó la mano de Moondance y movió la bola un poco.

—Inténtalo así —dijo—. Que no toque la palma de tu mano. Es un poco más difícil, pero creo que puedes hacerlo.

La primera bola que lanzó Moondance pasó por encima de la cabeza de Mop.

—¡No detengas el brazo! —gritó la hermana Carmelita—. Deja que tu brazo llegue hasta abajo.

¡Zas! ¡Plac!

Así fue la bola; incluso más rápida que en la primera serie de lanzamientos.

¡Zas! ¡Plac!

La siguiente bola pasó por encima de la cabeza de Mop, pero a partir de entonces la bola iba justo al guante.

¡Zas! ¡Plac!

¡Zas! ¡Plac!

—T.J., vete a batear. —Marla me dio un bate.

Yo no quería pararme allí con el bate. Miré a Marla para ver si de verdad quería que me parara allí, pero ya se había ido a sentar en uno de los bancos. Papá estaba apoyado contra la red de protección y la hermana Carmelita estaba al lado de Moondance en el montículo del lanzador. Parecía que estaban viendo un espectáculo o algo así.

Miré a Moondance y él me miró a mí. Tenía la lengua fuera y se frotaba la mano de lanzar. Mop se puso de rodillas y puso una mano detrás de la espalda.

—¡Lánzala duro, Moondance! —gritó ella—. ¡No le puede pegar!

—¡No trates de darle, T.J.! —gritó Marla—. Sólo quiero ver su control.

¡Zas!

La bola se fue fuera, contra la red de protección. Papá miró a Moondance y levantó una ceja. Mop recogió la bola y se la tiró de vuelta a Moondance. La hermana Carmelita estaba hablando con él, pero yo no podía oír lo que le decía.

¿Sabes cómo me sentía? Un poco nervioso. Aunque no tenía que darle a la bola, uno se pone un poco nervioso cuando Moondance la lanza con todas sus ganas.

¡Zas!

La bola se fue fuera y lejos del guante de Mop otra vez.

—¡Dale un blanco, Mop!

—¡Le estoy dando un blanco! —gritó a su vez Mop, mientras recogía otra vez la bola.

—¡Vamos, hijo! —Papá apretó el puño y lo levantó hacia Moondance—. Lánzala alta y apretada.

Yo no sabía lo que eso significaba, pero vi que la bola siguiente salía fuera otra vez.

—Ponte al otro lado, T.J.

Eso es lo que dijo Marla.

—¡No! —Eso es lo que dije yo. Moondance estaba lanzando las bolas justo donde Marla quería que yo me parara.

—¿No le tienes miedo a la bola, verdad? —preguntó Papá.

—No —dije.

Me fui al otro lado. No tenía miedo de la bola. Bueno, quiero decir que si la bola y yo estuviéramos solos en un cuarto oscuro, no estaría nervioso. Tenía miedo de que la bola me *pegara*.

Moondance preparó el brazo y lanzó la bola. Dejé caer el bate y me preparé para agacharme por si venía hacia mí, pero no lo hizo. Se fue para el otro lado.

—Moondance, ¿tienes miedo de pegarle? —Marla se levantó del banco y empezó a acercarse.

—No quiero pegarle a nadie —dijo Moondance.

—No te preocupes por eso, simplemente lánzale la bola a Nop —dijo Papá.

—Es Mop, *M-O-P*. —Mop le lanzó una mirada a Papá.

—Si sólo apuntas al guante de Mop, no tienes por qué acercarte tanto —dijo Marla—. Casi lo puedes hacer con los ojos cerrados.

Me alejé del cajón. A mí no me iba a lanzar la bola con los ojos cerrados.

—No apartes la vista del guante —dijo la hermana Carmelita—. No tengas prisa.

Moondance miró el guante de Mop y no apartó la vista. Preparó el brazo y lanzó la bola otra vez.

¡Zas!

Muy rápido, pero fuera. Creo que tenían razón. No quería pegarme.

Entonces Papá se puso de receptor y Mop agarró el bate. Y pasó lo mismo. Moondance no quería lanzar la bola cerca de nadie.

Papá dijo que le hablaría y vi que Moondance lucía un poco triste. A veces Papá hace que las cosas suenen bien, o por lo menos no muy mal, pero en el fondo sabes que no es así. Dijo que hablaría con Moondance y que todo se arreglaría. Pero por la forma de decirlo, sabía que no estaba contento con los lanzamientos de Moondance. Yo lo sabía y Moondance también.

No es agradable cometer errores y que la gente no esté contenta contigo. Como cuando no agarré la bola alta y todos los miembros del equipo tiraron los guantes al suelo. Pero creo que es peor cuando haces algo bien, como Moondance, y que alguien no esté contento porque no lo hiciste lo suficientemente bien; sobre todo, cuando ese alguien es tu papá.

Sin embargo, la hermana Carmelita había ayudado un poquito a Moondance, y aun no sabíamos que Peaches también iba a ayudarlo.

Cuando llegamos a casa, Papá sacó muchas fotos suyas de cuando jugaba al béisbol. Era fantástico. Me imaginé haciendo algunas de las cosas que él hacía.

¡UN JONRÓN DE WILLIAMS HACE GANAR A ASU!

—Eso fue cuando ganamos el campeonato nacional —dijo Papá—. ¡Salimos en todos los periódicos del estado de Arizona cada día de esa semana!

—Allí fue donde lo conocí —dijo Mamá—. En aquel entonces de lo único que hablaba era de jugar al béisbol. Y lo único que hacía era jugar al béisbol. Creo que se casó conmigo porque yo sabía cómo marcar los resultados.

Luego nos enseñó las fotos de cuando jugaba para Kansas City.

—Debe de ser difícil ser un gran jugador de béisbol —dije.

—A veces —dijo Papá—, es aun más difícil no serlo.

WALTER DEAN MYERS
EL AUTOR

A Walter Dean Myers le gusta escribir para la gente joven y trata de que se vean reflejados en sus historias. Myers dice: —Cuando los niños encuentran... un buen personaje que les hace decir "mira, aquí estoy en este libro, esta persona siente lo mismo que yo", eso les da confianza en sí mismos.

Myers utilizó algunas experiencias suyas para escribir *Mop, el chico Moondance y yo*. Al igual que T.J., Myers se crió con padres adoptivos. Cuando cumplió tres años se fue a vivir a Harlem, Nueva York, con la familia Dean. Allí encontró una comunidad unida que lo ayudó a confiar en sus habilidades. Aquellos años fueron su fuente de inspiración para más de treinta libros.

Otras aventuras de T.J. y de sus amigos incluyen una en la que los Alces se enfrentan a un equipo de béisbol japonés.

ANTHONY WOOLRIDGE
EL ILUSTRADOR

Anthony Woolridge ha residido siempre en Virginia, y ha estado dibujando y pintando desde los seis años. Su abuelo, un granjero que criaba pollos, cerdos y cabras, lo animó a desarrollar su interés por la naturaleza. —A mí no me gustaba jugar en la ciudad —recuerda Woolridge. Además de esto, tiene otra cosa en común con T.J., Mop y Moon-dance; se crió con amigos de muchas culturas. Recuerda lo que significa ser parte de un grupo de "gente diferente tras una meta común".

¡Juega con tus ideas!

Discútelo

¿Qué quiso decir?

Al final de la selección, el señor Williams dice que a veces es aún más difícil no ser un gran jugador de béisbol. ¿Qué quiso decir? Comparte tus ideas con un grupo pequeño o con la clase.

Haz un álbum de recortes

Recuerdo...

Cuando T.J. y su familia vuelven a casa después del partido, el señor Williams les muestra fotografías de cuando era jugador de béisbol. Si T.J. hiciera su propio álbum de recortes, ¿qué pondría? Piénsalo y luego haz un álbum de recortes para T.J.

¡Te la cambio!

Haz una tarjeta de béisbol para cada uno de tus personajes favoritos de *Mop, el chico Moondance y yo*. Haz un dibujo de cada personaje y escribe su nombre en un lado de la tarjeta. Escribe una breve descripción del personaje en el otro lado de la tarjeta.

Grandes expectativas

Piensa en los personajes de *Mop, el chico Moondance y yo*, "Después de la tormenta de nieve" y *En el año del jabalí y Jackie Robinson*. Los personajes principales, T.J., Antonio y Shirley, intentan complacer a alguien comportándose de cierta manera. Escribe unas cuantas oraciones para explicar las intenciones de cada personaje y por qué actúa así. Después, escribe sobre alguna ocasión en que intentaste complacer a alguien.

295

Buenos *Hot Dogs*

por SANDRA CISNEROS

Cincuenta centavos cada uno
Para comer nuestro lonche
Corríamos
Derecho desde la escuela
En vez de a casa
Dos cuadras
Después la tienda
Que olía a vapor
Tú pedías
Porque tenías el dinero
Dos *hot dogs* y dos refrescos para comer aquí
Los *hot dogs* con todo
Menos pepinos
Echa esos *hot dogs*
En sus panes y salpícalos
Con todas esas cosas buenas
Mostaza amarilla y cebollas
Y papas fritas amontonadas encima
Envueltos en papel de cera
Para llevarlos calientitos
En las manos
Monedas encima del mostrador
Siéntate
Buenos *hot dogs*
Comíamos
Rápido hasta que no quedaba nada
Menos sal y semillas de amapola hasta
Las puntitas quemadas
De las papas fritas
Comíamos
Tú canturreando
Y yo columpiando mis piernas

Mis amigos

por CLAUDIA GARCÍA MORENO

Mis amigos,
estrellas que cubren el cielo.
Ellos me escuchan
con sus manos en sus corazones.
Ellos me ayudan como si yo fuera
el diamante más precioso.
Ellos me entienden,
como yo entiendo
los consejos de mi madre.
Ellos me aconsejan fácilmente
como que una nube es blanca.

Mientras tanto mis no-amigos
me ignoran como a un perro y me critican
como a una flor marchita.

Felita

por Nicholasa Mohr

En este nuevo curso escolar ocurrió algo maravilloso. Gigi, Consuela, Paquito y yo íbamos a entrar en cuarto grado y nos pusieron en la misma clase. Eso nunca había pasado antes. Una vez estuve en la misma clase con Consuela, y el año pasado Gigi y Paquito estuvieron juntos pero ¡esto era demasiado bueno para ser cierto! Me sentí la persona más feliz del mundo al saber que Gigi y yo íbamos a estar en la misma clase.

Nuestra maestra, la señorita Lovett, era simpática y se reía con facilidad. A principios de octubre, cuando ya nos habíamos acostumbrado a nuestra clase y a la rutina de la escuela, la señorita Lovett nos dijo que este año nuestra clase iba a representar una obra teatral para celebrar el Día de Acción de Gracias. La obra estaba basada en un poema de Henry Wadsworth Longfellow y se titulaba "El galanteo de Miles Standish". Se trataba de los peregrinos y de cómo vivían cuando llegaron a América.

Estábamos muy animados con la obra. La señorita Lovett pidió voluntarios para que ayudaran con el decorado y el vestuario. Paquito y yo decidimos ayudar con el decorado y Consuela se iba a ocupar del maquillaje. Gigi no se había ofrecido para nada y cuando le preguntamos qué iba a hacer, se encogió de hombros y no respondió.

La señorita Lovett dijo que todos podíamos presentarnos para los diferentes papeles de la obra. A mí me interesaba mucho ser Priscila; ella es la heroína. El capitán Miles Standish y el apuesto joven John Alden están enamorados de ella. Ella es la doncella más bonita de Plymouth, en Massachusetts; allí vivieron los primeros peregrinos. Les conté a mis amigos lo mucho que me gustaría interpretar ese papel. Todos dijeron que yo sería perfecta... excepto Gigi. Dijo que era un papel difícil, y que quizás yo no sería capaz de hacerlo. Me molesté mucho y le pregunté qué quería decir.

—Sólo pienso que no eres la persona adecuada para el papel de Priscila. Nada más —dijo.

—¿Qué quieres decir con adecuada? —pregunté. Pero Gigi sólo se encogió de hombros y no dijo nada más. Estaba empezando a molestarme.

Las audiciones para los papeles iban a empezar el martes. Se habían presentado muchos niños. Paquito dijo que él iba a intentar conseguir el papel del valiente capitán Miles Standish. Consuela dijo que le daba miedo hacer el ridículo delante de todos. Gigi no mostró ningún interés por la obra e incluso se negó a hablar de ella. Por fin llegó el día en que las niñas iban a presentarse para conseguir el papel de Priscila. Estaba tan nerviosa que no podía esperar. La señorita Lovett nos había dado unas líneas para que las estudiáramos. Yo había ensayado mucho. La señorita Lovett leyó en voz alta los nombres de las que iban a leer. Me sorprendí cuando le oí decir "Georgina Mercado". No sabía que Gigi quería presentarse para el papel de Priscila. La miré, pero no me hizo caso. Empezamos a leer. Me tocaba a mí. Estaba muy nerviosa y se me olvidaba el diálogo. Tuve que mirar mucho el guión. Muchas niñas estaban casi tan nerviosas como yo. Entonces le tocó a Gigi. Recitó el diálogo casi de memoria y apenas miró el guión. Me di cuenta de que llevaba uno de sus mejores vestidos. Nunca la había visto con tan buen aspecto en la escuela. Cuando terminó, todos aplaudieron. Estaba claro que era la mejor. La señorita Lovett se deshizo en cumplidos.

—¡Estuviste genial, Georgina! —dijo—. ¡Este papel es para ti!

¡Me habría gustado tanto tener otra oportunidad! Seguro que lo habría hecho mejor que Gigi.

¿Por qué no me había dicho que quería el papel? Éste es un país libre, después de todo. Podía presentarse para el mismo papel que yo. ¡No se lo iba a impedir! Estaba muy enojada con Gigi.

Después de la escuela, todo el mundo seguía deshaciéndose en cumplidos con ella. Hasta Paquito tuvo que abrir su estúpida boca.

—¡Oh, Gigi! —dijo—. Estuviste muy bien. Me encantó la parte en la que John Alden te pidió que te casaras con el capitán Miles Standish y tú dijiste: "¿Por qué no hablas por ti mismo, John?" Volviste la cabeza así —Paquito imitó a Gigi y cerró los ojos—. ¡Eso estuvo genial!

Consuela y los demás se rieron y estuvieron de acuerdo.

Decidí no caminar con ellos.

—He quedado en encontrarme con mis hermanos en la calle siguiente —dije—. Me voy. Nos vemos.

Apenas se dieron cuenta. Sólo Consuela se despidió. Los demás seguían alrededor de Gigi. "¿Y qué?", pensé.

Por supuesto que andar sola, preocupada por los chicos malos, no me atraía mucho. El viernes pasado habían asaltado a Hilda Gonzales y le habían robado todo su dinero semanal. Y al principio del curso, asaltaron a Paquito cuando volvía solo a su casa. Un grupo de peleones le había robado su mochila nueva, que tenía una caja de lápices y plumas, y luego lo dejaron con un labio hinchado. No señor, si lo podíamos evitar, ninguno de nosotros caminaba solo desde la escuela a casa. Sabíamos que era peligroso. Esos chicos malos no nos molestaban nunca si estábamos juntos. Miré con cuidado a mi alrededor para asegurarme de que ningún chico peleón estaba a la vista. Entonces me apresuré y, corriendo el riesgo, me fui para casa.

Justo antes de que se completara el reparto, la señorita Lovett me ofreció el papel de una peregrina. Todo lo que tenía que hacer era quedarme de pie en el fondo como si fuera una zombi. Ni siquiera tenía que hablar.

—No me toca decir ni una sola palabra —protesté.

—Felicidad Maldonado, tú estás diseñando el decorado y eres la ayudante del director de escena. Yo creo que es bastante. Además, todos los papeles con diálogo están asignados.

—No me interesa, gracias —contesté.

—Sabes que no puedes ser la mejor en todo —dijo la señorita Lovett, sacudiendo la cabeza.

Di media vuelta y me fui. No necesitaba ningún papel. ¿Qué más daba?

Gigi se me acercó al día siguiente con una sonrisa enorme de oreja a oreja. Me di la vuelta como si no estuviera.

—Felita, ¿vas a hacer el papel de la peregrina? —me preguntó con la voz más dulce posible, como si nada hubiera pasado.

—No —dije, sin mirarla. Si creía que la iba a adorar como esos tontos, estaba equivocada.

—Ah —fue lo único que dijo y se marchó. "Bueno", pensé. "¡No la necesito para nada!"

En casa, Mami se dio cuenta de que algo andaba mal.

—Felita, ¿qué pasa? Ya no sales. Hace mucho que no veo a Gigi. La verdad es que no he visto a ninguno de tus amigos.

—Nada, Mami, tengo mucho que hacer.

—¿No estarás triste porque no te pudimos hacer una fiesta de cumpleaños este año? —preguntó Mami—. Sabes los problemas de dinero que hemos tenido.

Mi cumpleaños había sido a principios de noviembre. Lo habíamos celebrado con una torta pequeña después de cenar, pero no había habido fiesta.

—No, no es eso —dije sinceramente. Aunque me había decepcionado un poco, sabía que Mami y Papi habían hecho lo que podían.

—El año que viene te haremos una fiesta y más, Felita, ya verás.

—Me da igual, Mami. Eso ya no tiene importancia.

—No te habrás peleado con Gigi, ¿verdad?

—¡Por qué me iba a pelear con nadie!

—No me levantes la voz, señorita —dijo Mami—. Siento habértelo preguntado. Ahora tranquilízate.

La obra se iba a representar el día antes del Día de Acción de Gracias. Hice los dibujos para la mayoría de los decorados. Dibujé un granero, una iglesia, árboles y pasto, vacas y un caballo. Ayudé a los demás a hacer un espantapájaros de verdad. Utilizamos una escoba y ropa vieja. A Paquito no le dieron el papel del capitán Miles Standish, pero hizo una magnífica verja de cartón. Parecía una verja de madera de verdad. Consuela trajo el maquillaje viejo de su madre. Maquilló a todos muy bien.

Cuando terminamos de preparar el decorado, todo estaba precioso. Gigi había intentado hablar conmigo un par de veces. Pero me era imposible ser simpática con ella. Se comportaba como si no hubiera pasado nada, ¡como si yo pudiera olvidar que no me había dicho que se iba a presentar para conseguir el papel! No se me iba a olvidar sólo porque ahora ella era doña Popularidad. ¡Podía quedarse con todos sus nuevos amigos, no me importaba!

La mañana de la obra, en el desayuno, todos notaron lo nerviosa que yo estaba.

—Felita —exclamó Papi—, deja de saltar como una mona y cómete el desayuno.

—Está muy nerviosa por la obra de hoy —dijo Mami.

—Es verdad. ¿Tienes un papel en la obra? —preguntó Papi.

—No —contesté.

—Pero ha hecho la mayoría de los decorados. Los dibujos y los diseños. ¿No es así, Felita?

—Mami, no fue nada.

—Qué bien —dijo Papi—. Cuéntanos lo que has hecho.

—¿Qué tipo de decorados hiciste? —preguntó Johnny.

—No sé. Miren, no quiero hablar de ello.

—Chica, qué sensible estás hoy —dijo Tito riendo.

—¡Déjame en paz! —estallé.

—Bueno. —Mami se levantó—. Ya basta. Felita, ¿has acabado?

Asentí con la cabeza.

—Bueno, a la escuela. Cuando vuelvas, ven con mejor humor. No te desquites con nosotros de lo que te está molestando.

Me levanté deprisa de la mesa.

—Rosa —oí que Papi decía—, a veces eres muy dura con ella.

—¡Y a veces tú la malcrías, Alberto! —le soltó Mami—. Yo no crío niños maleducados.

Me alegré de salir de allí. "¿Quién los necesita?", pensé.

La obra fue un éxito tremendo. Todos se veían estupendos y representaron sus papeles de maravilla. El escenario resplandecía con los colores que había usado para mis dibujos. El paisaje del campo, el granero, casi todo se destacaba claramente. Ernesto Bratter, el director de escena, dijo que yo era una buena ayudante. Me alegré de oírlo, porque tuve que controlar mi genio un par de veces en que se puso muy mandón. Pero todo había salido muy bien.

No había duda. Gigi era perfecta como Priscila. Aunque los chicos le aplaudieron y gritaron a todo el reparto, Gigi recibió más aplausos que nadie. No hizo más que inclinarse e inclinarse para agradecer el aplauso.

Después, la señorita Lovett hizo una fiesta para nuestra clase. Hubo muchas cosas, hasta un tocadiscos. Bailamos y lo pasamos muy bien.

Por supuesto que Priscila, alias Gigi, fue la gran estrella. No se cansaba de recibir tanta atención, pero no de mi parte, por supuesto. Después de la fiesta, Gigi me habló.

—Tus decorados estuvieron muy bien. Todos dijeron que el escenario estuvo fenomenal.

—Gracias. —Aparté la mirada.

—Felita, ¿estás enojada conmigo?

—¿Por qué voy a estar enojada contigo?

—Bueno, me dieron el papel principal, pero...

—¿Y qué? —dije—. No me importa.

—¿No? Pero... yo...

—Mira —la interrumpí—, tengo que irme. Le prometí a mi madre que iba a llegar a casa temprano. Tenemos que ir a un sitio.

Fui corriendo todo el camino de vuelta. No sabía por qué pero seguía estando furiosa con Gigi. Lo peor era que me molestaba tener esos sentimientos. Gigi y yo habíamos sido muy buenas amigas siempre. Me molestaba mucho no poder compartir las cosas con ella.

Tuvimos un Día de Acción de Gracias fabuloso. La cena estuvo deliciosa. Abuelita trajo un flan. Tío Jorge trajo mucho mantecado. Cuando viene de visita siempre les trae algo especial a los chicos. A veces incluso nos trae un regalito a cada uno, un libro sobre la naturaleza o lápices de colores para mí y rompecabezas o revistas de deportes para mis hermanos. Es muy bueno con nosotros. Pero es muy callado y no habla mucho. Papi dice que tío Jorge siempre ha sido así.

Abuelita me preguntó si quería ir con ella a su casa esa noche. ¡Estaba tan contenta de alejarme de Mami! No podía aguantar otro día de preguntas sobre Gigi, mis amigos y toda mi vida. ¡Ya era demasiado!

Me sentía tan a gusto con Abuelita en su apartamento. Ella nunca me preguntaba nada personal a no ser que yo quisiera hablar sobre ello; sólo esperaba, y cuando creía que yo estaba preocupada por algo, entonces me preguntaba. No como Mami. Yo quiero a Mami, pero siempre está intentando enterarse de los más mínimos detalles de lo que me pasa. A veces mi abuelita y yo sólo nos sentamos y nos quedamos calladas, sin hablar. Eso también me gusta. Preparamos el sofá para mí. Y después tío Jorge, Abuelita y yo comimos más flan, como siempre.

—¿Te gustaría ir al parque conmigo este domingo? —me preguntó tío Jorge.

—Sí.

—Podemos ir al zoológico y después podemos ver los patos y los cisnes en el lago.

—¡Chévere! —dije.

Cuando tío Jorge me llevaba al zoológico, me contaba historias de cuando era joven y él, Abuelita y sus hermanos y hermanas vivían y trabajaban en una granja cuidando los animales. Sólo en esas ocasiones lo oía hablar mucho.

—No es un juego, sabes —decía—. Cuidar animales es un trabajo duro. En nuestra granja en Puerto Rico trabajábamos mucho, pero también nos divertíamos. Cada uno de nosotros, los niños, teníamos nuestro animal favorito. Yo tenía una cabra que se llamaba Pepe. Me seguía a todas partes.

No me importaba las veces que me contara las mismas historias, me encantaba volverlas a oír.

—Bueno. —Tío Jorge se levantó—. ¿Entonces tenemos una cita el domingo? ¿No es así?

—Sí, gracias, tío Jorge.

—Buenas noches —dijo, y se fue a la cama.

Abuelita y yo nos quedamos sentadas y calladas durante un rato; después, Abuelita empezó a hablar.

—Te estás haciendo una señorita, Felita. Acabas de cumplir nueve años. ¡Dios mío! Pero espero que sigas metiéndote un ratito en la cama con tu abuelita, ¿eh?

Me metí en la cama y me arrimé contra Abuelita. La quería mucho, más que a nadie. No me había quedado con ella desde el verano, y de alguna manera ahora me sentía diferente. Me di cuenta de lo cansada que lucía Abuelita. No se movía tan deprisa como antes. Y yo ya no me sentía tan pequeña a su lado.

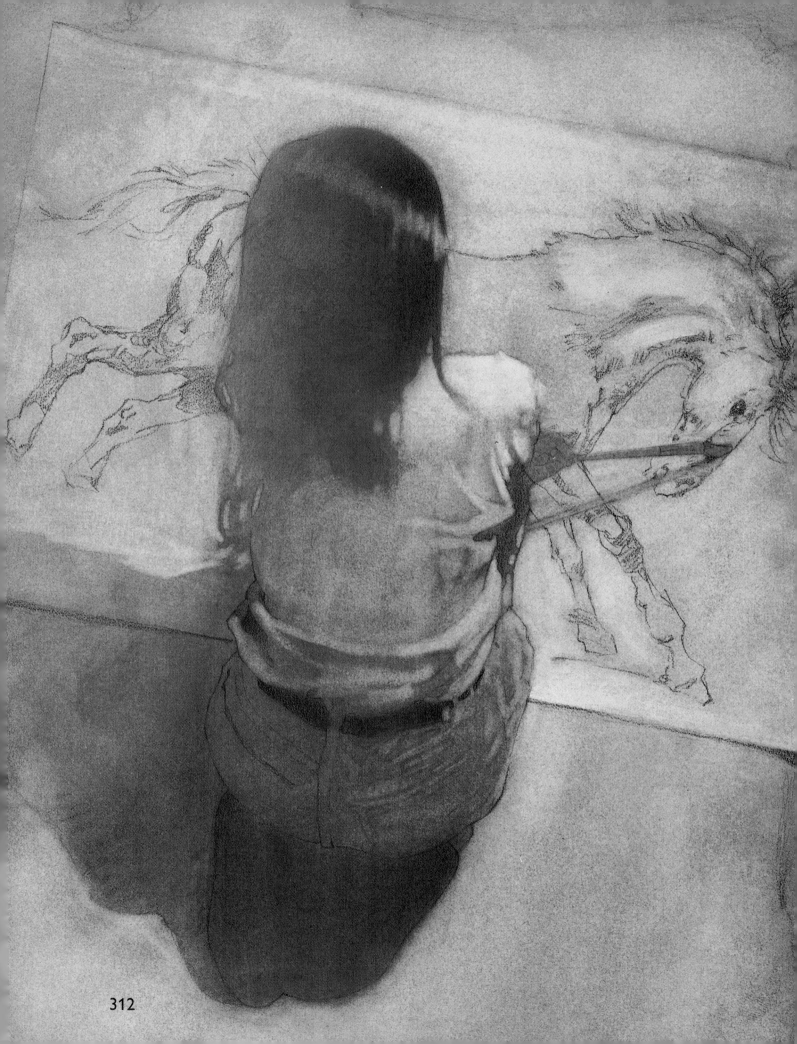

—Dime, Felita, ¿cómo has estado? Parece que hace mucho tiempo que no hemos estado juntas así.

Me sonrió con esa sonrisa tan maravillosa. Sus ojos oscuros y brillantes miraron muy dentro de mí. Sentí su calor y su felicidad.

—Estoy bien, Abuelita.

—Háblame de tu obra de teatro. Rosa me dice que trabajaste en los decorados. ¿Tuvo éxito la obra?

—Sí, lo tuvo. Estuvo nítido. El escenario estaba precioso. Mis dibujos se destacaban mucho. Nunca en mi vida había hecho dibujos tan grandes. Había una granja de campo, un granero y animales. Los dibujé como eran en los tiempos de los peregrinos. Ya sabes, como cuando llegaron a América por primera vez.

—Qué orgullosa estoy de ti. Háblame de la obra. ¿Actuaste en ella?

—No. —Me callé un momento—. No quise.

—Ya veo. Cuéntame un poco la historia.

Le conté toda la historia a Abuelita.

—¿Quién hizo los papeles? ¿Alguno de tus amigos?

—Algunos.

—¿Quién?

—Bueno, un chico llamado Charlie Martínez hizo de John Alden. Louie Collins hizo de capitán Miles Standish. No los conoces. Mary Jackson hizo de narradora; es la persona que cuenta la historia. De verdad que no conoces a ninguno de ellos.

Estaba deseando que no preguntara, pero lo hizo.

—¿Quién hizo el papel de la chica de la que están enamorados los dos hombres?

—Ah, ella. Gigi.

—¿Gigi Mercado, tu mejor amiga? —Asentí con la cabeza—. ¿Lo hizo bien?

—Sí. Muy bien.

—No suenas muy contenta por ello.

—No me importa —dije, encogiéndome de hombros.

—Pero si es tu mejor amiga, pienso yo que te importaría.

—Ya... ya no sé si es mi amiga, Abuelita.

—¿Por qué dices eso?

No podía contestar. Me sentía muy mal.

—¿Te ha hecho algo? ¿Han reñido ustedes? —Asentí con la cabeza—. ¿Puedo preguntar qué ha pasado?

—Bueno, es difícil de explicar. Pero lo que hizo no fue justo.

—¿No fue justo, Felita?

No había hablado de ello con nadie, pero con Abuelita era fácil.

—Bueno, todos nos presentamos para diferentes papeles y todos sabíamos para cual se presentaba cada uno. Pero Gigi no le dijo a nadie que quería hacer el papel de Priscila. Guardó un gran secreto. Incluso cuando le dije que yo me iba a presentar para ese papel, no dijo nada. ¿Sabes lo que dijo? Dijo que yo no era la persona adecuada para el papel... que era un papel muy difícil y un montón más de mentiras. Sólo quería ganarse el papel, así que estuvo muy misteriosa durante todo ese tiempo. Como si fuera... no sé. —Paré un momento intentando entenderlo todo—. Después de todo, se supone que soy su mejor amiga. ¿Por qué no podía decirme que quería hacer de Priscila? No me hubiera importado. Yo le conté mis planes, no se los escondí.

—¿Estás enojada porque Gigi consiguió el papel?

Me era difícil contestar. Me quedé pensando un poco.

—Abuelita, no lo creo. Hizo el papel muy bien.

—¿Fuiste tú tan buena cuando leíste para el papel de Priscila?

—No —miré a Abuelita—, estuve horrible.

Las dos nos reímos.

—Entonces, quizás no estás enojada con Gigi.

—¿Qué quieres decir?

—Bueno, ¿quizás estás un poco... dolida?

—¿Dolida? —Me sentía confundida.

—¿Sabes lo que creo? Creo que estás dolida porque tu mejor amiga no confió en ti. Por lo que me has dicho, tú confiaste en ella, pero ella no confió en ti. ¿Qué te parece?

—Sí —asentí con la cabeza—. Sí, Abuelita. No sé por qué. Gigi y yo siempre nos hemos dicho todo. ¿Por qué se comportó así conmigo?

—¿Se lo has preguntado?

—No.

—¿Por qué no? ¿No se hablan?

—Nos hablamos. Gigi ha intentado hablarme un par de veces.

—¿No quieres seguir siendo su amiga?

—Sí quiero, sólo que se me acercó comportándose como si... no hubiera pasado nada. ¡Y sí había pasado! ¿Qué se cree? ¿Que puede ir con secretos y que yo voy a andar detrás de ella? Se cree especial sólo porque consiguió el mejor papel.

—¿Y crees que por eso se te acercó? ¿Porque quiere ser especial?

—No sé.

—Deberías darle una oportunidad. Quizás Gigi se comportó así por algún motivo.

—No fue buena conmigo, Abuelita, no lo fue.

—No digo que lo fuera, ni que se portara bien. Mira, Felita, la amistad es una de las mejores cosas que hay en el mundo. Es una de las pocas cosas que no se puede comprar. Es como el amor. Puedes comprar ropa, comida o incluso cosas caras, pero ¿sabes? que yo sepa, no hay ningún sitio donde se pueda comprar un amigo de verdad.

Negué con la cabeza. Abuelita me sonrió y esperó. Nos quedamos calladas durante un largo rato. Me preguntaba si no debería hablar con Gigi. Después de todo, ella había intentado hablar conmigo primero.

—Abuelita, ¿crees que es una buena idea que yo... hable con Gigi?

—Sabes, es una idea muy buena. —Asintió Abuelita con la cabeza.

—Bueno, la verdad es que sí intentó hablar conmigo un par de veces. Sólo pasa una cosa, no sé qué decirle, quiero decir, después de todo lo que ha pasado.

—Después de tantos años de amistad, estoy segura de que le podrías decir "Hola, Gigi, ¿qué tal?" Eso sería bastante fácil.

—Ya me siento mejor, Abuelita.

—Muy bien —dijo Abuelita—. Ahora tú y yo vamos a dormir. Abuelita está cansada.

—No hace falta que me arropes. Yo te arropo a ti. —Salí de la cama y doblé con cuidado las sábanas de mi lado. Entonces me incliné hacia ella y la besé. Abuelita me dio un abrazo muy fuerte.

—Mi Felita se ha hecho una mujercita —susurró.

Seguí pensando en lo que Abuelita había dicho, y el lunes esperé a Gigi después de la escuela. Parecía como si ella supiera que quería hablarle. Se me acercó.

—Hola, Gigi —dije—. ¿Qué tal?

—Bien —sonrió Gigi—. ¿Quieres caminar a casa conmigo?

—Vamos a tomar el camino largo para poder estar solas —dije.

Caminamos sin hablar durante un par de cuadras. Por fin hablé.

—Quería decirte, Gigi, que estuviste magnífica de Priscila.

—¿De verdad te gustó? Oh, Felita, cuánto me alegro. Quería que te gustara a ti más que a nadie. Claro que no se puede comparar con los decorados que hiciste. Fueron algo especial. Les encantaron tanto a todos.

—Tú también tenías razón —dije—. No era muy buena para el papel de Priscila.

—Mira. —Gigi dejó de caminar y me miró—. Me siento mal... cómo me comporté, no decirte nada ni a ti ni a los demás. Sabes, me daba miedo que pensaran que yo era tonta o algo así. Quiero decir que tú también querías el papel, así que pensé que era mejor no decir nada.

—No me hubiera importado, Gigi. De verdad.

—Felita... es que eres tan buena en todo. Dibujas fantástico, siempre ganas en los juegos de rayuela y de patear la lata, sabes cosas sobre la naturaleza y los animales, sabes mucho más que todos nosotros. Haces todo mejor que... ¡yo! Sólo quería ese papel para mí. Quería ser mejor que tú esta vez. Por una vez siquiera, no quería estar pendiente de ti. Felita, lo siento.

Me quedé asombrada. No sabía que Gigi se sentía así. Yo no pensaba que era la mejor en todo lo que hacía. Se veía tan apenada que parecía que estaba a punto de llorar. Me di cuenta de que se sentía muy desdichada y quería consolarla. No había tenido este tipo de sentimiento en toda mi vida.

—Bueno, no tenías que haberte preocupado, ¡porque lo hice horrible! —Las dos nos reímos con alivio—. ¡Creo que fui la peor!

—Oh, no lo fuiste. —Gigi se rió—. Jenny Fuentes fue la peor.

—¿Peor que yo?

—Mucho peor. ¿Sabes cómo sonaba? Sonaba así: ¿Po... po... por qué no... hablas por... por ti mismo Johnnnn? —Gigi y yo nos reímos a carcajadas.

—¿Y qué tal el tonto de Louie Collins? No creo que lo hiciera mejor que Paquito.

—Es verdad —asintió Gigi—. No sé cómo acabó la obra. Temblaba tanto que temía que los decorados se le cayeran en la cabeza.

Gigi y yo nos divertimos mucho hablando sobre la obra y lo que pensábamos sobre todos y sobre todo. Era igual que antes, pero mejor.

Acerca de Nicholasa Mohr

Desde niña, Nicholasa Mohr juntaba los dibujos con las palabras. —Desde el momento en que mi madre me dio un pedazo de papel, un lápiz y algunos creyones —recuerda—, descubrí que podía crear mi propio mundo haciendo dibujos y escribiendo cartas.

Mohr se crió en El Barrio, con su familia puertorriqueña. El Barrio es un vecindario hispano de la ciudad de Nueva York. Sin embargo, fueron pocas las veces en que el mundo de El Barrio apareció en los libros que Mohr leía de niña. —No me reconocí nunca en esos libros, ni tampoco a mi familia o a mis hermanos —recuerda. Más tarde, Mohr recreó el mundo de su infancia en los libros que escribió.

Mohr trabajó como artista hasta que un editor vio sus imaginativos "graffiti", mezclas de palabras y dibujos, y le propuso que escribiera historias. Desde entonces, ha escrito cuatro libros para niños y ha ilustrado dos de ellos. Ha escrito más sobre Felita.

Acerca de Kevin Beilfuss

De niño, a Kevin Beilfuss (BEIL FIUS) le encantaban los deportes. Aunque le gusta el fútbol americano, su deporte favorito es el sóftbol, y ahora ayuda a entrenar un equipo de niñas. Cuando no está jugando a la pelota o trabajando en sus ilustraciones, Beilfuss juega al ajedrez. —Es una manera excelente de relajarse y a la vez de ejercitar la mente —dice.

En el futuro, Beilfuss espera continuar ilustrando libros juveniles, y añadir la escultura a su experiencia en las artes.

Representa tus ideas

Entre amigos

¿Cómo empezó el malentendido entre Felita y Gigi? ¿Cómo se podría haber aclarado antes? Discútelo en grupos pequeños y luego compara tus soluciones con las de los demás grupos.

Gracias por la audición

Según Felita y Gigi, las audiciones para la obra del Día de Acción de Gracias fueron tan divertidas como la obra en sí. Repartan los papeles de los estudiantes de la clase de Felita, representen las audiciones. ¡No teman ser exagerados!

Escribe un monólogo dramático/una carta

La versión de Gigi

En el cuento, Felita está enojadísima porque Gigi hace de Priscila en la obra de la clase. ¿Cómo se siente Gigi sobre la actitud de Felita? Escribe un monólogo dramático o una carta en que Gigi le explique sus sentimientos a su propia abuelita.

Compara cuentos

¡Bravo!

En cada cuento de este tema, uno o más personajes superan un problema. Haz una lista de los personajes y de los problemas que resuelven. ¿Quién, según tú, resuelve mejor su problema? Escribe un argumento persuasivo que explique tu opinión.

Vivir con un impedimento auditivo

por el Taller de escritores jóvenes de Westridge

Gena Perry en casa con sus dos hermanas, Michaela y Brianna

Gena (derecha) con su amiga Christy

Conoce a Gena

¿Quieres conocerme mejor? ¡A mí también me gustaría conocerte mejor! Es fácil, sólo tienes que hablar conmigo. Me he dado cuenta de que a la gente, a veces, le inquieta hablar conmigo porque sabe que tengo un impedimento auditivo. Se preocupan de que no los entienda. No te preocupes, porque si no entiendo algo de lo que dices, te lo voy a preguntar.

Es mejor si te pones en un lugar donde pueda verte la cara. (¡Es difícil leer tus labios si lo único que puedo ver es tu pelo!) Si tienes el sol o una luz muy fuerte detrás de la cabeza, tu cara puede quedar en la sombra y entonces resulta difícil verte la boca. No es necesario que hables ni muy despacio ni muy alto. Y por favor, no es necesario que articules exageradamente cada palabra porque entonces se deforma lo que dices.

Recuerda, estoy acostumbrada a leer los labios de las personas, tal y como hablan normalmente, y así me resulta más sencillo.

Como tengo dificultad para escuchar, la gente suele preguntarse si puedo hablar. ¡Créeme que sí puedo! De hecho, mi papá dice que a veces ¡hablo demasiado! Sin embargo, mi voz suena un poco diferente. Mis amigos dicen que es como si tuviera un acento extranjero. Si no entiendes lo que digo, no pasa nada, pregúntame. Pero, por favor, inclúyeme en tus conversaciones.

A veces, cuando todos hablan al mismo tiempo, no puedo leer los labios de todos y tengo que preguntar lo que han dicho. *Por favor*, no me digas "te lo diré luego" y luego te olvides de hacerlo. ¡Eso me vuelve loca! Más que nada, trátame como tratarías a cualquier otra amiga. Me encantaría ser tu amiga.

Gena habla con los jóvenes autores de este capítulo.

Preguntas y respuestas sobre los impedimentos auditivos

Con sólo preguntar, hemos aprendido muchas cosas sobre los impedimentos auditivos.

¿Qué significa tener un impedimento auditivo?

Alguna gente cree que "tener un impedimento auditivo" y "ser sordo" significan lo mismo. Otros dicen que cuando eres sordo, no puedes oír nada, pero que si tienes un impedimento auditivo puedes oír algo, aunque suene sólo como un susurro. En nuestro libro, hemos decidido usar el término "personas con impedimentos audi-

tivos" porque así es como Gena habla de sí misma.

Algunas personas que tienen un impedimento auditivo no pueden entender las conversaciones sin la ayuda de un audífono. Sin el aparato podrían oír sonidos, pero casi siempre éstos serían tan débiles que no se podrían entender.

Hay muchos tipos y grados de pérdida auditiva. Intenta taparte las orejas y pídele a un amigo que te susurre algo. Lo que oyes es similar a lo que oirías si tuvieras pérdida auditiva.

Con otros tipos de pérdida auditiva, no puedes oír ciertas frecuencias, por ejemplo los tonos altos o bajos de los sonidos. En ese caso, no oirías todas las notas de una canción. O en una conversación, oirías silencios donde están los tonos que no puedes oír.

¿Por qué se tiene un impedimento auditivo?

Los impedimentos auditivos ocurren por varias razones. Lo más común es tenerlos de nacimiento. Si un bebé sufre de muchas infecciones de oído, puede llegar a tener dificultad para oír. Una persona puede tener un impedimento auditivo si escucha música muy alta, o si se sienta demasiado cerca de un altavoz en un concierto de rock. Los adultos pueden perder el oído si trabajan con máquinas muy ruidosas todos los días. Mucha gente pierde el oído de forma natural, con la edad.

¿Cuánto tiempo toma saber que una persona tiene un impedimento auditivo?

Se puede hacer un examen auditivo muy rápido. Si un bebé no aprende a hablar, no reacciona a los ruidos fuertes o no parece darse cuenta de que alguien lo llama, eso puede ser una señal de pérdida de oído. Los adultos pueden darse cuenta a una edad avanzada de que han perdido algo de oído sin saber cuándo sucedió.

Gena hace sus tareas.

Gena responde a las preguntas de los estudiantes.

¿Recuperan el oído las personas que tienen impedimentos auditivos?

Las personas con un impedimento auditivo usualmente no recuperan el oído y tienen el impedimento de por vida. Existe alguna ayuda para que las personas con un impedimento auditivo puedan oír un poco mejor. Pueden operarse, o pueden llevar audífonos para amplificar los sonidos.

¿Pueden hablar las personas que tienen impedimentos auditivos?

Las personas con un impedimento auditivo pueden hablar, pero les cuesta mucho trabajo. Es como intentar aprender otro idioma sin poder siquiera oír las palabras pronunciadas correctamente. Las personas con un impedimento auditivo que pueden hablar suenan algo diferente de las que oyen bien. Algunos hablan como si tuvieran un acento extranjero, y otros exageran el sonido de las palabras.

Muchas personas con un impedimento auditivo pasan mucho tiempo con terapeutas del habla, que las ayudan a aprender a hablar por medio de mirar y tocar.

Una persona con un impedimento auditivo puede sentir cómo una palabra suena al tocarse la garganta o la de su instructor mientras habla. Algunas personas con un impedimento auditivo deciden no hablar y prefieren usar el lenguaje de señas u otra forma de comunicación.

¿Qué es el lenguaje de señas?

El lenguaje de señas es un lenguaje que se compone de movimientos de las manos, gestos y expresiones faciales. Cada letra del alfabeto tiene una seña distinta. Al igual que el español y el japonés, el lenguaje norteamericano de señas (ASL) es un lenguaje completo, y tiene miles de señas para las palabras. Hay muchos sitios donde se pueden tomar clases para aprender el lenguaje de señas. Para ver las organizaciones que hay en tu área, busca en tu guía de teléfonos bajo "Sordos" o "Impedimentos auditivos".

¿Cómo se habla con las personas que tienen un impedimento auditivo?

Si saben leer los labios, puedes hablarles igual que a una persona que oye. Si no saben leer los labios, puedes deletrear lo que quieres decir con las manos, actuar lo que quieres decir, aprender el lenguaje norteamericano de señas o escribir una nota.

¿Qué cosas facilitan la vida de alguien con un impedimento auditivo?

Hay muchas cosas que ayudan a la gente que tiene este tipo de impedimento. Muchos disponen de timbres que se iluminan, en vez de sonar, cuando alguien llama a la puerta.

También hay teléfonos y despertadores que se iluminan al sonar. Para ver la televisión, pueden utilizar un sistema de recepción codificada. Ciertos programas tienen un símbolo especial en la pantalla para indicar que tienen recepción codificada. Un aparato especial llamado caja de decodificación proyecta las palabras habladas del programa en la pantalla del televisor. De esta manera una persona con un impedimento auditivo puede ver el programa y leer las palabras al mismo tiempo que se pronuncian. Sabemos que desde 1993, los televisores vienen con esta caja de decodificación incluida. De hecho, si tienes un televisor nuevo, puedes probarlo para ver cómo es.

¡CATÁSTROFE!

¡CATÁSTROFE!

ÍNDICE

PARICUTÍN:
La montaña de fuego

LIBRO DE BOLSILLO EXTRA
En el mismo libro
M s sobre los volcanes
datos cient ficos sobre
...rita Robleda
Steve Cieslawski

LIBRO DE BOLSILLO **EXTRA**

Paricutín: La montaña de fuego

por Margarita Robleda

El pueblo estaba de fiesta cuando, de repente, la tierra comenzó a abrirse y de ella brotó Paricutín. Entérate de lo que sucedió al nacer este volcán.

En el mismo libro...

Más sobre los volcanes y datos científicos sobre las erupciones.

Libros para explorar

KAYUM
José Manuel Pintado
Julia López

LIBRO DE BOLSILLO **EXTRA**

Kayum

por José Manuel Pintado

Kayum se interna en la selva de su país y es sorprendido por un desastre natural que transforma su vida.

En el mismo libro...

Más sobre los mayas y otros indígenas, y sobre la flora y la fauna de la selva mexicana.

Perdidas en la selva
por Susana Martín
A raíz de un accidente de avión, Emilia y su abuela están perdidas en una selva de Argentina. Lee este increíble relato y verás cómo sobreviven hasta encontrar el camino de vuelta a la civilización.

Las tormentas
de Ecolección tierraviva
¿Cómo se manifiesta una tormenta? ¿De dónde vienen sus peligrosos poderes? Descubre las respuestas a estas preguntas y muchas cosas más en este libro interesante.

Los volcanes
por Colin Walker
Las erupciones volcánicas son siempre espectaculares. Este libro maravilloso te revela la vitalidad y el peligro de los volcanes.

El tiempo y sus secretos
por Diane Costa de Beauregard y Catherine de Sairigné
¡Explora, manipula y transforma las páginas de este libro "interactivo" para entender los poderosos procesos del tiempo!

Fuego
por John Satchwell
¿Pueden causar un incendio las velas de tu pastel de cumpleaños? Abre este libro y aprende muchas cosas sobre el fuego y sobre cómo evitar los catástrofes.

Daniel Hatch y su amigo Arturo están mirando un programa cómico en la televisión y se enteran de que su ciudad, Grand Island, Nebraska, se encuentra en estado de alerta de tornados. Hasta Minerva, la gata de Daniel, se ha puesto nerviosa. La madre de Daniel está visitando a la señora Smiley, una vecina anciana, y su padre se encuentra lejos, en la granja de los abuelos Hatch. Los dos chicos se han quedado solos cuidando a Ryan, el hermanito de Daniel. Disponen de una linterna y de mantas para casos de emergencia, pero es la primera vez que el viento sopla tan fuerte.

LA NOCHE DE LOS TORNADOS

POR IVY RUCKMAN

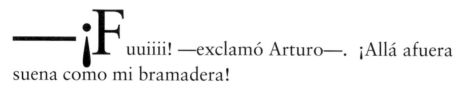

—¡F uuiiii! —exclamó Arturo—. ¡Allá afuera suena como mi bramadera!

Bajé corriendo con la caja de primeros auxilios y la dejé en la repisa del cuarto de baño. Minerva se vino conmigo, metiéndose entre mis piernas al bajar los escalones como lo hace cuando quiere que le preste atención.

La levanté por la tripa, acariciándole el lomo y la puse encima de la puerta de la ducha. Cuando hago esto, suele ponerse a andar por el filo de la puerta como en la cuerda floja, pero esta vez dio un maullido y se bajó de un salto. Después de echarme una mirada de desprecio felino, se sentó a rascarse la oreja.

—¿Tienes una pulga dentro? —le pregunté, mientras me inclinaba para rascarla un rato.

Esto tampoco le gustó.

En la planta alta, Arturo empezó a alborotar y a gritar otra vez. Pensé que me estaba perdiendo la mejor parte y subí corriendo los dos tramos de escalera con Minerva por delante.

En algún momento, estando la comedia de televisión a medias, empezó a sonar la sirena. Bueno, ése sí que es un

sonido que te pone serio. No se parece a ningún otro, es como si tuviera su propio productor de escalofríos.

Lo primero que hice fue pensar en Mamá. "Ella también la va a oír, y volverá a casa", me dije.

Entonces pensé en Papá y en lo lejos que estaba la granja de la ciudad. Desde allí no se puede ni siquiera oír la sirena.

En un segundo ya estaba yo marcando el teléfono 555-2379.

Al cuarto timbrazo oí la voz de Abuela.

—¡Abuela! —grité al teléfono—. ¿Dónde estabas? Hay un tornado justo al norte de G.I. La sirena está sonando, ¿la puedes oír?

Una voz dijo algo, pero sonaba muy lejos.

—¡Habla más alto, Abuela! No te puedo oír.

La voz se apagó completamente. No estaba muy seguro ni de que fuera mi abuela.

—¡Se acerca un tornado! ¿Pueden oírme?

Después, no se oyó nada más que el sonido de otro teléfono sonando muy a lo lejos, como si estuviera en Nueva York o en otro sitio muy lejano. No lo podía entender.

En ese momento noté que Arturo estaba parado a mi lado. Estaba a punto de darle el teléfono cuando, de repente, la sirena dejó de sonar. No cesó poco a poco, sino de repente, como si alguien hubiera cortado la línea con tijeras. Excepto la tele, todo a nuestro alrededor pareció de pronto quedar muy quieto.

—Oye —dijo, levantando las cejas—, han cambiado de idea.

Colgué el teléfono. No sabía lo que estaba pasando.

—Quizás se equivocaran al dar la alarma —sugirió felizmente—. Puede ser, ¿sabes? Yo leí una vez un libro sobre eso, donde toda una flota pesquera se echó a la mar... —y siguió hablando.

Corrí hacia la puerta, pensando que quizás podría ver a Mamá llegar, pero no fue así.

—El viento ha dejado de soplar —le dije a Arturo por encima del hombro.

Así era. El viento había parado. Quizás la tormenta no iba a ser gran cosa después de todo.

Esta confortante idea había empezado a formarse en mi cabeza cuando la sirena empezó a sonar de nuevo. De una sacudida, recordé lo que Mamá nos había dicho que hiciéramos.

—Nosotros ponemos siempre la radio —dijo Arturo, ya camino de la cocina—. ¿Quieres que la encienda? Pondré la estación meteorológica.

Yo apenas lo escuchaba. Eché a correr hacia el cuarto de Ryan, al final del pasillo. No quería levantarlo. Iba a empezar a llorar. Sabía que se pondría a llorar al despertarse. Sin Mamá, Arturo y yo íbamos a tener que aguantar sus chillidos durante el tornado.

Cuando lo vi en su cuna, durmiendo tranquilamente de lado, con el trasero al aire, no tuve el valor de despertarlo. Esperaría un minuto o dos. Mamá llegaría pronto. "De todas maneras parece que se está acabando, no puede durar mucho", me dije a mí mismo.

Al salir, cerré la puerta despacio.

En ese instante las luces empezaron a parpadear.

En el pasillo por poco me estrellé contra Arturo, que venía hacia mí a toda velocidad. Su mirada me asustó.

—No hay... no hay...

—¿Qué?

—No se puede oír la radio ya. ¡Se ha quedado muerta! El locutor... no hacía más que decir "¡Alerta de tornado, alerta de tornado!" y entonces se quedó muerta.

Nos fuimos corriendo al cuarto de estar. La tele lanzaba en destellos grandes letras que llenaban toda la pantalla: DC... DC... DC...

—¿Qué quiere decir eso? —gritó Arturo.

—¡Emergencia de la Defensa Civil! —Me di vuelta rápidamente—. ¡Voy por Ryan!

Las luces empezaron a parpadear de nuevo.

Al mismo tiempo comenzamos a oír unos ruidos realmente raros que nos detuvieron en seco. Venían del cuarto de baño y de la cocina. Eran ruidos como de algo que chupa. ¡Los desagües estaban chupando! Empecé a sentir una succión terrible en los oídos, como si hubiera un vacío a los dos lados de mi cabeza.

—¡Me tengo que ir a casa! —gritó Arturo de repente, y salió disparado hacia la puerta.

Eché a correr detrás de él.

—¡No puedes, no lo hagas! —Lo sujeté por la camiseta, tiré de él y lo empujé hacia las escaleras—. Métete debajo. ¡Tengo que buscar a Ryan! ¡Vete, ahora!

No sé lo que habría hecho si no me hubiera hecho caso. Nos estábamos transmitiendo miedo el uno al otro, y aunque la sirena seguía gritando de manera intermitente, y yo no sabía lo que nos quería decir, sabía que teníamos que buscar protección y de prisa.

Las luces se apagaron definitivamente justo en el momento en que llegué al cuarto de Ryan.

El móvil de mariposas de Ryan me dio en la cara, y así supe que había dado con la cuna. Lo busqué a tientas, puse mis manos bajo su camisa de noche y su pañal, y le di la vuelta. Lo levanté, pero no pudimos dar un paso. Se enredó en el móvil, no sé si su brazo o su cabeza... no podía ver... no podía zafarlo...

—¡Mamá! —grité, sabiendo que no me podía oír.

Traté de ponerlo otra vez en la cuna pero estaba tan enredado que parte de su cuerpo quedó en el aire. Empezó a llorar.

—¡Espera, ya te voy a soltar, Ryan! —Pero no podía.

Por fin, sosteniéndolo con mi brazo izquierdo, salté dentro de la cuna. Con la mano derecha seguí la cuerda hasta llegar al enganche y lo arranqué. La cosa entera se cayó encima de nosotros al mismo tiempo que yo saltaba fuera de la cuna.

La mariposa de plástico me estaba punzando, y a Ryan también, pero no me importaba. El tornado estaba cerca, lo sabía. Mis dos oídos habían estallado y yo tenía el miedo absurdo de que los desagües nos iban a chupar, como monstruos, si la tormenta no lo hacía antes.

Arturo estaba al pie de las escaleras, esperando. ¡Menos mal que había encontrado la linterna! Bajé de un salto el último tramo de escaleras hasta el piso.

—¡Apúrate! —grité. Me di media vuelta hacia la puerta
del cuarto de baño con Arturo pisándome los talones. Nos
agachamos debajo del toallero.

—Ilumina aquí, sobre Ryan —dije sin aliento—. Está
enredado con esta cosa. —Ryan ya estaba dando patadas y
chillando y sus ojos se veían grandes con la luz.

Una vez hubimos desenredado las cuerdas del móvil del
pijama sudado de Ryan, Arturo le dio una patada al móvil y
lo lanzó contra la pared al lado del inodoro.

—¡Me tengo que ir a casa! —lloriqueó—. No se van a
meter en el sótano. Mamá no lo hace nunca.

El rayo de la linterna encendida saltaba en la oscuridad
del cuarto de baño mientras Arturo se ponía de pie, pero yo
lo agarré y no lo solté.

—¡No te puedes ir! ¡Ya ha llegado! ¿No lo sientes?

La sirena se calló de nuevo cuando lo empujé hacia el suelo y lo sujeté con mi pierna. La linterna se estrelló contra el suelo y rodó lejos de nosotros.

Y luego la oímos. La calma. El silencio más mortal, el tipo de silencio que te da la sensación de que vas a explotar. El calor de aquel cuarto aumentó hasta que no pude respirar.

Entonces empecé a oír ruidos. Una silla arrastrándose por el suelo de la cocina en la planta de arriba.

—¡Tu mamá ha vuelto! —dijo Arturo, tirando de mi pierna.

Yo sabía que no era mi mamá quien movía la silla.

Los ruidos aumentaron. Parecía que todos los muebles estaban bailando allí arriba... cosas grandes, pesadas, chocando unas con otras.

Una ventana estalló.

¡Cataplum! Otra.

Los vidrios se rompían por todas partes, justo a nuestro lado, en el cuarto de la lavadora.

Puse una toalla encima de la cabeza de Ryan y lo sujeté firmemente. No me di cuenta de si seguía llorando, porque sentía la succión en esos momentos. Era como si algo intentara levantar mi cuerpo del suelo.

Arturo también lo sintió. —¡Madre de Dios! —se santiguó—. ¡Nos vamos a morir!

Diez segundos más tarde y aquel tornado aullador y ululante estaba encima de nosotros.

—¡La manta! —chillé en la oreja de Arturo.

Tiró de ella desde la repisa y nos cubrimos con ella, con las manos temblando sin control. En esos momentos no me preocupaban ni mi mamá, ni mi papá ni la señora Smiley. Sólo nosotros. Ryan, Arturo y yo, apretados unos contra los otros allí, en el suelo.

El rugido había empezado en algún sitio en el este y se dirigió hacia nosotros como cien trenes de carga. Pero aquel tornado no se movió. Se estacionó encima de nosotros haciendo el ruido más fuerte que jamás había oído, zumbando con más fuerza que un jet. Se oyó un tremendo crujido, y sentí que la pared a mi espalda temblaba. Me di cuenta de que nuestra casa estaba siendo reducida a pedazos. De pronto, empezaron a caer trozos del techo sobre nuestras cabezas.

"¡Quedaremos sepultados!" era todo lo que podía pensar.

En ese momento, de la manera más sencilla, por encima de aquellos rugidos ensordecedores, oí la voz de mi papá: *La ducha es el sitio más seguro.*

No puse en duda la voz. Sosteniendo a Ryan contra mí con un brazo, empecé a gatear hacia el área de la ducha. Alargué una mano y tiré de la camisa de Arturo. De alguna

manera llegamos a la ducha con la manta. Otra explosión y
la puerta de vidrio de la ducha se estrelló en todas direcciones sobre el suelo del cuarto de baño.

Colocamos la manta sobre nuestras cabezas y empezamos a rezar. Dije en voz alta, aunque no podía oír mi
propia voz: —Dios, ayúdanos, Dios, ayúdanos.

Yo repetía estas palabras una y otra vez sobre el pelo
húmedo de Ryan, con los labios apretados contra su cabeza.
Sabía que Arturo también estaba rezando, apretado contra
mi costado. Podía sentir el corazón de Ryan latiendo a
través de su camiseta. *Mi* corazón daba gracias a Dios por
haberme hecho buscar a Ryan, pero no lo hacía con palabras. Excepto donde se tocaban, nuestros cuerpos no sentían más que el terror producido por el rugido continuo del
tornado. Pensé que el mundo se acababa, que se *había*
acabado, y nosotros con él, en cualquier momento.

Entonces noté que los deditos gordezuelos de Ryan se cerraban alrededor de uno de mis dedos. Se llevó mi mano a la boca y me empezó a chupar el dedo. Me hizo llorar. Las lágrimas me corrían por las mejillas y le caían encima de la cabeza. Con el mundo rompiéndose en pedazos a nuestro alrededor, Ryan me agarró la mano y me hizo sentir mejor.

Más tarde, al pensar en aquellos momentos, ni Arturo ni yo podíamos decir con certeza cuánto tiempo habíamos pasado allí abajo, agazapados en el baño del sótano.

—La velocidad de avance de un tornado se calcula entre las treinta y las cincuenta millas por hora —nos había dicho el meteorólogo.

La velocidad de avance de nuestro tornado fue cero. Se paró allí, encima de nuestra calle. Cinco o diez minutos, no podíamos decir cuánto, pero a nosotros nos pareció una hora. Aquel tornado se quedó encima de nosotros aullando, ululando y rugiendo. Nunca volveré a tener tanto miedo en toda mi vida. Ni Arturo tampoco.

Acerca de IVY RUCKMAN

El 3 de junio de 1980, los tornados arrasaron la ciudad de Grand Island, en Nebraska. Ivy Ruckman había estado allí, visitando a su primo, tres semanas antes. Cuando se enteró del desastre, "se me puso la piel de gallina y no se me quitaba". Y por eso Ruckman decidió escribir sobre esto. Leyó cuidadosamente los relatos de los periódicos y pasó otras dos semanas en Grand Island, entrevistando a la gente.

—De todas, las mejores entrevistas fueron con los estudiantes de la escuela elemental —dice.

Ruckman nació en Nebraska y ahora vive en Salt Lake City, Utah. Ha escrito varios libros para chicos.

Acerca de JULIE DOWNING

Julie Downing creció al oeste de la "Vía tornado", en Colorado. Entre las cosas que le gusta hacer están esquiar, andar por las montañas y actuar en obras teatrales. Cuando era adolescente, Downing amplió su interés en el arte dando clases a los niños de su barrio. Un curso universitario de ilustración de libros la animó a ser ilustradora. Downing ha ilustrado varios libros para niños.

¡Prepárate para una lluvia de ideas!

Escribe un diálogo

De hermano a hermano

Ryan Hatch no era más que un bebé durante la noche de los tornados. ¿Qué crees que le preguntará a su hermano cuando crezca? Con un compañero, escribe y representa las preguntas de Ryan y las respuestas de Daniel sobre aquella noche.

Haz un dibujo

Tal como lo ves

¿Qué imágenes te vienen a la mente al leer *La noche de los tornados*? Dibuja, pinta o usa otros materiales de arte para mostrar tu escena favorita de la selección.

Habla de los tornados

Piensa en lo que dijo y en lo que hizo
Arturo durante el tornado. ¿Qué consejos
les darías a Arturo y a su familia sobre lo
que deben hacer la próxima vez que haya
un tornado en la zona?

Noticia de primera plana

¿Cómo serían las noticias que publicaron
los periódicos de Grand Island en
Nebraska como resultado de aquel terrible
suceso del 3 de junio de 1980? Usa la información de la selección para escribir un
artículo sobre el tornado, que responda a
las preguntas *quién, qué, cuándo, dónde, por
qué* y *cómo.*

TORN

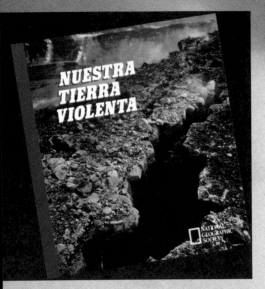

de *Nuestra tierra violenta*

Colección de la National

Geographic Society

Con el estruendo de un tren de carga, un tornado surge de entre las nubes del cielo oscurecido. Gira velozmente sobre tierra, marcando un imprevisible camino zigzagueante. Arranca árboles de cuajo y los techos de las casas, haciéndolos volar por el cielo. Levanta coches y camiones, para dejarlos caer a gran distancia de donde estaban.

Los vientos de esta clase de tornado son los más veloces de la Tierra. Pueden girar a una velocidad de 400 km por hora. Afortunadamente, la mayoría de los tornados no son tan violentos, sino que sus vientos son más débiles y sólo recorren distancias cortas. La mayoría se forma en el campo, donde está muy poco poblado. Pero cuando un tornado llega a una comunidad, donde la gente vive y trabaja, hasta un tornado de pequeñas dimensiones puede provocar un desastre en pocos minutos.

ADOS

Los tornados y las tempestades, como la que se ilustra arriba, suelen ir acompañados de fuertes descargas eléctricas. Fuertes vientos, que soplan a veces entre 480 y 800 km por hora, provocan destrucción a su paso, derribando casas enteras y volcando automóviles, camiones, e incluso autobuses. En el cielo, el tornado puede adoptar muchas formas y matices de color diferentes. Su duración es imprevisible, como también lo es su trayectoria.

Girando en torbellino hacia la granja, el tornado invade el cielo (foto grande). Éste torció su camino mientras seguía girando sobre las praderas cercanas a Wichita, en Kansas, esquivando la granja.

357

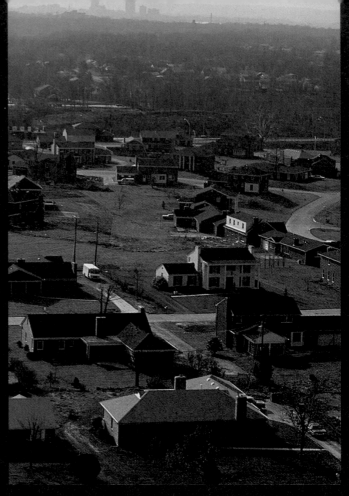

Los destrozos esparcidos en un barrio de Louisville, Kentucky, tras el tornado de 1974 (izquierda). El tornado arrojó fragmentos de casas y árboles por doquier. La tormenta siguió una trayectoria en zigzag. El tornado suele destruir una casa mientras que la casa contigua a ésta queda intacta. La foto de la derecha muestra el aspecto de la misma zona siete meses más tarde. Los vecinos reconstruyeron la zona y parece que no hubo destrucción provocada por el tornado.

Estados Unidos es el país donde los tornados azotan con más frecuencia que en el resto del mundo: cerca de 700 tornados o trombas se registran cada año.

No se ha podido aún descubrir exactamente por qué se forma el tornado. Lo que sí se sabe es que las trombas son más frecuentes en la primavera. Esto ocurre cuando el aire caliente y húmedo sube desde el sur y choca contra el aire más frío del norte. El choque de distintos tipos de aire a menudo origina violentas tormentas, de las cuales se forman los tornados. Un embudo de viento en remolino, la chimenea, desciende de las nubes de tormenta. Sacude de arriba abajo la tierra, destrozándolo todo a su paso.

El servicio meteorológico utiliza radares, satélites y computadoras que ayudan a predecir cuándo y dónde ocurrirá un tornado. Los ingenieros estudian los daños que causan en los edificios y están aprendiendo a diseñar construcciones que resistan el tremendo poder de los tornados.

Formas de las trombas

Los tornados adoptan muchas formas y tamaños diferentes. Algunos son altos y estrechos, otros bajos y anchos. Abajo vemos 3 formas comunes de tornados. 1. La mayoría de los pequeños tienen forma de embudo que serpentea y se retuerce desde las nubes al suelo. Algunas veces estos tornados se forman en el agua y se llaman trombas marinas o torbellinos. 2. El embudo de muchos tornados medianos es estrecho en la parte inferior y se va ensanchando hacia arriba. 3. Los más grandes suelen tener el aspecto de una oscura pared de nubes. Éstas son tan oscuras y están tan cerca del suelo que el embudo apenas se ve.

Precauciones

- Si vives en una zona de tornados, permanece alerta y no dejes de oír los boletines.
- Planea qué harás si llega un tornado. Recuerda que la alarma de tornado significa "¡Buscar refugio!"
- En tu casa, busca el piso más bajo. Acurrúcate debajo de las escaleras, debajo de un mueble pesado o junto a una pared de la casa. Protege tu cabeza con las manos.
- En un edificio público, corre hacia un refugio contra tormentas. Si no lo hay, busca un pasillo interior en el piso inferior del edificio. Agáchate y cubre tu cabeza.
- Si estás afuera y no tienes tiempo de encontrar un refugio, acuéstate extendido en la zanja más cercana o en otra zona baja.

LAS FUERZAS NATURALES:
CUATRO BIEN PODEROSAS

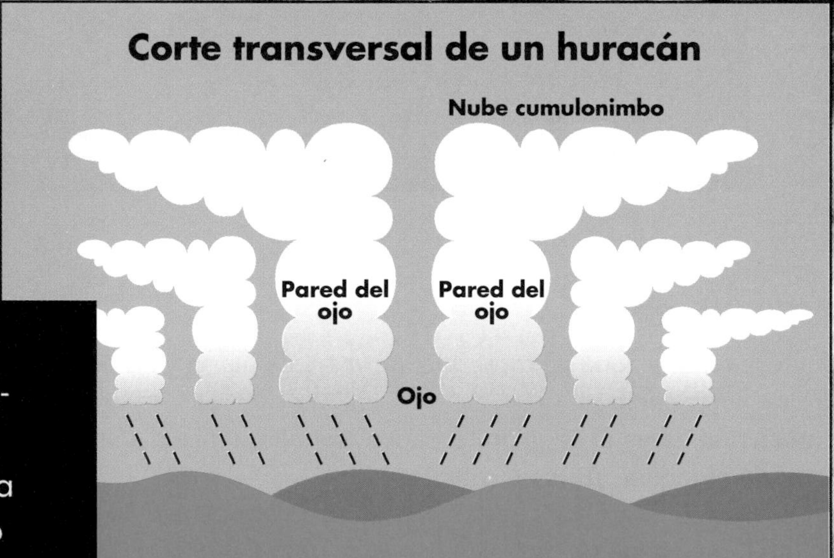

Huracán

Los huracanes se forman sobre los mares templados del trópico. La velocidad del viento puede alcanzar hasta las 220 millas por hora, y una fuerza capaz de atravesar el tronco de un árbol con una tabla.

Los nombres de los huracanes se sacan de listas alfabéticas. Cuando una tormenta asesina azota tierra, su nombre se elimina de las listas para siempre.

Corte transversal de un huracán

Nube cumulonimbo

Pared del ojo

Pared del ojo

Ojo

Terremoto

En enero de 1994, un terremoto mortal sacudió Los Ángeles, California. Derrumbó edificios, inició numerosos incendios y destruyó algunos de los muchos pasos elevados de las autopistas de la zona de Los Ángeles.

En 1811 y 1812, una serie de terremotos muy fuertes sacudió el Medio Oeste y el Este de los Estados Unidos. ¿Cuán fuertes fueron? Algunas personas que estaban a más de mil millas sintieron algunos de los temblores. La tierra se hundió y formó un lago de dieciocho millas de largo en el noroeste de Tennessee, y el río Misisipí fluyó en sentido contrario por un tiempo.

Fuego

Aproximadamente el 90 por ciento de los incendios forestales en los Estados Unidos los empiezan las personas. Los rayos son la segunda causa.

La temperatura que alcanza el incendio es tan alta que, a un cuarto de milla del fuego, la temperatura del aire puede llegar a los 120 grados Fahrenheit.

El incendio más devastador en la historia de los Estados Unidos ocurrió el 8 de octubre de 1871 en Peshtigo, Wisconsin. Más de 1,500 personas murieron cuando vientos calientes y secos convirtieron lo que era un incendio forestal en una tormenta de fuego. Las tormentas de fuego, que se llaman también fuegos "estallados", son enormes columnas de fuego. Las empujan hacia arriba fuertes corrientes de aire que pueden dispersar las ascuas encendidas a muchas millas a la redonda de la tormenta de fuego.

Inundación

Corte transversal del área de una inundación

Área de inundación

Nivel de inundación

Dique   Nivel medio de agua   Dique

A los campesinos les gusta cultivar la tierra fértil de la vega de un río. Como consecuencia, el daño que una inundación puede causar a las propiedades es extenso si fallan los diques.

Las inundaciones matan cada año, en todo el mundo, más gente que los tornados, los huracanes, los rayos o las tormentas de viento.

Las riadas suceden rápidamente, con poco o sin ningún aviso. En el Oeste de los Estados Unidos, las riadas suelen recorrer los cañones durante los aguaceros.

363

Cómo prepararse para un desastre

VEGETALES

Pasta

SOPA

BOTIQUÍN DE PRIMEROS AUXILIOS

PORTÁTIL

Planifique y Prepárese

Prepárese para
cualquier eventualidad.
En cualquier...
En cual...

¿Está preparado para un terremoto?
Esto es lo que Ud. puede hacer para prepararse para tal emergencia

☐ **Prepare un plan para el hogar en caso de terremotos**

✓ Elija un lugar donde todos se reunirán después de un terremoto.

✓ Designe un pariente o amigo fuera de la ciudad para que sea el contacto de su familia . . . al que cada uno de ustedes pueda llamar para decirle que está seguro o para dejar mensajes.

✓ Practique simulacros de terremotos periódicamente . . . y revise su plan para el hogar en caso de terremotos de vez en cuando.

✓ Haga estas simples mejoras en su hogar . . .
  • Asegure el calentador de agua a una pared.
  • Asegure bibliotecas y otros muebles altos y pesados contra la pared.
  • Ponga cerrojos en las puertas de los armarios.

✓ Tome un curso de primeros auxilios/RCP en el capítulo local de la Cruz Roja.

☐ **Prepare una caja de emergencia para terremotos**

✓ Aliste una caja de emergencia para terremotos que contenga—
  • Botiquín de primeros auxilios
  • Extinguidor de incendios
  • Comida enlatada y un abridor de latas manual
  • Agua embotellada
  • Zapatos resistentes y guantes de trabajo
  • Mantas extras y bolsas para la basura
  • Medicamentos esenciales
  • Radio a pilas, linterna y pilas eléctricas extras.

✓ También incluya en la caja instrucciones escritas sobre cómo desconectar los servicios públicos.

☐ **Cuando comienzan los remezones . . .**

✓ Si está adentro de un edificio, camine unos pocos pasos hacia un lugar seguro identificado con anterioridad. Puede ser un escritorio o mesa pesada bajo la cual usted pueda ubicarse y sujetarse para protegerse de los objetos que caigan . . . o un rincón en una de las habitaciones.

Elija un lugar alejado de ventanas, bibliotecas y muebles altos y pesados que puedan caer encima suyo.

✓ Si vive en un edificio de muchos pisos, no se sorprenda si las alarmas y los rociadores contra incendio comienzan a funcionar durante un terremoto.

✓ Si está al aire libre, busque un lugar abierto lejos de edificios, árboles y cables eléctricos.

✓ Si está en un automóvil, maneje hasta llegar a un lugar abierto (como el indicado más arriba) y permanezca en el automóvil hasta que cesen los temblores.

☐ **Después que cesen los temblores**

✓ Esté preparado para réplicas o temblores posteriores.

✓ Examine a las personas para ver si están lastimadas. Suministre primeros auxilios.

✓ Inspeccione su hogar para verificar daños.

✓ Escuche la radio para recibir instrucciones.

✓ Vaya a un refugio de la Cruz Roja si su casa no es segura.

Acerca de
SEYMOUR SIMON

Seymour Simon ha escrito libros sobre una gran variedad de temas científicos. Sin embargo, este autor no se limita a escribir libros que traten de "los hechos"; también ha escrito dos series de libros de ficción.

Los personajes de sus libros se parecen mucho al propio Seymour Simon, que fue estudiante de la Escuela Superior de Ciencias del Bronx y llegó a ser presidente del Club Júnior de Astronomía. ¿Tenía Simon otros pasatiempos además de las ciencias cuando era muchacho?

—Siempre he escrito, ¡aun cuando no era más que un estudiante de escuela superior! —dice Simon. Y tenía otro pasatiempo, de joven, que no debe sorprender a nadie: leer libros de ciencia ficción.

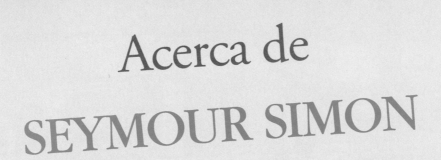

TERREMOTOS

por Seymour Simon

La tierra bajo nuestros pies nos da la impresión de ser sólida y firme. A pesar de esto, un millón de veces al año —a un promedio de una vez cada treinta segundos— la tierra se tambalea y tiembla en algún lugar del mundo. Llamamos esto un terremoto.

La mayor parte de los terremotos son tan pequeños que la gente no los nota; solamente instrumentos científicos muy sensibles registran cuándo se producen. Pero cientos de temblores cada año son lo bastante fuertes como para cambiar la superficie de la tierra. Un terremoto mediano cerca de Seattle, Washington, convirtió estas vías de tren en cintas retorcidas de acero. Un terremoto más fuerte puede causar daños enormes.

Durante la mañana del 19 de septiembre de 1985, un terremoto muy fuerte sacudió la Ciudad de México. Mató a unas diez mil personas e hirió al menos a otras veinte mil. Cientos de edificios —tiendas y hogares, hoteles y hospitales, escuelas y negocios— quedaron destruidos. Este garaje (a la izquierda de la foto) se desplomó como un castillo de cartas, mientras que otros edificios en las cercanías sólo sufrieron daños insignificantes.

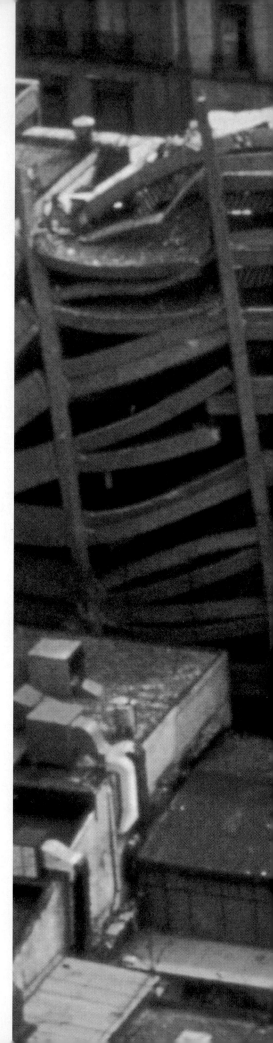

DOS BLOQUES
EN REPOSO

LA PRESIÓN AUMENTA
A LO LARGO DE LA FALLA

LA ENERGÍA SE LIBERA

La mayoría de los terremotos ocurren en la corteza, una capa de roca de unas cinco a treinta millas de espesor que cubre la tierra. En las rocas hay grietas, llamadas fallas, que atraviesan esta corteza. Las rocas de un lado de la falla empujan contra las rocas del otro lado, causando una acumulación de energía. La fricción puede mantener las rocas en su sitio durante años. Pero finalmente, cual una goma elástica estirada, la tensión se libera de repente y las rocas se mueven en direcciones opuestas. El lugar donde ocurre esto se llama el foco del terremoto.

Desde el foco del terremoto, la energía del temblor se desplaza en todas direcciones, hacia afuera, a gran velocidad a través de las rocas que rodean la falla. Los temblores pueden durar menos de un segundo, en el caso de un terremoto pequeño, o varios minutos, en el caso de uno grande. Temblores más débiles, llamados temblores secundarios, pueden ocurrir esporádicamente después de un terremoto durante días o semanas.

Varias secciones de la corteza terrestre se han deslizado en direcciones opuestas a lo largo de dos fallas y han desalineado esta cordillera en Wyoming (izquierda). Este tipo de movimiento de lado se llama una falla de tiro lateral.

A veces, un lado de la falla se desliza a distinto nivel que el otro. Esto es lo que ocurrió a lo largo de esta carretera en el desierto Mojave de California (derecha). Este tipo de movimiento hacia arriba y hacia abajo se llama una falla de tiro de descenso.

Cuatro de cada cinco terromotos tienen lugar a lo largo de la costa del océano Pacífico, en una zona llamada el Anillo de Fuego del Pacífico. Alaska, California, México, las costas oeste de América Central y del Sur, y las costas este de China, Japón y Nueva Zelandia están localizadas en el Anillo de Fuego del Pacífico. Otra zona importante de terremotos se extiende a través de Italia, Grecia y Turquía hasta el Medio Oriente y Asia.

En los Estados Unidos, casi la mitad de los terremotos ocurren cada año en el sur de California. En otras partes de los Estados Unidos, los terremotos son raros. Prácticamente las únicas zonas en las que no se han observado terremotos son el sur de Florida, Alabama y Texas.

¿Por qué ocurre la mayor parte de los terremotos de los Estados Unidos en California? La respuesta se encuentra en

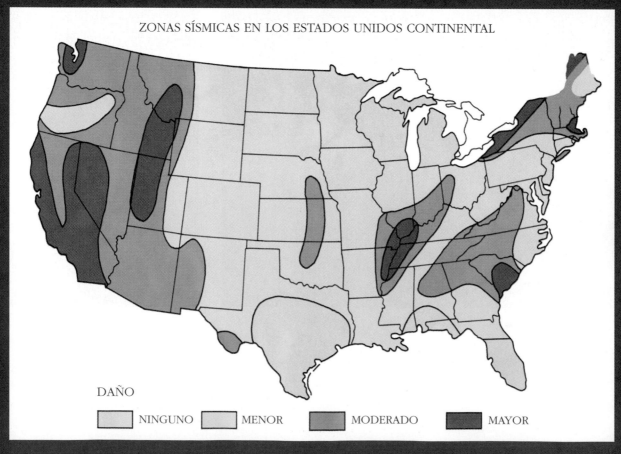

ZONAS SÍSMICAS EN LOS ESTADOS UNIDOS CONTINENTAL

DAÑO

NINGUNO   MENOR   MODERADO   MAYOR

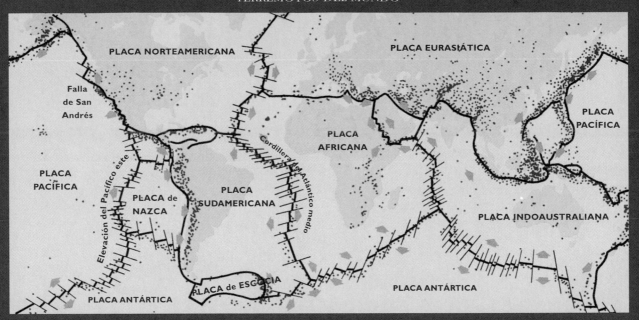

Este mapa muestra las placas de la corteza terrestre. Los puntos rojos indican los lugares donde han ocurrido terremotos.

las profundidades de la tierra. La corteza de roca sólida de la tierra flota sobre el manto, una capa de roca muy pesada y derretida, de 1,800 millas de espesor, que se mueve hacia arriba, hacia abajo y alrededor. Con el paso de los años, estos movimientos han quebrado la corteza, como si fuera un cascarón de huevo, en varias piezas gigantescas llamadas placas.

Las placas flotan despacio sobre el manto a una velocidad de cuatro pulgadas al año. Cuando las placas se mueven, chocan unas con otras o se alejan unas de otras y producen una tensión enorme a lo largo de los bordes de las rocas. Los Estados Unidos y Canadá se encuentran sobre la placa norteamericana, que avanza lentamente hacia la placa pacífica. El choque de las dos placas es lo que causa la mayor parte de los terremotos en la costa occidental. Pero los terremotos pueden ocurrir en cualquier sitio donde haya presiones en las rocas que están bajo la superficie.

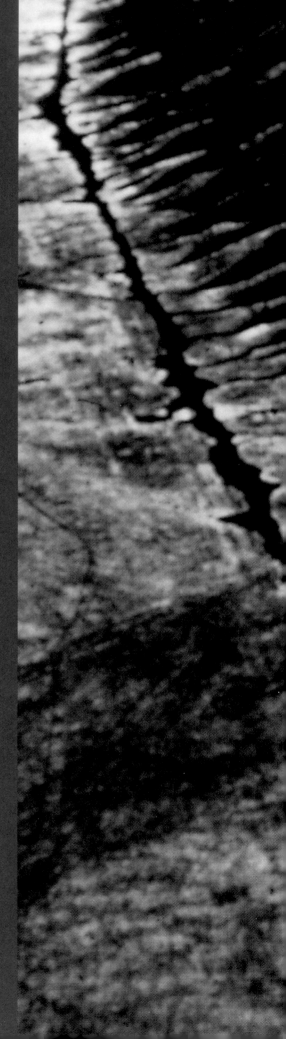

La Falla de San Andrés separa la placa norteamericana de la pacífica. Recorre setecientas millas a lo largo del sur de California hasta justo al norte de San Francisco, donde se hunde bajo el océano Pacífico. En este largo recorrido, pasa por debajo de casas y represas, a través de desiertos y terrenos agrícolas, y por ciudades y pueblos donde viven más de 20 millones de personas. Docenas de terremotos menores y de fuerza mediana tienen lugar a lo largo de esta falla todos los años. Los científicos opinan que un terremoto enorme y mortal ocurrirá en la Falla de San Andrés antes del final de este siglo.

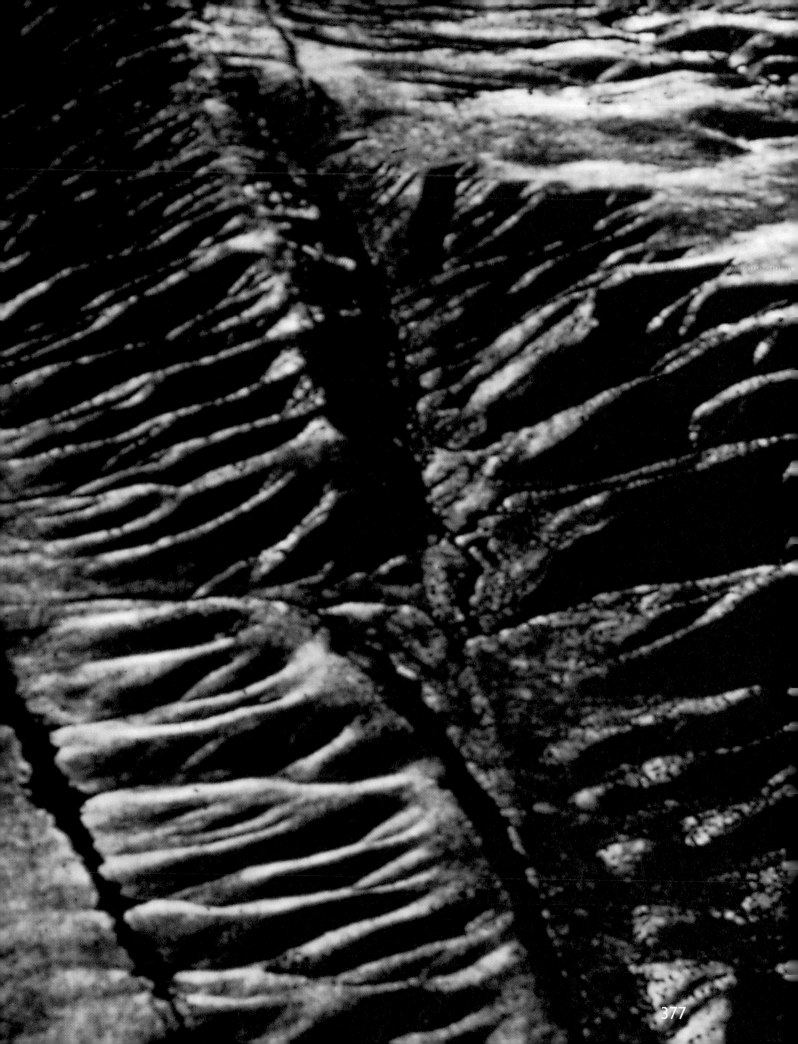

El terremoto de San Francisco en 1906 fue uno de los terremotos más violentos que se han registrado. Este gigantesco terremoto se dejó sentir en un área de 375,000 millas, más del doble del tamaño de California. Más de tres mil personas perdieron la vida en el terremoto y en los incendios que provocó. Esta foto (arriba) muestra San Francisco en llamas unas horas después del terremoto. Los incendios destruyeron 28,000 edificios en la ciudad.

Esta cerca (derecha) se rompió y se separó ocho pies por el movimiento de la Falla de San Andrés durante el terremoto de 1906. Además del extenso movimiento de tiro lateral (de lado a lado) a lo largo de la falla, hubo también un tiro de descenso (hacia arriba y hacia abajo) de hasta tres pies en algunos lugares.

¿Qué se hace para medir y comparar la magnitud de los terremotos? La fuerza no puede ser juzgada solamente por el daño que causa a los edificios o por el número de víctimas. Un terremoto mediano que ocurre cerca de una gran ciudad puede causar más daños que uno mayor en un área poco poblada.

Los sismógrafos son instrumentos que los científicos usan para medir los terremotos. Un sismógrafo moderno (abajo) puede medir un temblor pequeño que ha ocurrido a miles de millas. El temblor queda registrado como una línea ondulante, trazada sobre un tambor que gira. A mayor temblor, más ondulación de la línea.

Hay cientos de estaciones sismográficas en todo el mundo que registran la llegada de las ondas de un terremoto. Los científicos usan las medidas para determinar la fuerza del terremoto, su foco subterráneo y su epicentro, es decir, el lugar en la superficie justo encima del foco.

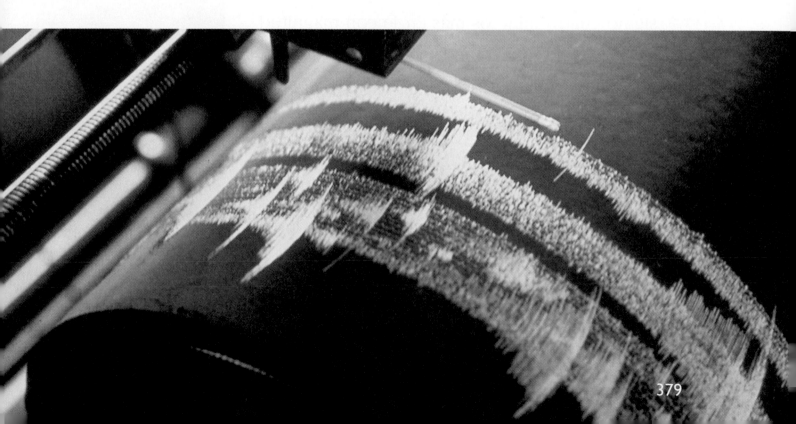

Los científicos usan la escala de Richter para medir la magnitud de los terremotos, o la cantidad de energía que liberan. Cada número en la escala de Richter representa un terremoto que es diez veces más fuerte que el del número anterior. Casi no notarías un temblor de magnitud 2, pero el de magnitud 3 es diez veces mayor y se puede sentir fácilmente. La escala no tiene límite superior, pero un terremoto de magnitud 6 ó mayor se considera un terremoto de gran intensidad.

El terremoto de Armenia del 7 de diciembre de 1988 midió 6.9, y uno secundario lo siguió cuatro minutos más tarde con magnitud de 5.8. Durante los meses siguientes docenas de terremotos sacudieron la zona. El terremoto y los temblores secundarios causaron decenas de miles de muertos y heridos, una destrucción terrible y dejaron a más de medio millón de personas sin hogar.

Los científicos usan otra escala para medir los efectos de un terremoto. La escala de intensidad de Mercalli usa observaciones de los daños causados por el terremoto para clasificarlo en una escala que va del I, donde los efectos casi no se notan, hasta el XII, donde los daños son totales y la tierra se mueve con grandes ondulaciones. Generalmente, la intensidad es mayor cerca del centro del terremoto y menor según se va alejando del centro. Pero hay otros factores, como el tipo de tierra del área y la construcción de los edificios, que también son importantes.

Por ejemplo, el terremoto que sacudió la zona de San Francisco en octubre de 1989 (durante la Serie Mundial de béisbol) midió 7.1 en la escala de Richter. En la escala de Mercalli midió de X a XI en el distrito de la Marina, donde las casas estaban construidas sobre tierra suelta, pero solamente VI o VII en otras partes de la ciudad donde las casas sufrieron daños mucho menores.

La arena a veces burbujea durante los terremotos; escupe agua y tierra como pequeños volcanes de barro. Estos "hervideros de arena" son particularmente peligrosos para los edificios. En sitios donde el agua está cerca de la superficie, las capas de arena se transforman en arena movediza y las estructuras se derrumban. Durante el terremoto de 1989 de San Francisco, los hervideros de arena brotaron en sótanos, jardines y debajo de las casas por todo el distrito de la Marina.

Estos edificios de apartamentos en Niigata, Japón, se derrumbaron como consecuencia del terremoto de 1964. Los edificios se inclinaron porque la tierra debajo de sus cimientos se convirtió en arena movediza. Alrededor de un tercio de la ciudad se hundió hasta un máximo de seis pies cuando el suelo se hundió.

La tarde del 27 de marzo de 1964, día de Viernes Santo, la ciudad de Anchorage en Alaska fue sacudida por el terremoto más violento que se ha registrado en los Estados Unidos. Midió 8.4 en la escala de Richter. La escuela de Government Hill se partió en dos cuando el terreno donde estaba situada se hundió. Las casas empezaron a deslizarse, las grietas en el pavimento se abrieron y se cerraron como enormes mandíbulas y el terreno se agitó en enormes ondas. En los primeros tres días después del terremoto, trescientos temblores secundarios sacudieron los edificios que quedaron en pie.

El terremoto del Viernes Santo produjo otro tipo de destrucción a lo largo de la costa. El foco del terremoto estaba bajo las aguas de la bahía del Príncipe William en el golfo de Alaska. El terremoto fue como una enorme pala que revolvió las aguas.

Unas olas enormes producidas por el terremoto, llamadas tsunamis, abatieron la costa durante horas. Toda una sección de la costa en el puerto de Seward se desprendió y cayó al océano. Los barcos se hundieron, los edificios se derrumbaron y todo quedó en confusión y enredo.

Las tsunamis se desplazaron por el Pacífico con velocidades de cientos de millas por hora; llegaron hasta Hawai e incluso hasta Japón, localizado a cuatro mil millas de distancia.

Los científicos han aprendido mucho sobre los terremotos y sus efectos. Pueden medir los temblores más mínimos

a lo largo de las fallas. Pero necesitamos saber mucho más sobre los terremotos antes de poder predecir con semanas y aun días de anticipación cuándo va a ocurrir uno importante. Hasta entonces, diseñar edificios apropiadamente puede ayudar a disminuir sus efectos. Sabemos, por ejemplo, que las casas en zonas donde ocurren terremotos deben construirse sobre roca sólida y no sobre arena. En California y en Japón, las casas nuevas se diseñan de modo que resistan los terremotos.

También ayuda saber qué hacer cuando ocurre un terremoto. Si estás dentro de la casa, debes meterte debajo de una mesa pesada, un escritorio o una cama. Mantente alejado de las ventanas, los espejos o los armarios altos. Si estás en un edificio alto, no uses los ascensores o las escaleras. Si estás en la calle, aléjate de los edificios altos, paredes, postes de luz y otros objetos altos. Si es posible, colócate en un área libre de edificios o construcciones. Sobre todo, trata de permanecer tranquilo y no preocuparte. Las posibilidades de resultar herido en un terremoto son mínimas.

¡IDEAS QUE MUEVEN LA TIERRA!

Discútelo

Tiembla y tiembla

¿Te temblarán las rodillas? ¿Te temblarán los dientes? ¿Empezará a temblar el suelo bajo tus pies? Si no has estado nunca en un terremoto, reúnete con unos compañeros de clase y discute cómo uno se siente durante un terremoto. Si has estado en uno, cuéntales a tus amigos qué sentiste.

Transmite un reportaje

Testigo en el epicentro

¡Cubre en directo una gran catástrofe que agita la tierra! Escribe un informe de prensa describiendo uno de los terremotos mencionados en esta selección. Usa una grabadora de audio o de vídeo para entrevistar a tus compañeros de clase que actuarán como testigos. Luego, transmite tu informe al resto de la clase.

Una gran falla

Ponte en la onda creando tu propio terremoto. Usa arcilla para crear un modelo tridimensional que muestre lo que pasa a lo largo de una falla durante un terremoto. Usa el diagrama de la página 372 para ayudarte.

Concurso de demolición

Si un terremoto tuviera que competir con un tornado en un concurso de demolición, ¿cuál de los dos desastres ganaría? Haz una tabla que compare y contraste los daños producidos por los terremotos y los tornados para encontrar la respuesta.

LOS VOLCANES

Un informe investigativo por Álida Verduzco

¿Te gustaría vivir cerca de un volcán? Cuando hizo la investigación para su informe, Álida descubrió que las erupciones volcánicas pueden tener efectos tanto negativos como positivos.

Álida Verduzco
Escuela Elemental Olive Street
Porterville, California

—Lo más difícil fue obtener todos los datos —dijo Álida luego de escribir este informe en el quinto grado—. Debía decidir qué partes de los libros me servirían. Me sentí muy orgullosa cuando terminé, y aprendí muchas cosas que no sabía sobre los volcanes.

Álida también ha escrito leyendas y ensayos. Disfruta de dibujar y colorear, de hacer actividades de arte y artesanías, y de los deportes. Ha considerado ser abogada, maestra de matemáticas, artista o científica.

CD-ROM

Los volcanes

Los volcanes han ocasionado algunos de los peores desastres del mundo, pero según pueden ser dañinos, también pueden ser beneficiosos para las cosas vivas. Los volcanes son aberturas en la corteza de la Tierra. La Tierra tiene tres capas; la del centro es el núcleo. Después del núcleo, hay una capa que se llama el manto. Luego, la capa de afuera es la corteza. La corteza es como la piel de una naranja, aunque en algunos lugares es gruesa y en otros es fina.

En algunos sitios la corteza es tan delgada que se raja. "En el presente la corteza está quebrada de manera que forma una docena de pedazos grandes. Cada uno de esos pedazos se llama placa. Las aberturas hacen que la corteza terrestre parezca un huevo gigante que acaba de ser quebrado con una cuchara".(1)

La mayoría de los volcanes se forman en áreas donde la corteza es muy fina. Por ejemplo, hay una línea de volcanes que forma un círculo alrededor del océano Pacífico y se llama el Anillo de Fuego del Pacífico. Si miras un mapa de volcanes verás que la mayoría de los volcanes están junto al océano Pacífico. ¡Hasta puedes encontrar volcanes en el fondo del océano!

Los volcanes se forman por fuerzas de la Tierra que los científicos no pueden explicar o comprender totalmente, pero algunos científicos creen que la piedra del manto de la Tierra está muy caliente y hasta se derrite. Esta piedra se llama magma. El magma contiene roca derretida y gases. Este magma derretido trata de burbujear y escapar, como cuando pones agua a hervir y trata de salirse de la olla. Pero el magma no puede escaparse tan fácilmente, porque la corteza está en su camino. Así que el magma empuja hacia afuera por la parte de la corteza que está fina y estrellada como la cáscara de un huevo. El magma que se está moviendo hace que las quebraduras de la corteza se separen o se junten hasta crear una abertura. Luego el magma se escapa por la abertura. Ya no se llama magma, sino lava. La lava sale por la abertura de la corteza. No sólo sale lava por la abertura, sino que, a veces, salen vapor, gases y rocas. Las rocas que salen de un volcán se llaman bombas volcánicas. Cuando la lava se enfría, a veces crea una figura de un cono boca abajo. Pero no todos los volcanes tienen forma de cono.

Los volcanes matan muchas cosas vivas. "Desde 1400 han matado a casi 200,000 personas".(2) Los volcanes también han destruido muchos edificios. A veces hasta destruyen ciudades. Un volcán que mató a muchas personas y enterró una ciudad fue el Vesuvio en Italia. "El Vesuvio hizo erupción en el año 79 d.C."(3) (d.C. quiere decir después del nacimiento de Jesucristo.) Cuando un volcán hace erupción tira para fuera muchos gases venenosos y cenizas que envenenan el aire que las personas, los animales y las plantas necesitan para respirar. También la lava que un volcán tira para fuera puede quemar y matar a mucha gente.

Cuando un volcán hace erupción, avienta lava para fuera. Cuando esa lava se enfría en la tierra sirve como fertilizante para la tierra y las cosechas. También con el material de la lava se pueden hacer carreteras y otras cosas. "Los científicos han desarrollado formas para usar el vapor que existe en las áreas volcánicas del mundo. La mayoría de las casas en Reikiavik, Islandia, son calentadas con agua caliente que es conducida por tubería desde fuentes de calor subterráneas".(4)

Los volcane
dañan

En conclusión, los volcanes son aberturas en la corteza de la Tierra por donde salen disparados lava, cenizas, polvo, fragmentos de roca y gases. Los volcanes pueden hacer daño a la gente y a otras cosas vivas cuando hacen erupción, pero al mismo tiempo pueden ser beneficiosos.

Bibliografía

1. Knapp, Brian. World Disasters, Volcano. Austin: Steck, 1990.*
2. Cashman, Katharine V. "Volcano." World Book Encyclopedia. 1994.*
3. Thompson & Overbeck. Volcanoes: A First Fact Book. Minneapolis: Lerner, 1977.*
4. Wood, Jenny. Volcanoes: Fire From Below. Milwaukee: Gareth Stevens, 1991.*
5. Van Rose, Susanna. Volcanes. Madrid: Altea, 1993.

*Yo traduje las citas de estos libros para mi informe.

corteza
manto
núcleo exterio
núcleo interi

¿Cómo se forman los volcanes?

CÓMO TRUENO Y TERREMOTO HICIERON EL OCÉANO

contado por Joseph Bruchac

TRUENO vivía en Sumig.

Un día se preguntó: "¿Cómo puede vivir la gente si solamente hay praderas? Hay que poner el océano ahí". Y le dijo a TERREMOTO: —Quiero tener agua allí para que la gente pueda vivir. De lo contrario no tendrán nada para vivir. Y le dijo a TERREMOTO:

—¿Qué te parece?

TERREMOTO se puso a pensar. —Es cierto —le dijo—. Tendría que haber agua ahí. Veo el agua a lo lejos. Veo el agua. Está en Opis. Allí hay salmones y agua.

—Vete —le dijo TRUENO—. Vete con Martín Pescador, el que se sienta allí, al lado del agua. Vete y toma el agua que está en Opis. Trae el agua que tiene que venir aquí.

Entonces se fueron los dos, Martín Pescador y TERREMOTO. Se fueron a ver el agua. Se fueron a buscar el agua que estaba en Opis. Llevaban dos conchas de abulón que les había dado TRUENO. —Tengan estas conchas —les había dicho TRUENO—. Úsenlas para recolectar el agua.

Primero, Martín Pescador y TERREMOTO se fueron hacia el norte hasta llegar al fin del mundo. Allí TERREMOTO miró a su alrededor. "Esto va a ser fácil", pensó. "Creo que me va a ser fácil hundir esta tierra". Entonces TERREMOTO empezó a correr. Empezó a dar vueltas y la tierra se hundió. Se hundió allí, en el extremo norte del mundo.

Después Martín Pescador y TERREMOTO siguieron camino a Opis. Llegaron a donde acababa el agua. Hicieron que la tierra se hundiera según avanzaban. En Opis vieron todo tipo de focas y salmones. Vieron toda clase de animales y peces que podían comerse allí, en el agua en Opis. Y entonces tomaron agua en las conchas de abulón.

—Vámonos ahora al final del mundo que está al sur —dijo TERREMOTO—. Iremos allí y miraremos el agua. TRUENO, que está en Sumig, nos ayudará rompiendo los árboles. El agua se extenderá hasta el final del mundo que está al sur. Allí habrá salmones y peces de todas clases y focas en el agua.

Después de esto, Martín Pescador y TERREMOTO se volvieron a Sumig. Vieron que TRUENO había derribado todos los árboles. Se fueron los tres juntos hacia el norte. Según iban avanzando, hundían el suelo. La Tierra temblaba y temblaba, y las aguas lo inundaban todo mientras Martín Pescador y TERREMOTO vertían el agua de sus conchas. Martín Pescador vació su concha y el agua llenó la mitad del océano hacia el norte del mundo. TERREMOTO vació su concha y llenó la otra mitad del océano.

Según iban llenando el océano, las criaturas que serían comestibles se aglomeraban en el agua. Las focas llegaron como si las echaran a puñados. Nadaron en el agua y se dirigieron a la orilla. TERREMOTO hundió la tierra todavía más para hacer barrancos, y las ballenas vinieron nadando por los barrancos donde el agua era lo bastante profunda para que pudieran pasar. Los salmones llegaron deslizándose por el agua.

Los animales que eran de tierra, como los ciervos y los alces, las zorras y los visones, los osos y todos los demás, se fueron tierra adentro. Ahora estaban allí las criaturas de agua. TRUENO, Martín Pescador y TERREMOTO miraron el océano. —Esto es suficiente —dijeron—. Ahora la gente tendrá bastante para vivir. Todo lo que necesitan está ahí, en el agua.

Así es cómo la pradera se convirtió en océano. Fue así porque lo quiso TRUENO. Fue así porque lo quiso TERREMOTO. Hay todo tipo de criaturas en el océano porque TRUENO y TERREMOTO desearon que la gente viviera.

ACERCA DE JOSEPH BRUCHAC

Joseph Bruchac relata cuentos y es un poeta que mantiene las tradiciones de su herencia nativoamericana. Es miembro de los abenaki, "El pueblo de la tierra del alba", que viven en el Noreste de los Estados Unidos y en algunas partes de Quebec, Canadá. Bruchac descubrió su amor por escribir cuando estaba en la universidad. Desde entonces no ha dejado de escribir y de enseñar a otros cómo escribir.

Como escritor y maestro, Bruchac espera transmitir las tradiciones nativoamericanas de respeto a la tierra y al mundo natural. Su objetivo, dice, —es compartir mis percepciones del mundo bello, pero demasiado frágil, de la vida humana y de las cosas vivas.

La historia del

desastre del

Challenger

por Zachary Kent

En Concord, New Hampshire, la gente se
levantó muy animada. Era el 28 de enero de
1986, día en que el transbordador espacial
Challenger tenía que despegar para ponerse
en órbita. En la nave espacial iba una maestra
de Concord llamada Christa McAuliffe.
Aunque pilotos militares de los Estados Unidos, científicos e
incluso políticos habían hecho ese viaje con anterioridad,
McAuliffe era la primera ciudadana de los Estados Unidos, sin
otra calificación que la de ser maestra, que iba a hacer ese viaje
tan excitante.

A media mañana, los estudiantes llenaron el auditorio de
la Escuela Superior de Concord para presenciar por televisión
el lanzamiento del transbordador. Muchos llevaban sombreri-
tos de fiesta y soplaban silbatos para mostrar su alegría. Allí
estaban también periodistas y equipos de televisión, de pie
junto a las paredes, para tomar nota de tan feliz evento.

(Arriba) El prImer aterrizaje del *Challenger* en la Base Edwards de las Fuerzas Aéreas. (Derecha) Christa McAuliffe dando clase en Concord, New Hampshire

Mientras miraban la pantalla, los estudiantes se unieron a gritos a la cuenta regresiva: —¡... Tres... dos... uno... despegue! —gritaron cuando los cohetes levantaron el transbordador de la plataforma de lanzamiento. Estallaron aplausos y gritos espontáneos en el salón. Los estudiantes desplegaron una pancarta que decía "Estamos contigo,

Christa". El ruido continuó mientras el *Challenger* trazaba un arco en el aire, dejando atrás una estela espesa de humo. Con orgullo y admiración estos jóvenes miraban cómo su maestra se elevaba hacia el espacio.

Momentos más tarde, una llamarada inesperada cruzó la pantalla. —¡Silencio, todo el mundo!

—grito un maestro al darse cuenta de que algo no iba bien. El auditorio se quedó en silencio mientras una voz en la televisión anunciaba: —La nave ha explotado. —Las caras de los jóvenes miraban con incredulidad mientras sus sonrisas se convertían en lágrimas. Nadie

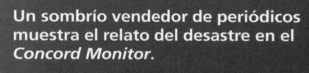

Un sombrío vendedor de periódicos muestra el relato del desastre en el *Concord Monitor.*

había soñado que una cosa tan horrible pudiera pasar. Más tarde, el director de la escuela, Charles Foley, muy apenado, contó a los periodistas: —Estábamos disfrutando del evento. Lo celebrábamos con ella. Entonces todo se detuvo. Eso es todo... simplemente se detuvo.

Cuando la tragedia empezó a tomar cuerpo, los estudiantes y los maestros regresaron llorando a sus salones de clases. En menos de una hora, el señor Foley los envió a casa. Fuera de la escuela, un periodista se acercó a un estudiante, Rusty Spalding, para preguntarle sobre su reacción ante la explosión.

—Atónito, completamente atónito —dijo el joven con lágrimas en los ojos—. Me sentí como si mi cuerpo hubiera explotado dentro de mí cuando lo vi. Nunca volveré a estar tan atónito como ahora.

Esa tarde millones de personas en todo el país compartían aquellos sentimientos de tristeza. En un instante pasmoso, la alegría y el triunfo se habían convertido en una pesadilla. En sus veinticinco años de exploración espacial, los Estados Unidos no habían sufrido nunca un

Virgil "Gus" Grissom (izquierda), Edward H. White (centro) y Roger B. Chaffee murieron cuando el fuego envolvió la nave espacial *Apollo 1* durante una prueba de despegue, el 27 de enero de 1967.

desastre peor que la pérdida del transbordador espacial *Challenger* y de los siete miembros de su tripulación.

Los primeros astronautas de los Estados Unidos comprendieron bien los peligros que engendraba un vuelo espacial. El veterano astronauta Walter Schirra, Jr., dijo una vez: ——Teníamos la impresión de que volábamos en la máquina más segura que se podía construir. Pero la posibilidad estaba siempre allí... Es una actividad peligrosa.

Después del 5 de mayo de 1961, el día en que Alan B. Shepard, Jr., se convirtió en el primer esta-

dounidense en el espacio, el programa de la Administración Nacional de Aeronáutica y del Espacio (NASA) siguió avanzando sin desgracias importantes. Después de los éxitos de los vuelos espaciales *Mercury* y *Gemini*, los Estados Unidos no estaban preparados cuando se produjo la primera tragedia, el 27 de enero de 1967. Ese día Virgil "Gus" Grissom, Edward H. White y Roger B. Chaffee se estaban entrenando para la primera misión del programa *Apollo* de la NASA. Los tres pilotos estaban sentados en la cápsula espacial situada encima de un cohete *Saturn* en la plataforma

Neil Armstrong camina por la luna.

de lanzamiento de Cabo Cañaveral, Florida. Después de unos pocos minutos de entrenamiento, la voz horrorizada de Gus Grissom llamó a la sala de Control de la misión: —¡Fuego! ¡Hay fuego en la cabina de pilotaje! —A los catorce segundos, otra voz, probablemente la de Roger Chaffee, gritó: —¡Tenemos un fuego incontrolable! ¡Sáquennos de aquí! ¡Nos estamos quemando!

El humo y las llamas salían de la cápsula. Cuando los técnicos llegaron a ayudarlos, los tres astronautas habían muerto de quemaduras y asfixia.

La tragedia del *Apollo*, causada por unos cables defectuosos que produjeron chispas en el aire de oxígeno puro de la cápsula, detuvo el programa espacial de los Estados Unidos por más de veinte meses. Por fin, los vuelos del *Apollo* prosiguieron, y el *Apollo 11* alunizó exitosamente el día 20 de julio de 1969. —Esto es un paso pequeño para un hombre, pero un paso gigantesco para la humanidad —anunció Neil Armstrong al convertirse en el primer ser humano que puso pie en la luna. En aquel momento maravilloso, la NASA volvió a ganar la confianza de los estadounidenses en sus proyectos.

Los estadounidenses no eran los únicos que arriesgaban sus vidas explorando el espacio. En la historia de su programa espacial, la Unión Soviética sufrió también dos trágicos accidentes. El 24 de abril de 1967, la cápsula espacial *Soyuz 1* se estrelló al reentrar en la atmósfera. Su paracaídas no se abrió y el cosmonauta Vladimir Komarov murió. Más tarde, el 29 de junio de 1971, los cosmonautas Georgi Dobrovolsky, Vladislav Volkov y Viktor Patsayev murieron de repente al reentrar el *Soyuz 11*. En su retorno a la tierra, la cápsula perdió presión debido a un sello defectuoso y los tres valerosos hombres murieron asfixiados.

Sin darse por vencida, la NASA siguió adelante con la certeza de que el programa espacial de los Estados Unidos podía resolver cualquier problema que se le presentara. La NASA se preparó para el siguiente gran paso en la exploración del espacio. En 1972, el presidente Richard Nixon autorizó el desarrollo de un transbordador espacial. Durante los nueve años siguientes, los científicos e ingenieros crearon una nave espacial que les permitía a los astronautas que estaban en la órbita terrestre aterrizarla como un avión en una pista de aterrizaje. Este transbordador reusable de estructura sólida, medía 120 pies de largo desde la punta del fuselaje a la cola y 80 pies de punta a punta de sus alas en forma de delta. Cuando

> SIN DARSE POR VENCIDA, LA NASA SIGUIÓ ADELANTE CON LA CERTEZA DE QUE EL PROGRAMA ESPACIAL DE LOS ESTADOS UNIDOS PODÍA RESOLVER CUALQUIER PROBLEMA QUE SE LE PRESENTARA.

el transbordador *Columbia*, pilotado por John Young y Robert Crippen, fue puesto en órbita el 12 de abril de 1981, marcó el principio de una nueva era para los vuelos espaciales. El transbordador demostró ser valioso en vuelos consecutivos al lanzar satélites de comunicación desde su compartimiento de carga de 60 por 15 pies. Su equipo científico realizó experimentos ecológicos e industriales de gran valor, tales como la creación de mapas de las áreas de inundaciones y de contaminación del aire, y la mezcla de elementos químicos en la ausencia de gravedad del espacio.

El 4 de abril de 1983, la NASA puso en órbita con éxito su segundo transbordador, el *Challenger*. Más aerodinámico que el *Columbia*, el *Challenger* pronto demostró ser la bestia de carga de los transbordadores. Aunque el *Discovery* y el *Atlantis* se unieron más tarde a la flota, la NASA volvió a usar una y otra vez el *Challenger*. Con sus continuos aterrizajes en la Base Aérea Edwards en California, el *Challenger* siempre ofrecía un espectáculo glorioso. En su segundo viaje, el 18 de junio de 1983, el *Challenger* llevó al espacio a la primera mujer estadounidense,

Sally Ride. Guion Bluford, el primer astronauta negro de este país, voló con la tripulación de la tercera misión del *Challenger*.

En el verano de 1984, el presidente Ronald Reagan anunció que la primera persona del Programa de Participación en los Vuelos del Espacio de la nación sería un maestro. En medio de una gran animación, más de once mil educadores estadounidenses solicitaron el puesto. La NASA consideró cuidadosamente todas las solicitudes, reduciendo los solicitantes a diez finalistas. El 19 de julio de 1985, en una ceremonia en la Casa Blanca en Washington, el vicepresidente George Bush designó a Christa McAuliffe, de treinta y seis años, para ser la "primera pasajera civil en la historia de los vuelos espaciales". Emocionada por su selección, McAuliffe le dio las gracias diciendo: —No es frecuente que una maestra se encuentre sin palabras.

De inmediato, el país entero quiso saber todo sobre la afortunada maestra de estudios sociales y seguir sus actividades. Un administrador de la NASA dijo a los periodistas: —Su entusiasmo es muy contagioso. Es la persona perfecta para esta misión. —Sus amigos y sus estudiantes estaban de acuerdo—. Es la clase de persona

Christa McAuliffe y sus hijos responden a la gente que le desea éxito durante un desfile en Concord, New Hampshire.

que podría volver y relatarlo de una manera que sus estudiantes entenderían —dio a conocer el señor Foley, director de la Escuela Superior de Concord. En su solicitud, McAuliffe decía que su deseo era escribir un diario de vuelo que pudiera "humanizar la tecnología de la Edad del Espacio" para los estudiantes. Creía que su experiencia como pionera de los viajes espaciales podría compararse algún día con las de los pioneros que viajaron hacia el Oeste en carromatos Conestoga. —Tengo la esperanza de que los estudiantes se entusiasmen con la Edad del Espacio al verme a mí, una persona corriente, allá en lo alto, en el espacio —dijo a un periodista.

En su viaje de vuelta a Concord, la ciudad recibió a McAuliffe con un desfile. Los periódicos de todo New Hampshire publicaron artículos sobre ella. Equipos de camarógrafos visitaron la modesta casa en la que vivía con su marido abogado y sus dos hijos. En todo este tiempo su entusiasmo quedó intacto. —No puedo comprender por qué la gente está tan excitada y orgullosa —exclamaba alegremente.

Por fin llegó el momento de que McAuliffe empezara su entrenamiento en el Centro Espacial Johnson de Houston, Texas. Despedirse de sus hijos le fue difícil.

—No quiero que se vaya al espacio, porque quiero que se quede conmigo en casa —dijo Caroline, su hija de cinco años.

—Hasta la vuelta, muñeca —se despidió cariñosamente Christa McAuliffe de su hija al salir para el aeropuerto. En su equipaje iba una rana de peluche llamada Fleegle; había prometido a su hijo de nueve años, Scott, que la llevaría al espacio en su nombre.

En el Centro Espacial Johnson, los técnicos de la NASA prepararon a McAuliffe para su misión en el *Challenger*. Día tras día estudiaba manuales de entrenamiento para aprender sobre la vida en el espacio. Leyó sobre los procedimientos para hacer frente a accidentes del espacio y sobre aterrizajes de emergencia. Vestida con el uniforme de vuelo azul brillante de la NASA, experimentó la falta de gravedad en el jet de entrenamiento de la agencia del espacio y pasó muchas horas en el aire. En las comidas, comía a veces alimentos especialmente empaquetados tal como los tomaría en el espacio. También pasó mucho tiempo estableciendo una relación amistosa con sus compañeros de tripulación.

Las seis personas que iban a compartir con Christa McAuliffe el décimo viaje espacial eran pilotos altamente cualificados y

Christa experimenta la falta de gravedad con sus compañeros astronautas.

El comandante Francis "Dick" Scobee

El piloto del *Challenger* Michael J. Smith

reconocidos científicos que formaban una muestra representativa de los Estados Unidos. El comandante de la misión, Francis "Dick" Scobee, de cuarenta y seis años, ya había volado una vez en el *Challenger*. En el viaje de 1984, la tripulación había reparado un satélite solar en el espacio. Nacido en Cle Elum, Washington, Scobee ascendió en las escalas de mando de las Fuerzas Aéreas. Su expediente de vuelo incluía más de 6,500 horas de vuelo en cuarenta y cinco tipos de naves aéreas. Antes de unirse al programa de astronautas en 1978, Scobee pilotaba el Boeing 747 que llevaba sobre su estructura el transbordador *Enterprise* entre la pista de aterrizaje y la plataforma de lanzamiento.

El capitán de la Marina, Michael J. Smith, era también un piloto veterano, pero no había estado nunca en el espacio. Era de Beaufort, Carolina del Norte, y tenía cuarenta años. Se había incorporado con entusiasmo a la oportunidad de formar parte de la tripulación del *Challenger*. Graduado de la Academia Naval de los Estados Unidos, Smith pilotó aviones de reacción *A-6 Intruder* desde el portaviones *Kitty Hawk* durante la guerra de Vietnam. Por sus servicios en combate había recibido muchos honores militares de alto nivel. Después de cinco años en el programa de astronautas, la NASA eligió a Smith como piloto del *Challenger*.

La doctora Judith A. Resnik, de treinta y seis años, era una veterana del espacio. En 1984 se convirtió en la segunda mujer de los Estados Unidos en el espacio y en la primera astronauta judía. Cuando el transbordador *Discovery* llegó a su órbita, la entusiasta Resnik comentó por la radio: —¡La tierra se ve fantástica! —Cuando se formó hielo en el costado del transbordador, Resnik utilizó el largo brazo robot de la nave para romper un trozo. Junto con el resto de la tripulación del *Discovery*, Resnik pasó 144 horas y 57 minutos en el espacio. La NASA eligió a esta nativa de Akron, Ohio, entrenada como ingeniera eléctrica, para ser una de los tres especialistas de la misión en el vuelo del *Challenger*.

Otro especialista era el doctor Ronald E. McNair, de treinta y cinco años de edad. Cuando este físico experto en rayos láser participó en un vuelo espacial en 1984, se convirtió en el segundo negro de los Estados Unidos que había viajado al espacio. Educado en Lake City, Carolina del Sur, durante los difíciles años 50 y 60, McNair aprendió a no permitir que los prejuicios raciales interfirieran en el logro de sus objetivos. Esto consistía en "intentar un poco más, luchar un poco más para llegar a lo que quizás uno merezca", recordaba.

La especialista de la misión
Judith A. Resnik

El especialista de la misión
Ronald E. McNair

El especialista de la misión
Ellison S. Onizuka

El especialista de carga
Gregory B. Jarvis

Con un título superior del Instituto de Tecnología de Massachusetts (MIT), McNair se unió al programa de los astronautas en 1978. McNair debía lanzar una pequeña plataforma científica que estudiaría el cometa Halley desde el *Challenger*, mientras se encontraba en órbita.

El teniente coronel de las Fuerzas Aéreas Ellison S. Onizuka tuvo su primera experiencia en el espacio en enero de 1985, cuando el transbordador *Discovery* hizo un vuelo militar secreto. La NASA lo eligió para ser el tercer especialista de la misión del *Challenger*. En su niñez en Kealakekua, Kona, Hawai, este ingeniero aeroespacial de treinta y nueve años soñaba con ser explorador del espacio. Para el viaje del *Challenger*, Onizuka, estadounidense de origen japonés, explicó: —Observaré el cometa Halley... Me dicen que tendré una de las mejores vistas que se puede tener.

Quizás el miembro más entusiasta de la misión era el especialista de carga Gregory B. Jarvis. Aunque había sido elegido para dos misiones anteriores, Jarvis primero había perdido su puesto para que volara el senador de Utah, Jake Garn. Garn fue el primer miembro del Congreso en el espacio, al volar en el *Discovery* en abril de 1985. Más tarde, la

NASA desplazó a Jarvis de nuevo para permitir que el congresista por Florida, Bill Nelson, participara en el viaje más reciente del *Columbia*. Por fin parecía que el ingeniero de la empresa Hughes Aircraft tendría la oportunidad de volar con la tripulación del *Challenger*. Era de Mohawk, Nueva York, y a sus cuarenta y un años planeaba pasar los seis días en órbita estudiando líquidos fuera de la gravedad, y pensando en cómo mejorar la construcción de los satélites.

La NASA también le asignó a Christa McAuliffe algunas tareas adicionales. Desde el espacio, esta maestra transmitiría en vivo por televisión dos lecciones a los niños de las escuelas de la nación. La primera explicaría las asignaciones de la tripulación, y la segunda, el propósito de la exploración del espacio. Según se acercaba la fecha del lanzamiento, un periodista le preguntó a McAuliffe si tenía miedo.

Christa McAuliffe

Finalmente la tripulación del *Challenger* voló a Cabo Cañaveral para preparar el lanzamiento del 25 de enero de 1986. Esperaron con ansiedad las condiciones favorables del tiempo.

Aquel sábado, la NASA aplazó el vuelo por las malas condiciones

---

SEGÚN SE ACERCABA LA FECHA DEL LANZAMIENTO, UN PERIODISTA LE PREGUNTÓ A MCAULIFFE SI TENÍA MIEDO. —TODAVÍA NO —CONTESTÓ.

—Todavía no —contestó—. Quizás cuando me encuentre atada con los cinturones de seguridad, y los cohetes se pongan en marcha debajo de mí. Entonces quizás sí, pero hoy día el vuelo espacial parece seguro.

de la pista de aterrizaje en África. El domingo, los responsables del vuelo anularon un segundo intento porque el pronóstico del tiempo en Florida era malo. El lunes, los vientos fuertes hicieron el lanzamiento poco seguro. Después de esperar cinco horas con los cinturones de seguridad puestos, los siete miembros de la tripulación recibieron la noticia de su tercer aplazamiento.

Por fin, el 28 de enero de 1986 amaneció claro y frío en Florida. Aunque había carámbanos de hielo en el transbordador, la NASA parecía estar segura esta vez. —Hoy nos vamos —dijo sonriente Christa McAuliffe a los periodistas cuando los astronautas salieron hacia la torre de lanzamiento. Mientras se ponían los uniformes para entrar en el transbordador, un técnico de la NASA muy contento le ofreció a la maestra una manzana para desearle buena suerte. Después de dos horas de retraso, el lanzamiento parecía dispuesto para la cuenta regresiva a las 11:38 de la mañana.

En tierra, miles de espectadores con prismáticos y cámaras fotográficas estaban preparados para ver cómo el *Challenger* se disparaba hacia el espacio. Amigos y parientes de los miembros de la tripulación estaban en las gradas contemplando el magnífico transbordador. Dieciocho compañeros de clase de tercer grado de Scott McAuliffe ondeaban una pancarta que decía: "Adelante,

(Primera fila) Michael J. Smith, Francis R. Scobee, Ronald E. McNair
(Segunda fila) Ellison S. Onizuka, Christa McAuliffe, Gregory B. Jarvis, Judith A. Resnik

La NASA seguía al *Challenger* desde la sala de Control de la misión del Centro Espacial Johnson en Houston, Texas.

Christa". Todo el mundo podía oír por los altavoces la voz del Control de la misión y del delegado de relaciones públicas.

—Despegue menos 10, 9, 8, 7, 6, tenemos el motor principal en marcha, 4, 3, 2, 1. Lanzamiento. Sale el transbordador en su misión número veinticinco; ya ha pasado la torre.

Con los motores echando llamaradas, el *Challenger* subió rápidamente y se alejó. Sus cohetes dejaban atrás nubes de humo, y el transbordador tomó velocidad.

—Velocidad de 2,257 pies por segundo —anunció el altavoz. Los espectadores forzaban la vista para ver el avance de la nave espacial.

—*Challenger*, avance con el acelerador a fondo —ordenó el Control de la misión.

—*Roger*, avanzamos con el acelerador a fondo —respondió la voz del comandante Scobee.

De repente, setenta y cuatro segundos después de que el transbordador había dejado el suelo, el cielo se iluminó con una impresionante bola de fuego blanco-naranja. La gente miraba confundida cómo los cohetes de la derecha y de la izquierda caían girando sin control después de la explosión.

—Los controles de vuelo están considerando cuidadosamente la situación —informó al público el delegado de relaciones públicas. Luego, tras una larga pausa, anunció solemnemente: —Tenemos que comunicar... que la nave ha explotado.

Los espectadores del Centro Espacial Kennedy contemplan desconcertados e incrédulos la explosión del transbordador espacial.

Compañeros y seres queridos de la tripulación temblaban de dolor en la plataforma de observación. Después de cincuenta millones de millas de viaje del transbordador sin ningún accidente, el peor desastre acababa de ocurrir delante de sus ojos. Muchos no podían creerlo todavía. Algunos siguieron mirando al cielo con esperanza. Otros empezaron a sollozar abiertamente y se abrazaban. Poco a poco abandonaron la plataforma.

Siete millas al oeste de Cabo Cañaveral un barco guardacostas se balanceaba suavemente en el agua.

El *Point Roberts*, con su tripulación de diez hombres, permanecía esperando debajo de la ruta de vuelo del *Challenger*. Los tripulantes estupefactos vieron caer en el océano durante una hora fragmentos pequeños del transbordador. —Nos quedamos atónitos —explicó el teniente John Philbin. Al poco tiempo, la NASA ordenó al *Point Roberts* que recogiera todos los restos que pudiera encontrar. Otros barcos y aviones se unieron rápidamente a la búsqueda, pero con poca esperanza de encontrar con vida a ninguno de los miembros de la tripulación.

(Izquierda) La bandera de los Estados Unidos ondea a media asta en el Centro Espacial Kennedy el 28 de enero. (Arriba) Una jovencita llora sin consuelo durante la misa de recuerdo en la ciudad de Clear Lake City, Texas, el 29 de enero.

humano no morirá —recordó a los que la escuchaban—. En esa explosión e incendio, esa energía volverá a nacer en otros jóvenes de ambos sexos cuando lean lo que ha pasado y aprendan de ello.

Cualquiera que fuera la razón de la tragedia, la nación lloró la pérdida al conocer las noticias. En

Otros líderes de los Estados

—AHORA SUS NOMBRES SON HISTORIA.

---

todo el país las campanas de las iglesias doblaban y los ciudadanos pusieron sus banderas a media asta. En Washington, D.C., el capellán de la Cámara de Representantes rezó una plegaria. En el podio de la Cámara de Representantes, la congresista Lynn Martin les dedicó una alabanza a los siete caídos.

—Ahora sus nombres son historia. Pero esa energía del espíritu

Unidos se unieron también a la expresión de condolencia. El veterano astronauta y senador John Glenn se lamentó: —Éste es un día que hemos logrado evitar durante un cuarto de siglo... Y finalmente ha llegado. Habíamos esperado evitar este día para siempre.

Con lágrimas en los ojos, el senador Garn habló de su confianza en el programa espacial. —Yo

El presidente y la señora Reagan consuelan a los miembros de las familias de la tripulación en el servicio conmemorativo del Centro Espacial Johnson.

volvería a subir mañana. Si la NASA me dejara subir, yo subiría de nuevo.

El vicepresidente Bush voló a Cabo Cañaveral para encontrarse con las atribuladas familias de los miembros de la tripulación. Después comentó: —No debemos nunca, ni como individuos ni como nación, dejar de explorar, dejar de tener esperanza, dejar de descubrir. Debemos seguir adelante.

El desastre del transbordador afectó enormemente al presidente Reagan. Canceló sus planes para su mensaje anual del Estado de la Unión que tenía preparado para aquella noche, y en su lugar se dirigió a la nación aquella tarde. En un discurso televisado desde el Despacho Ovalado, el presidente declaró: —Hoy lloramos a siete héroes... Lloramos su pérdida todos juntos como una nación.

—Queridos familiares de los siete, no podemos entender toda la gravedad de esta tragedia tan bien como ustedes, pero sentimos la pérdida y todos nuestros pensamientos están con ustedes. Sus seres queridos... tenían ese espíritu especial que dice "Dame un reto y le haré frente con alegría". Estaban ansiosos de explorar el universo y descubrir sus verdades. Deseaban servir y lo hicieron; nos han servido a todos.

El presidente explicó a los niños de las escuelas: —Sé que es difícil de entender que a veces ocurren cosas penosas como ésta. Forma parte del proceso de explorar y de descubrir; forma parte del riesgo y de la necesidad de ampliar el horizonte del ser humano. El futuro no es de los tímidos. El futuro pertenece a los valientes... La tripulación del transbordador espacial *Challenger* nos honra por la manera de haber vivido sus vidas. No podremos olvidarlos nunca, y tampoco podremos olvidar la última vez que los vimos esta mañana, cuando se preparaban para su viaje y nos decían adiós con la mano y "dejaron atrás los ariscos lazos de la tierra para tocar la faz de Dios".

Tres días después de la tragedia, un grupo de gobernadores, congresistas, diplomáticos extranjeros, ingenieros y técnicos de la NASA se reunieron en Houston. Más de quince mil personas se congregaron en la pradera del Centro Espacial Johnson para celebrar un funeral nacional. Una banda de música de las Fuerzas Aéreas tocaba suavemente himnos patrióticos. Entonces, el presidente Reagan se levantó para hablar de nuevo a ese grupo.

—Lo que podemos decir hoy es solamente una expresión inadecuada de lo que llevamos en nuestros corazones —dijo—. Las palabras son un pálido reflejo de nuestro dolor... Lo mejor que podemos hacer es recordar a nuestros astronautas, nuestros Siete del

Los féretros de la tripulación del *Challenger* llegan a la Base Aérea Dover en Delaware.

Challenger... Recordamos a Dick Scobee... Michael Smith... Judith Resnik... Ellison Onizuka... Ronald McNair... Gregory Jarvis... Recordamos a Christa McAuliffe, que capturó la imaginación de toda la nación.

Dirigiéndose a sus familias, continuó: —El sacrificio de sus seres queridos ha conmovido el alma de nuestra nación y a través de su pena, nuestros corazones se han abierto a una profunda verdad: el futuro no es gratuito, la historia de todo el progreso humano es una de lucha contra la adversidad... Nuestros siete viajeros a las estrellas... respondieron a una llamada que estaba más allá de la obligación.

Con palabras de esperanza, el presidente prometió: ——El hombre continuará en su conquista del espacio, para alcanzar nuevas metas y mayores logros. Ésta es la manera en que conmemoraremos a nuestros siete héroes del *Challenger*.

Cuando el presidente volvió a su asiento, cuatro aviones de reacción T38 cruzaron sobre la asamblea por el cielo. Bajo nubes grises, volaron en la formación "Hombre perdido", un último tributo a la tripulación del *Challenger*.

En Concord, New Hampshire, durante los días siguientes, la señora Virginia Timmons quitó de su ventana la nota que Christa McAuliffe había escrito a su hija Jeanne. "Que tu futuro se vea limitado solamente por tus sueños. Con cariño, Christa", decía.

La vida en Concord y en todo el país volvió poco a poco a sus cauces normales, pero no olvidaremos nunca a nuestra maestra Christa McAuliffe, que nos animó a todos a "alcanzar las estrellas".

Un letrero en la Base Aérea Dover en Delaware dice adiós a la tripulación del *Challenger*.

Acerca de Zachary Kent

Zachary Kent ha trabajado en muchas cosas: ha sido taxista, empleado de envíos, pintor de casas, ha hecho de todo para poder vivir mientras escribía. Ahora puede dedicarse solamente a escribir. *La historia del desastre del* Challenger es uno de más de cuarenta y seis libros que Kent ha escrito para niños.

La mayor parte de los libros de Kent tratan de la historia de los Estados Unidos. Le ha fascinado el tema desde que era un muchacho. Una de sus aficiones juveniles que aún disfruta es coleccionar y estudiar recuerdos de las vidas de los presidentes de los Estados Unidos. Su colección incluye libros, fotografías, juegos e incluso varias cartas autografiadas.

Recuerda el Challenger

Crea un tributo

En su honor

Después de la muerte de los astronautas del *Challenger*, todo el país estaba de luto. Además de los recuerdos públicos, miles de niños y adultos crearon expresiones personales de sus sentimientos. Haz tu propio tributo a los astronautas. Puede ser un dibujo, un cartel, un poema, una canción, un discurso o una escultura. ¡Deja volar tu imaginación!

¿Vale la pena?

Desde 1960, el programa espacial de los Estados Unidos ha costado miles de millones de dólares así como la vida de por lo menos diez personas. Forma equipos que debatan esta pregunta: ¿Merece la búsqueda del conocimiento del espacio tantos gastos y peligros?

Maestra en el espacio

La misión del *Challenger* era especial en parte porque Christa McAuliffe iba a ser la primera maestra en el espacio. Haz una cronología de la vida de Christa, desde su selección para el programa hasta los recuerdos en su honor.

Catástrofe y comunidad

Tornados, terremotos, explosiones; la mayor parte de los desastres dejan devastada a una comunidad de una manera u otra. Piensa en las catástrofes de las selecciones principales de este tema: *La noche de los tornados, Terremotos* y *La historia del desastre del* Challenger. Escribe sobre quién se ha visto afectado por cada uno de estos desastres y en qué forma.

421

EL PREMIO DEL CUCO

CUENTO POPULAR DE MÉXICO

CONTADO POR DAISY KOUZEL

El cuco que conocemos hoy es un pájaro ordinario e insípido. Sus plumas son del color de la ceniza y el único sonido que puede hacer es "cu-cu". Pone sus huevos en los nidos de otros pájaros, quienes le crían sus criaturas.

Sin embargo, el cuco no fue siempre como lo es hoy. ¡Lejos de eso! Hace mucho tiempo era un pájaro hermosísimo, con plumas multicolores como el arco iris, y su canto era dulce al oído. Criaba sus pequeñitos como cualquier otro pájaro.

Eso fue antiguamente, cuando los dioses reinaban sobre México.

Algunos de esos dioses eran violentos y peligrosos: uno producía el trueno y el relámpago y otro, quien vivía bajo tierra, hacía temblar el mundo con terremotos. Otros dioses eran amistosos hacia los hombres y los animales: entre ellos estaban el dios del cielo, el dios del sol y la bella diosa de la luna.

El más querido de todos era Chac, el dios de la lluvia y de las buenas cosechas. Él era bondadoso y guapo, y cuidaba las mieses para que todas las criaturas de la tierra tuvieran alimentos que comer.

El peor enemigo de Chac era el dios del fuego, un dañador que siempre pensaba en nuevos engaños contra los demás.

Un día de primavera Chac convocó una reunión de los pájaros en una cumbre cerca del bosque.

—Ha llegado la hora de prepararse para la siembra de la primavera —dijo—. ¿Van ustedes a ayudarme como siempre lo hacen?

El ruiseñor trinó, el gorrión gorjeó, el cuervo graznó. Cada pájaro dijo "sí" a su manera. Solamente el cuco quedó silencioso, pues había olvidado lo que debía hacer.

—Mañana al amanecer tienen que comenzar su trabajo —dijo el benigno dios—, y hay que acabarlo para el mediodía, porque a esa hora el dios del fuego vendrá a quemar las viejas plantas.

Al oír la palabra "fuego", el cuco se asustó y empezó a revolotear alrededor de la tertulia de los pájaros. Sus plumas multicolores brillaron al sol, llenando de envidia a los otros pájaros.

—¿Qué tenemos que hacer? ¿Qué tenemos que hacer? —gimió el pobre cuco—. No me acuerdo de lo que hicimos el año pasado.

—Claro que no te acuerdas —dijo la sabia lechuza—. ¡No viniste a ayudarnos!

—Tiene miedo del fuego. Por eso no ayudó —explicó el loro verde, quien era más celoso que los otros pájaros en cuanto a la hermosura del cuco.

—Eso no es verdad —protestó el cuco—. No tengo miedo.

Sin embargo era verdad. El cuco temía que el fuego le quemara sus espléndidas plumas.

—Debe hacer su parte del trabajo también —refunfuñó el petirrojo.

—Tienen razón —asintió el cuervo—. ¡Qué cobarde!

En esto, el cuco sintió vergüenza y se puso a llorar.

Pero Chac levantó la mano
y pidió silencio.

—Estoy seguro de que este año
todos ayudarán —dijo. Sonrió al cuco y
luego a los otros pájaros.

—Esto es lo que deben hacer
—siguió—. Mañana, tan pronto como se
levante el sol, vuelen a los campos. Recojan las
semillas de las plantas viejas y amontónenlas
cerca del bosque. Luego se plantarán las semillas y
tendremos nuevas cosechas.

—Pero recuerden que el dios del fuego vendrá al mediodía
para quemar las plantas viejas. Si ustedes no terminan a tiempo,
las semillas se quemarán también. Entonces no habrá cosechas el
año que viene y todo el mundo tendrá hambre.

Toda la noche, mientras dormían los otros pájaros, la vieja y
sabia lechuza estuvo de guardia. Poco antes del amanecer oyó una
fuerte crepitación, como de leña que arde.

La lechuza voló alto sobre los árboles y miró abajo. ¡Imagínense
su espanto cuando vio al dios del fuego, que corría por los campos
incendiándolos con su antorcha!

"Ese malvado madrugó para engañarnos", pensó la lechuza con
enojo. Y se puso a volar por el bosque gritando:

—¡A los campos! ¡A los campos! ¡Hay que salvar las semillas!

Pero los campos ardían tan rápidamente y el aire era tan tó-
rrido que los pájaros no podían acercarse. Entonces vieron algo
maravilloso: un extraño pájaro iba y venía volando a través de las
llamas, llevando las semillas a sitio seguro.

—¿Quién es ese pájaro gris? —preguntó la lechuza—. ¡Qué
fuerte y valiente es!

El pájaro gris sacó la última semilla de los campos abrasados. Luego, agotado, se dejó caer en un riachuelo y se refrescó en el agua.

Los otros pájaros volaron hacia el riachuelo y dieron vueltas sobre el agua, tratando de averiguar quién era ese desconocido.

—¿Es el tordo quizás? —preguntó el cuervo.

—Se parece al cuco —dijo el loro—, pero no puedo creerlo.

—Pues, ¡es realmente el cuco! —gritó el petirrojo.

Entonces todos miraron atentamente al pájaro que había salvado las semillas. Sus plumas eran grises por el humo, pero al fin reconocieron al cuco.

—Sí, sí —gritaron todos—, ¡es el cuco, no cabe duda!

Todos los pájaros empezaron a dar gracias al cuco por su valerosa acción y el bosque resonó de cantos y gorjeos.

Pero el pobre cuco pudo apenas contestar. El humo le había agostado la garganta y su hermoso canto se había apagado. "Cu-cu" fue todo lo que pudo decir.

Los pájaros le estuvieron tan agradecidos al cuco por salvar las semillas que le dieron un premio. Acordaron cuidar a sus hijos y a los hijos de sus hijos para siempre.

Así fue como aconteció que las plumas del cuco se volvieron grises y como perdió su canto. Y ésta es la razón por la cual hasta el día de hoy el cuco pone sus huevos en los nidos de otros pájaros, quienes le crían sus criaturas.

EL DRAMA DEL OESTE

EL DRAMA DEL OESTE

ÍNDICE

EL DRAMA DEL OESTE

LEE POR TU CUENTA

La Revolución a todo vapor

LIBRO DE BOLSILLO **EXTRA**

La Revolución a todo vapor
por Claudia Burr, Oscar Chávez y Ma. Cristina Urrutia

Entra al mundo de Pancho Villa y Emiliano Zapata y lee sobre esta época emocionante en y alrededor de la frontera entre México y el Suroeste de los Estados Unidos.

En el mismo libro...
Más sobre las figuras de la Revolución y sobre los pintores muralistas mexicanos.

LIBROS PARA EL CAMINO

LIBRO DE BOLSILLO **EXTRA**

Zía
por Scott O'Dell
Zía, una chica india, se embarca en una travesía en busca de su tía Karana, la cual lleva muchos años perdida. Comparte con ella las situaciones inesperadas que enfrenta en este viaje.

En el mismo libro...
Más sobre los chumash, el desarrollo de las misiones y los barcos balleneros.

Furia de oro en el Páramo
por Guillermo Gutiérrez
La búsqueda de oro fue muy importante en el Oeste americano. Argentina también vivió una locura semejante. En este libro conocerás exploradores, pioneros y valientes buscadores de oro del Páramo argentino.

La creación de una tribu de California: Los relatos de los indios maidus que contaba el abuelo
versión de Lee Ann Smith-Trafzer y Clifford E. Trafzer
Travis quiere conocer la historia de su pueblo y su abuelo lo ayuda relatándole historias sobre sus tradiciones.

Aquel formidable Far West
por William Camus
Pete Breakfast llega a una ciudad "sin ley y sin fronteras" del Oeste americano. ¿Qué hará cuando una mujer decide adoptarlo?

El fabricante de lluvia
por William Camus
Otro libro de William Camus que nos ayuda a conocer mejor lo que fue el Oeste americano. En este libro, Pete Breakfast se encuentra con el extraordinario y pintoresco Gaho, el fabricante de lluvia.

El último mohicano
por James Fenimore Cooper
Participa en las fantásticas aventuras de unos presos blancos que han sido capturados por los indios hurones.

EL CAMINO

DE SANTA FE

por Marion Russell / adaptado por Ginger Wadsworth

Cuando tenía ochenta años, Marion Sloan Russell empezó a contarle a su nuera, Winnie McGuire Russell, las aventuras de su vida. Winnie Russell escribió lo que le contaba Marion, y Marion leyó y corrigió el trabajo.

Marion Russell nació el 26 de enero de 1845 en Peoria, Illinois. Durante su vida cruzó cinco veces el Camino de Santa Fe, que empezaba en Independence, Misuri, y recorría casi ochocientas millas hasta Santa Fe, Nuevo México. El camino era importante principalmente como ruta de comercio y, más tarde, como ruta del correo y de las diligencias. Hasta finales de los años sesenta, más de cinco mil carromatos usaban el Camino cada año; para 1880, el ferrocarril había llegado a Santa Fe y el viaje en carromato ya no era necesario.

Las memorias de Marion reflejan la perspectiva de los colonos blancos. Sin embargo, al final de sus memorias, se pregunta sobre los indios, "que nos miraban amargamente cuando observaban la gran inmigración" que invadía sus tierras. No es difícil de entender que algunos nativoamericanos sintieran hostilidad hacia los colonos blancos al verlos matar los bisontes y apoderarse de sus tierras.

Mi historia es adaptada del texto de Marion. Tenía la intención de escribir mi propia versión de su primer viaje por el Camino de Santa Fe, pero me di cuenta de que mis palabras sonaban vacías en comparación con la elocuente voz de Marion. Entonces volví a sus memorias y me ajusté lo más posible a sus palabras. En algunos lugares he añadido transiciones o he alterado frases para que la historia fluya

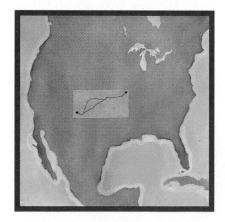

con uniformidad. Mi versión de su primer viaje es más breve, pero la esencia de la historia es de Marion, tanto en sus palabras como en su espíritu.

Por alguna extraña razón, el nombre de Marion aparece en sus memorias originales como *Marian*. Pero en los papeles de su familia y en su tumba aparece como *Marion*, que es el que yo he usado.

Ginger Wadsworth

Mi padrastro, el señor Mahoney, era un guía experimentado, pero había muerto a manos de los indios en una expedición por las praderas. Me acuerdo sobre todo de mi madre y de cómo, cuando nos llegó la noticia, se apoyó en la pared para sostenerse, apretándose la garganta con una mano como si se estuviera ahogando. Recuerdo el horror en sus ojos.

Después de la muerte de mi padrastro, Madre, Will y yo esperamos dos largos años en Kansas City para que Abuelo viniera desde California para llevarnos con él. Nos dijo que podríamos encontrar mucho oro si nos interesaba. Pero esperamos en vano. Aquél fue el año del cólera, y Abuelo y dos de sus hijos murieron y los enterraron en la lejana California.

Cuando acabó la escuela en la primavera de 1852, Madre decidió que nos íbamos a California de todas maneras. Madre había planeado que iríamos en la caravana del capitán Francis Xavier Aubry ya que ella tenía mucha confianza en él. Dos oficiales del ejército y un médico nos ofrecieron transporte a Madre, a Will y a mí hasta el fuerte Union en el territorio de Nuevo México, si Madre les preparaba la comida en el camino. Madre aceptó el trato. Preparar la comida para aquellos jóvenes le ahorró los quinientos dólares del pasaje.

El temido cólera hacía estragos en el fuerte Leavenworth aquel día
de octubre en que nuestros carromatos de toldo blanco se encaminaron
hacia las praderas del Oeste. El capitán Aubry fue el primero en levantar
el campamento; su inmenso carromato se tambaleaba en el camino.
Oíamos su voz poderosa dando órdenes para que lo siguieran. Los
carromatos avanzaban uno tras otro paulatinamente; la caravana tenía
quinientos carromatos. Había barriles de brea ardiendo en las calles
como protección contra el cólera, y nubes de humo negro se dispersa-
ban sobre nosotros al salir al camino.

Después de los primeros días de viaje, empezamos a acostumbrar-
nos a la rutina. Cada mañana, el campamento se despertaba al
amanecer. Los hombres salían de debajo de los carromatos donde
habían dormido. Se ponían de pie en el aire frío de la mañana, estiraban
los brazos y se restregaban los ojos. A través de las aperturas de las tiendas y de las cortinas de las carretas, se veía a las mujeres ponerse sus
vestidos por la cabeza. Me era difícil abrochar todos los botones que

cerraban la espalda de arriba a abajo de mi vestido. ¿Por qué no habían puesto los botones delante donde sí pudiera alcanzarlos? A veces Will me ayudaba porque Madre estaba cocinando.

Vestidos y bajo el sol, todos estábamos alegres. Los sombreros de toca se movían alegremente alrededor de los fuegos para cocinar y el olor a café llenaba el aire. Se recogían las cosas rápidamente y se amarraban las mulas a los carromatos. Luego contaban a los niños y los ayudaban a subir. Los carreteros gritaban: —¡Súbanse a los carromatos! ¡Apúrense, chicos!

Las fustas restallaban, y los pesados carromatos empezaban a chirriar por todas partes. Las mulas se apoyaban en las colleras, y las grandes ruedas empezaban su crujido incesante.

El hombre a cargo de nuestro carromato era un francés que se llamaba Pierre. Casi siempre iba a pie, pero a veces se sentaba balanceando sus piernas por encima del guardabarros, peligrosamente cerca del vaivén de las caderas de las mulas pardas. A veces cantaba o hablaba

en francés con las mulas. Llevaba la visera de su sombrero de fieltro negro doblada hacia arriba. Su camisa azul estaba cubierta de estrellitas blancas. Sus ojos oscuros eran como los de un gavilán, y su nariz parecía un pico.

Will, que tenía nueve años, solía ir a pie con Pierre. Tenía la piel tostada por el sol y su cuerpo ágil parecía estar lleno de una energía sin límites.

Madre iba sentada muy derecha en el asiento delantero, y su cara sonrosada resaltaba entre los pliegues de su sombrero de toca. Tejía mientras las carretas se zarandeaban por el camino y, con frecuencia, cuando se acercaba la hora de la comida y de acampar, pelaba papas allí sentada.

Nuestra comida y las cosas de cocinar se guardaban en una gran caja en la parte trasera del carromato. Dos ollas ennegrecidas y el cubo del agua colgaban en la parte exterior.

Yo tenía siete años cuando hice este viaje, y no podía caminar tan deprisa como lo hacían Pierre y Will. A veces, cuando me cansaba, me subía al carromato y me metía entre las mantas donde podía jugar con mi muñeca y dormir.

Al mediodía nos parábamos para descansar unas horas. El almuerzo era frío. Las mulas comían la hierba crujiente de las praderas mientras los carreteros descansaban. Recuerdo a los hombres cansados, tirados a la sombra de los carromatos, con los sombreros cubriéndoles la cara mientras dormían. Puedo ver las mulas cansadas y sudorosas revolcándose una y otra vez en la hierba, contentas de estar libres del tiro de los pesados carromatos.

Después del descanso del mediodía, seguíamos adelante hasta que el sol se ponía en el oeste.

Las amplias llanuras, que ya han desaparecido para siempre, se extendían ante nosotros como un mar de plata bajo la luz del sol. A lo largo de ese mar de hierba se veían las huellas de los bisontes, cuyo paso había dejado una marca profunda en la tierra. Tenían unas ocho pulgadas de ancho y siempre iban de norte a sur. Los bisontes son animales muy listos. Saben instintivamente que el agua fluye hacia el este, alejándose de las montañas Rocosas, y que la mejor manera de encontrar agua es yendo al norte o al sur.

Los revolcaderos de los bisontes se esparcían a lo largo de los senderos de los bisontes; eran pequeños charcos de agua de lluvia que parecían turquesas ensartadas en una cuerda marrón. Se habían formado por las peleas de los bisontes. Los machos cruzaban cuernos, bajaban sus cabezas y giraban repetida y lentamente formando así una depresión que recogía el agua de lluvia.

Había bisontes por todas partes. Nuestro camino a menudo se cruzaba con manadas de bisonte tan numerosas que nos daba miedo.

De repente surgían tormentas muy fuertes. Los carreteros daban la vuelta a los carromatos para que las mulas dieran la espalda a la tormenta. Los hombres que habían estado caminando buscaban refugio con las mujeres y los niños bajo los toldos de los carromatos. La pradera se oscurecía, y el cielo descargaba sobre nosotros un aguacero. Una fina llovizna blanca atravesaba las lonas, y pronto diminutas perlas brillaban en el pelo de Madre. De pronto, tan de repente como había llegado, la tormenta desaparecía.

Entonces salíamos de los carromatos para estirar nuestras entumecidas extremidades. Contemplábamos la tormenta que, como un mendigo andrajoso, se alejaba cojeando por las colinas.

Un atardecer, vimos un gran arco iris a través de la lluvia iluminada por el sol. Llamé a Madre, que estaba en la lanza del carromato. Will, que estaba preparando la hoguera de cocinar, dijo con elocuencia:
—Siempre hay un caldero lleno de oro al final de un arco iris.

—Madre, ¿es verdad que hay un caldero de oro? —le pregunté.

Madre sonrió y dijo: —El final del arco iris siempre está mucho más lejos de lo que parece, querida. Lo único que podemos hacer es seguir el arco iris y confiar en que nos lleve a la fama y a la fortuna.

Durante muchos años creí que el final del arco iris estaba en California.

Al atardecer el cielo de la pradera se llenaba de una belleza increíble, con largos velos rojos y dorados que ondeaban de un lado a otro. Todas las noches se formaban dos grandes círculos de carromatos donde se encerraban las mulas después de haber pastado; se ponían cuerdas entre los carromatos y se formaba así un corral circular. Las hogueras para cocinar estaban también dentro de aquel corral.

Entre los dos círculos formados por los carromatos había un terreno tranquilo donde los chicos jugaban. ¡Qué juegos teníamos allí, de pelota, del salto de la rana y de correr a las bases!

A veces, a lo lejos, se oía el grito de guerra de los indios. Los hombres montaban la guardia todas las noches, rifles en mano. Hacían la ronda por los dos grandes corrales.

Después de la cena, nos reuníamos cerca de las hogueras. Los hombres contaban historias de esta extraña tierra nueva que se extendía ante nosotros, cuentos de oro y de indios.

Una noche en la que el viento soplaba, el capitán Aubry vino y me sentó en sus rodillas. Sentí cómo la noche grande y oscura se cerraba sobre nosotros y oí la voz del viento nocturno recorriendo la pradera turbulenta. Temblé en los brazos del capitán, pensando que la calidez, el consuelo y el hogar se limitaban al haz de luz que centelleaba en la cara de Madre.

446

Mientras la mayor parte de los carreteros dormían bajo los carromatos, las mujeres y los niños dormían dentro de los carromatos o bajo carpas. Cada noche plantábamos la carpa cerca del carromato, y nos daba cobijo a los tres, envolviéndonos con la oscuridad de sus alas. Podíamos oír fácilmente los ronquidos de Pierre que dormía afuera. Nuestra cama en la hierba era cómoda pero, a veces, por la noche, nos despertaba el aullido del coyote en la oscuridad. Entonces me arrebujaba cerca de Madre.

Nuestra caravana, larga y cargada con pesadas mercancías para vender en el Oeste, viajaba despacio. A veces nos alarmaban los indios, otras nos amenazaban las tormentas, y la falta de agua nos agobiaba constantemente.

Recuerdo claramente la belleza de la tierra y cómo, al avanzar hacia el oeste, los ciervos y los antílopes se alejaban de nosotros dando brincos. Había miles y miles de bisontes, lagunas azules, atardeceres teñidos de rojo y, de vez en cuando, en la pradera solitaria, una casita de tepe, el hogar de un trampero o de un cazador.

Descansamos en Pawnee Rock y en el campamento Macky, y seguimos adelante.

Nacieron niños mientras nuestros carromatos avanzaban hacia el oeste.

Y a veces, se presentó la muerte.

Después de casi un mes llegamos al Atajo de Cimarrón. Prendíamos el fuego con boñigas de bisonte. Mi tarea consistía en recogerlas. Les daba una patada y luego las recogía con cuidado, porque debajo había grandes arañas y ciempiés. A veces salían corriendo escorpiones. Yo llenaba mi falda larga con el combustible para la noche y se lo llevaba a Madre.

En este viaje descubrí la existencia de una araña grande y peluda llamada tarántula. Viven en agujeros en la tierra. Cuando encontrábamos uno de esos agujeros, pateábamos la tierra y gritábamos: —¡Tarántula! ¡Tarántula! ¡Sal de ahí, sal de ahí! Cuéntanos cosas de ti. —Y entonces, salían andando sobre sus patas largas.

Según seguíamos camino del suroeste, había menos comida para las mulas y los caballos. Encontrábamos serpientes de cascabel y una variedad de cactos que parecen árboles.

A veces se cruzaban en el camino pequeñas lagartijas que brillaban como joyas. Unos pájaros de cola larga seguían el mismo camino que nosotros. Los carreteros los llamaban correcaminos.

Una vez viajamos durante dos días sin encontrar agua y, aunque era una niña y tenía sed, sentía pena por las mulas que trabajaban tanto. El capitán Aubry nos dijo que el agua embarrada de los revolcaderos de bisontes había salvado vidas humanas. —Cuando uno se está muriendo de sed —nos decía—, no presta atención ni a los mosquitos ni a las impurezas.

Madre, Will y yo nos lavábamos la cara y las manos en la misma palangana de agua. Will se lavaba el último, porque Madre decía que estaba más sucio.

Cuando parecía que llevábamos viajando una eternidad por aquella tierra caliente y seca, nos despertamos una mañana con el aire lleno de neblina y de una lluvia fresca que duró todo el día. Por la tarde llegamos a una meseta. Allí había una docena de cabañas de indios con chimeneas humeantes. Vimos niños indios correr bajo la lluvia entre unos cedros atrofiados y las cabañas. Parecía que habíamos llegado a una extraña tierra encantada. Era diferente a todo lo que habíamos visto antes.

El capitán Aubry nos dijo que habíamos llegado al territorio de Nuevo México. —A esta tierra —nos dijo—, solamente vienen los valientes o los criminales. Pero es una tierra que ha curado el corazón de muchos. Hay algo en el aire de Nuevo México que enciende la sangre, que hace latir el corazón más aprisa y mantener la vista alta. La gente no viene aquí a morir, viene a vivir, y consigue lo que viene buscando.

Nos tomó algo más de dos meses llegar al fuerte Union en Nuevo México. Allí, nuestra gran cabalgata descansó.

Soltamos a las cansadas mulas para que pastaran en las praderas. Descargamos la carga y echamos los doscientos caballos en el corral. Los oficiales del ejército se sentaron en las cercas para mirar y escoger los caballos. El suelo estaba lleno de cosas que había que llevar al Este: pieles de bisonte, mantas mexicanas y pieles de ovejas.

Nuestro campamento estaba fuera de la entrada del fuerte Union, que permanecía abierta, y Will y yo entrábamos y salíamos a nuestras anchas.

Cuando las mulas habían descansado, volvimos a tomar el camino hacia el oeste, una fría mañana de diciembre. Llegamos a Santa Fe sin darnos cuenta. Pasamos por una gran entrada de madera en forma de un arco muy alto. Avanzamos por callejones estrechos a los que daban ventanas con barras de hierro. Vimos una iglesia con dos cúpulas. Vimos paredes viejas de adobe y ristras de chiles puestos a secar.

451

Nuestra caravana cruzó entre burros, cabras y gallinas. Llegamos a una plaza donde un hombre alto, armado, nos dijo adonde teníamos que ir. Los perros nos ladraban. Niños de ojos grandes nos miraban; mujeres con chales nos sonreían tímidamente.

Al caer la oscuridad empezó la búsqueda de camisas y pañuelos limpios. Hasta Pierre se peinó el bigote. Desde el salón de baile llegaba el tañido de una guitarra y una mandolina; se estaba formando un baile. Nos fuimos a dormir al carromato, o lo intentamos, pero el ruido y la confusión nos mantuvieron despiertos. Pierre se había ido al baile y era difícil dormir sin el ruido de sus ronquidos cerca de nosotros.

A los pocos días seguimos nuestro largo viaje a California. Una tarde, cuando nuestra caravana de carromatos llegó a las cercanías de Albuquerque, Nuevo México, Madre descubrió que la cestita de trabajo donde guardaba su dinero y sus joyas había desaparecido.

Parte de las joyas apareció pero el dinero no se recuperó nunca. Yo era demasiado niña para darme cuenta de lo que la pérdida del dinero suponía para mi madre, pero recuerdo la sombra que cubría su cara alegre cuando continuamos nuestro viaje. Ya no tenía el dinero suficiente para pagar lo que quedaba de nuestro viaje. Cuando llegamos a Albuquerque tuvimos que abandonar la caravana que nos hubiera llevado a los campos auríferos de California.

Will y yo fuimos a buscar casa con ella. Recuerdo las lágrimas que corrieron por su cara cuando tuvo que vender un gran broche amarillo y un par de aretes. Alquiló una vieja casa de adobe en las afueras de Albuquerque y empezó a alojar huéspedes.

Recuerdo la mañana en la que Pierre trajo nuestro equipaje a la casa de adobe. Intentó decir algo, pero sólo se le movió el bigote. Madre también lo intentó, pero, tal y como le ocurría cuando se emocionaba demasiado, no pudo articular palabra; permanecía en silencio, agarrándose la garganta como si se estuviera ahogando.

Will y yo nos quedamos en el patio vacío, barrido por el viento, viendo cómo la caravana de carromatos desaparecía hacia el oeste. Cuando nos volvimos hacia la casa, todo nos pareció desolado.

Ya no podíamos volvernos atrás. Pronto nos encontramos limpiando y blanqueando nuestra casita de adobe, sin saber entonces cuántos palacios de barro iban a ser nuestros en el futuro, o que con el tiempo llegaríamos a apreciarlos. "Cuando crezca", me dije a mí misma, "me pasaré la vida viajando constantemente en el Camino de Santa Fe. Me encanta el camino y me gustaría vivir siempre en él". Éstos fueron los sueños de mi niñez.

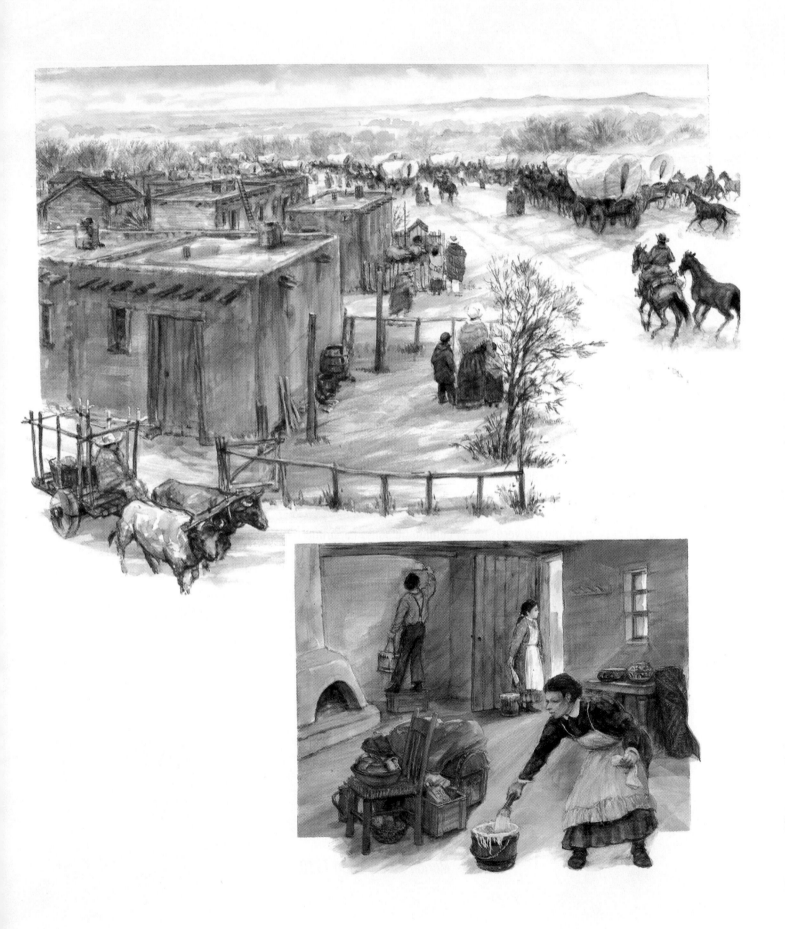

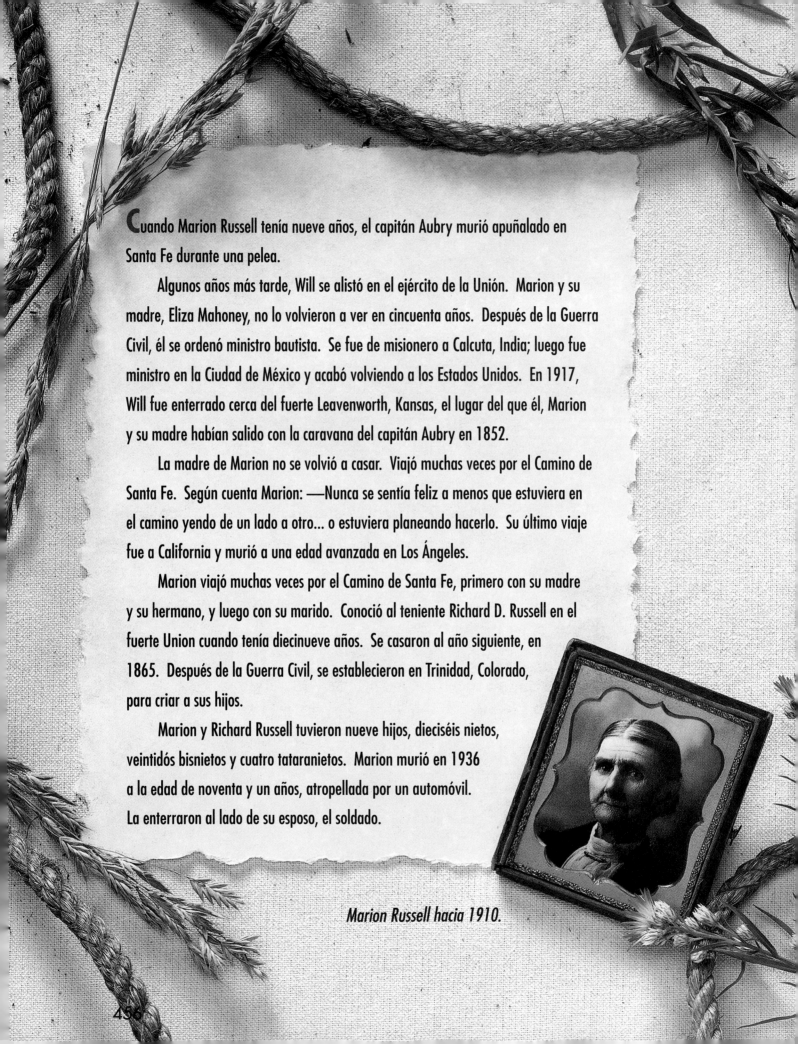

Cuando Marion Russell tenía nueve años, el capitán Aubry murió apuñalado en Santa Fe durante una pelea.

Algunos años más tarde, Will se alistó en el ejército de la Unión. Marion y su madre, Eliza Mahoney, no lo volvieron a ver en cincuenta años. Después de la Guerra Civil, él se ordenó ministro bautista. Se fue de misionero a Calcuta, India; luego fue ministro en la Ciudad de México y acabó volviendo a los Estados Unidos. En 1917, Will fue enterrado cerca del fuerte Leavenworth, Kansas, el lugar del que él, Marion y su madre habían salido con la caravana del capitán Aubry en 1852.

La madre de Marion no se volvió a casar. Viajó muchas veces por el Camino de Santa Fe. Según cuenta Marion: —Nunca se sentía feliz a menos que estuviera en el camino yendo de un lado a otro... o estuviera planeando hacerlo. Su último viaje fue a California y murió a una edad avanzada en Los Ángeles.

Marion viajó muchas veces por el Camino de Santa Fe, primero con su madre y su hermano, y luego con su marido. Conoció al teniente Richard D. Russell en el fuerte Union cuando tenía diecinueve años. Se casaron al año siguiente, en 1865. Después de la Guerra Civil, se establecieron en Trinidad, Colorado, para criar a sus hijos.

Marion y Richard Russell tuvieron nueve hijos, dieciséis nietos, veintidós bisnietos y cuatro tataranietos. Marion murió en 1936 a la edad de noventa y un años, atropellada por un automóvil. La enterraron al lado de su esposo, el soldado.

Marion Russell hacia 1910.

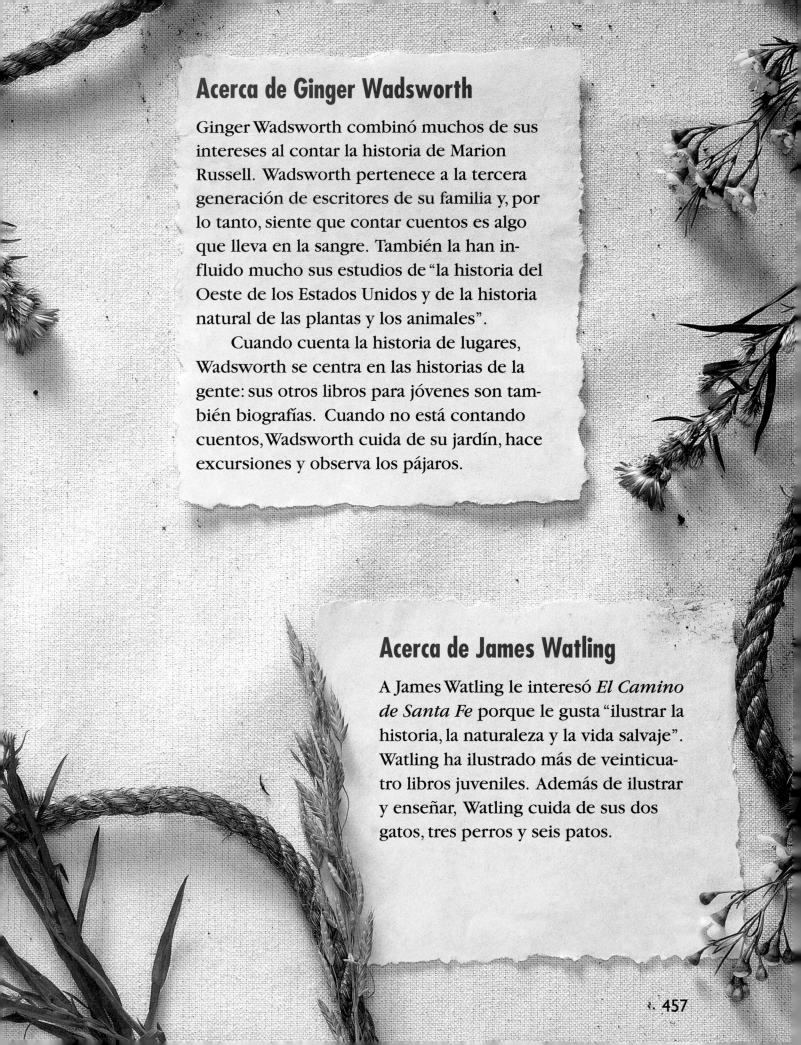

Acerca de Ginger Wadsworth

Ginger Wadsworth combinó muchos de sus intereses al contar la historia de Marion Russell. Wadsworth pertenece a la tercera generación de escritores de su familia y, por lo tanto, siente que contar cuentos es algo que lleva en la sangre. También la han influido mucho sus estudios de "la historia del Oeste de los Estados Unidos y de la historia natural de las plantas y los animales".

Cuando cuenta la historia de lugares, Wadsworth se centra en las historias de la gente: sus otros libros para jóvenes son también biografías. Cuando no está contando cuentos, Wadsworth cuida de su jardín, hace excursiones y observa los pájaros.

Acerca de James Watling

A James Watling le interesó *El Camino de Santa Fe* porque le gusta "ilustrar la historia, la naturaleza y la vida salvaje". Watling ha ilustrado más de veinticuatro libros juveniles. Además de ilustrar y enseñar, Watling cuida de sus dos gatos, tres perros y seis patos.

DE CAMINO CON LAS IDEAS

Escribe una página en tu diario

A la luz de la linterna

El Camino de Santa Fe está basado en las memorias de Marion Russell. Si tú estuvieras viajando en su caravana de carromatos, ¿sobre qué escribirías? Retrocede hasta 1852 y escribe una página en tu diario mientras viajas por el Camino de Santa Fe.

Descubre un carromato

¿Dónde está el guardabarros? ¿Qué aspecto tenía la lanza del carromato? Usa las palabras y las ilustraciones de la selección para dibujar un diagrama que enseñe las distintas partes de un carromato.

"Hay algo en el aire de Nuevo México..."

El capitán Aubry elogió el territorio de Nuevo México. Deja que sus palabras y las de otros, así como las ilustraciones de la selección, te inspiren. Haz un cartel que anime a los pioneros a ir a Nuevo México.

Un carromato bien provisto

Supón que vas a empezar el viaje por el Camino de Santa Fe en los años 1850. ¿Qué provisiones necesitarás? Usa los detalles mencionados en la selección así como tus propias ideas para crear una lista de alimentos, ropa y otros artículos necesarios para el viaje.

VOCES DEL OESTE

Nos hablan desde los diarios escritos en el camino y desde los recuerdos anotados años más tarde. Son aquellos que construyeron sus hogares al oeste del Misisipí a mediados del siglo diecinueve. Éstas son sus palabras.

¿Cómo era la vida de los nativoamericanos en las Grandes Llanuras a mediados del siglo diecinueve? Aquí tenemos dos relatos autobiográficos de miembros de la tribu hidatsa.

Montados en un trineo de perros

Los niños pequeños se montan en un trineo de perros por mera diversión. Una vez le pedí a mi esposo que me acompañara a buscar leña al bosque al este del pueblo. Yo tenía un trineo y tres perros. Mi hijo, Pájaro Bueno, que entonces tenía cuatro o cinco años, quería venir con nosotros. Mi marido y yo le dijimos: —No, no puedes venir con nosotros.

Pájaro Bueno lloró y lloró, y al fin nos lo llevamos. Según avanzábamos, mi hijito se subía y se bajaba del trineo; a veces caminaba, a veces se volvía a subir y a veces jugaba con los perros. Los perros se pelearon y salieron corriendo con nuestro hijito. Se asustó mucho. Nos hace reír cada vez que lo recordamos.

Mujer Pájaro Bisonte

El caballo era más eficiente para tirar de un trineo. Podía llevar cuatro veces más peso que un perro y viajar doble la distancia. ¡Y no se peleaba con los otros caballos!

460

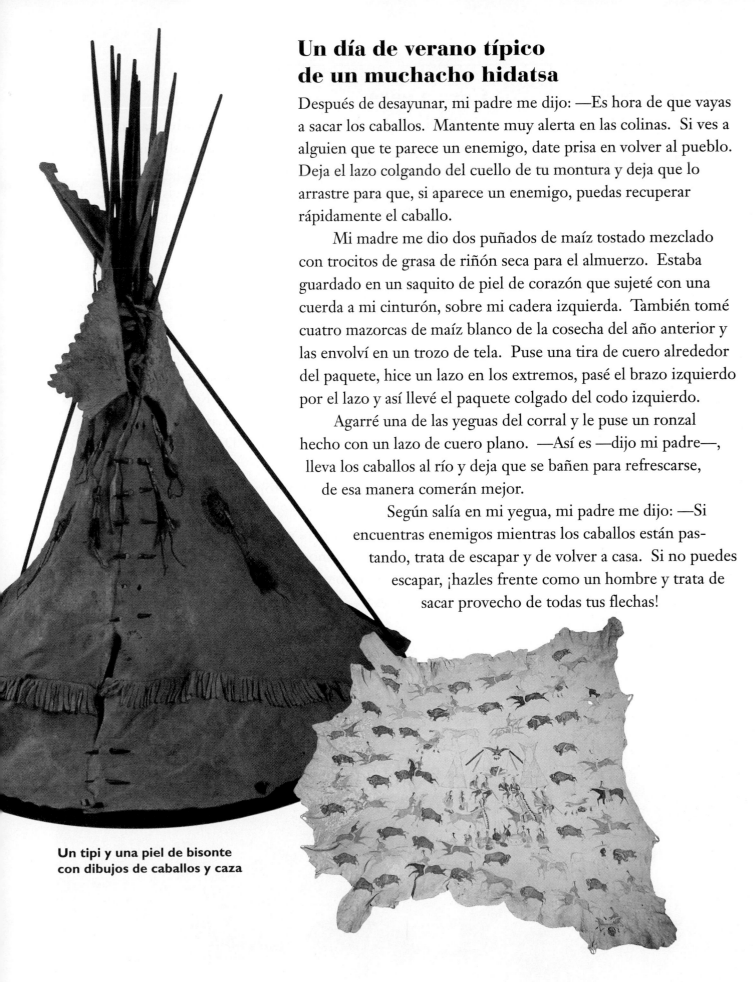

Un día de verano típico de un muchacho hidatsa

Después de desayunar, mi padre me dijo: —Es hora de que vayas a sacar los caballos. Mantente muy alerta en las colinas. Si ves a alguien que te parece un enemigo, date prisa en volver al pueblo. Deja el lazo colgando del cuello de tu montura y deja que lo arrastre para que, si aparece un enemigo, puedas recuperar rápidamente el caballo.

Mi madre me dio dos puñados de maíz tostado mezclado con trocitos de grasa de riñón seca para el almuerzo. Estaba guardado en un saquito de piel de corazón que sujeté con una cuerda a mi cinturón, sobre mi cadera izquierda. También tomé cuatro mazorcas de maíz blanco de la cosecha del año anterior y las envolví en un trozo de tela. Puse una tira de cuero alrededor del paquete, hice un lazo en los extremos, pasé el brazo izquierdo por el lazo y así llevé el paquete colgado del codo izquierdo.

Agarré una de las yeguas del corral y le puse un ronzal hecho con un lazo de cuero plano. —Así es —dijo mi padre—, lleva los caballos al río y deja que se bañen para refrescarse, de esa manera comerán mejor.

Según salía en mi yegua, mi padre me dijo: —Si encuentras enemigos mientras los caballos están pastando, trata de escapar y de volver a casa. Si no puedes escapar, ¡hazles frente como un hombre y trata de sacar provecho de todas tus flechas!

Un tipi y una piel de bisonte con dibujos de caballos y caza

461

Un muchacho navajo ve a un hombre blanco por primera vez. Aquí recuerda este encuentro sorprendente.

Cara a cara

Un día vi a un hombre que tenía una gran barba blanca que le cubría la cara. Sólo se le veía un poco de piel alrededor de los ojos. No había visto nunca a un hombre blanco. Me fui corriendo a casa y les conté a todos que había visto algo en el campo que iba hacia las ovejas. Parecía un hombre, dije, pero tenía lana cubriéndole la cara. Yo pensé que la barba era lana, y no estaba seguro de que fuera un hombre.

Roberto, mi abuelo, estaba sentado a la puerta de la vivienda tomando café con pan navajo. Me dijo: —Lo que has visto debe ser un hombre blanco.

Poco después el hombre llegó al poblado, se dirigió a donde estaba Roberto y sacó de debajo del brazo izquierdo una ristra de chiles. Separó tres y se los dio a Roberto; luego señaló primero el pan y después su garganta. Las mujeres no querían darle de comer, pero Roberto dijo: —Denle un poco. La pila de pan menguó enseguida.

El hombre blanco se levantó, señaló hacia el oeste y se marchó en esa dirección. Al día siguiente algunos de los muchachos siguieron su rastro para ver hacia donde iba. Encontraron el lugar donde había trasnochado, cavado un agujero y encendido un pequeño fuego y pasado la noche. Luego su rastro siguió hacia el oeste.

Jaime, navajo

Una pastora navajo cuida de sus ovejas.

Una mujer, su esposo y sus siete hijos, colonos de Iowa, viajaron por el Camino de Oregón en 1853 hacia lo que más tarde sería el estado de Washington. Aquí transcribimos unas páginas de las casi doscientas de su diario.

Cerca de Independence Rock, en el Camino de Oregón

Diario escrito en el Camino de Oregón

Domingo 8 de mayo —Domingo por la mañana. Todavía estamos en el campamento esperando cruzar. Se pueden ver más de 300 carromatos y, hasta donde alcanza la vista, todo está lleno de ganado y de caballos a los dos lados del río. Aquí no hay balsa, por lo que los hombres tendrán que hacer una con el carromato que tenga el fondo mejor sellado (cada caravana debía tener un carromato de fondo impermeable para este fin).

Miércoles 1 de junio —Ha estado lloviendo todo el día y hemos seguido viajando para distanciarnos de las manadas grandes. Los hombres y los muchachos están completamente empapados y tienen un aspecto triste e incómodo. Los pequeños y yo estamos al abrigo de los carromatos. A pesar de ello, la lluvia penetra y muchas cosas están mojadas. Todos tenemos muy mal aspecto. Y todo esto para llegar a Oregón. Mientras escribo, pienso, "Oh, Oregón, debes de ser un país maravilloso". Hoy hemos recorrido 18 millas.

Martes 7 de junio —Anoche llovió un poco, hoy hace tiempo bastante bueno. Acabamos de pasar el fuerte Laramie, al lado opuesto del río. Esta tarde pasamos un pueblo grande de indios

463

Un camino que los emigrantes podían haber seguido

siux. Muchos de ellos rodearon nuestros carromatos. Algunas de las mujeres traían mocasines y cuentas que querían cambiar por pan. Les di a las mujeres y a los niños todos los pasteles que había horneado.

Lunes 4 de julio —Hoy ha hecho calor. El termómetro ha llegado a los 110 grados Fahrenheit y a pesar de esto se pueden ver los ventisqueros de nieve casi al alcance de la mano. Nunca me he peleado tanto con los mosquitos. Chat ha estado enfermo con fiebre todo el día, en parte debido a las picaduras de los mosquitos.

Miércoles 20 de julio —Día de viaje seco. No hay hierba y el agua es escasa. Nos paramos al mediodía para tomar agua en un lugar muy peligroso del río Snake, al final de una milla y media o más por una cuesta muy empinada o precipicio. El ganado parecía como perritos allí abajo y después de toda la dificultad para bajar, estaba tan cansado que no podía ni beber y tuvo que volver a subir y seguir de nuevo el camino polvoriento. Seguimos viajando en busca de agua, agua.

Caravana de carromatos, 1866

Caravana de carromatos, 1850

Viernes 12 de agosto —Hoy hemos recorrido 12 millas.
Cruzamos el río Burnt dos veces. Hemos perdido uno de los
bueyes. Íbamos avanzando muy despacio cuando se quedó
muerto en el yugo. Desyuntamos al otro buey y lo soltamos;
después continuamos alrededor del muerto. Y así es siempre
en esta carretera. Estamos continuamente avanzando alrededor
de ganado muerto.

Sábado 10 de septiembre —Esta carretera está trazada tan
profundamente que a veces el ganado y los carromatos casi desa-
parecen de la vista, sin sitio para los carreteros más que en los
márgenes. Es un lugar muy difícil para dirigir un carromato,
y además peligroso; y para empeorar las cosas, había delante de
nosotros una caravana que iba a paso de tortuga y que se paraba
cada pocos minutos, y otra detrás de nosotros que no hacía más
que lanzar blasfemias y apresurar a nuestra gente. Allí estaban,
con el pobre ganado, intentando retener a los carromatos
pesados en aquella carretera tan escurridiza.

Amelia Stewart Knight

465

Un buscador de oro afroamericano que se unió a la fiebre del oro en California describe parte de su viaje al Oeste.

Buscadores de oro en un lavadero

Recuerdos

Salí de San Luis, Misuri, el 2 de abril de 1849. Un grupo numeroso de vecinos llegó a San José, Misuri, entre barro y lluvia para vernos partir. Organizamos la caravana el primero de mayo. Había veinte carromatos y de tres a cinco hombres en cada carromato.

Cruzamos el río Misuri en Savanna Landing hacia el día seis, en la primera semana de mayo... A las seis de la mañana, salieron tres más a relevar a los que estaban de guardia. Uno de los tres que volvieron tenía el cólera y lo estaba pasando muy mal. El doctor Basset, el capitán de la caravana, hizo por él todo lo que pudo, pero murió a las diez y lo enterramos. Nos preparamos y salimos a las once del mismo día; esa noche había luna nueva.

Todos los días nos llegaban noticias de que la gente se moría a cientos en San José y San Luis. Era inquietante. Cuando enganchamos los carros y nos preparamos para salir, el doctor dijo: —Muchachos, tenemos que avanzar de día y de noche.

...Avanzamos de día y de noche hasta ponernos fuera del alcance del cólera...

Llegamos a través de las llanuras al fuerte Laramie el 16 de junio y el carretero, que era un ignorante, acabó con muchos de los bueyes en la caravana. Había muchos bueyes en las caravanas. Había muchos delante de nosotros, que habían juntado sus caravanas y que dejaron montones de tocino y otras provisiones...

466

Lavando en una batea mineral de oro en el norte de California en 1890

Empezamos a cruzar el desierto hacia Black Rock a las cuatro de la tarde y viajamos toda la noche. El día siguiente fue caluroso y arenoso...

Mucho ganado murió antes de llegar a Black Rock... Yo guiaba los bueyes y sabía lo que podían resistir. Entre las nueve y las diez empezó a soplar una brisa y los bueyes levantaron las cabezas y pareció que cobraban nueva vida. Al mediodía llegamos a Black Rock...

Cruzamos el Pasadizo Sur el cuatro de julio. Por la mañana el hielo era grueso como un plato.

Alvin Coffey

Mujeres buscadoras de oro camino de los yacimientos auríferos

UN NUEVO FUTURO

UNA NARRACIÓN PERSONAL POR PAVEL RODRÍGUEZ NÚÑEZ

PAVEL Y SU FAMILIA TUVIERON QUE HACER UN VIAJE POCO USUAL. ÉSTA ES SU HISTORIA.

Un nuevo futuro

Comenzaba el primero de septiembre de 1994 un nuevo curso escolar en mi país. No sabía que ese día iniciaría una nueva etapa de mi vida. Mi papá y mi mamá de repente me dijeron:

—Pavel, hijo, este año no irás a la escuela porque nos vamos del país, para que puedas tener una vida mejor, completamente libre.

Asombrado de lo que ocurría aquella mañana, me monté en un camión rojo con varias personas. Sólo llevábamos algunos alimentos y escasas ropas. Nos dirigíamos a un pueblo pesquero llamado Santa Cruz del Sur. Allí mi papá reunió el dinero de todas las familias y compraron un bote de madera de 24 pies con un motor de petróleo hecho en Rusia.

Salimos al atardecer y el mar estaba tranquilo. Cuando llevábamos aproximadamente cuatro horas de navegación, entre los cayos llamados Jardines de la Reina, comenzó una tormenta bien fea. ¡El cielo se puso negro y las olas crecieron bien altas! El capitán tiró el ancla, pero se partió la soga que la aguantaba a la orilla del cayo Levisa. Los hombres se tiraron al mar y entre todos pudieron llevar el bote a la orilla de la playa.

Todos estábamos muy cansados y bajamos al cayo a pasar la tempestad. Algunos hombres amarraron el bote a los mangles para que la tormenta no lo destruyera. Al bote se le rompió el motor y estuvimos cinco días viviendo al aire libre en el cayo. Dormíamos en la arena y nos tapábamos con colchas que traíamos. Al principio, comíamos lo que había para el viaje, pero después que se acabó la comida que llevábamos, tuvimos que cazar y pescar para mantenernos vivos.

Unos pescadores que andaban pescando en el cayo nos ayudaron a arreglar el bote. Una mañana al despertar, me dijeron mis padres:

—Nos vamos al anochecer para las islas Caimán.

En el viaje tuve mucho miedo, pues el mar estaba muy negro y no azul. Mi papá me dijo:

—Es porque el mar está muy profundo, y la luz no llega al fondo.

Nos seguían los tiburones por el lado del bote pero después se fueron porque vinieron los delfines. El capitán me explicó:

—El tiburón le teme al delfín porque es su enemigo natural.

Estuvimos navegando el día entero hasta que llegamos a una isla muy bonita, llamada Caimán Brac. Cuando llegamos no sabíamos cómo entrar a la playa porque estaba rodeada por arrecifes y se podía romper el bote y hundirse. La suerte fue que vimos un yate de turistas muy bonito. Se nos acercaron y nos indicaron el canal para entrar seguramente al cayo. La policía de la isla nos estaba esperando porque nos había detectado por el radar. Nos llevaron a un teatro que estaba lleno de familias refugiadas cubanas.

Después de habernos alimentado, nos vistieron con ropa limpia y al otro día nos llevaron en avión a otra isla, llamada Gran Caimán. Allí estuvimos viviendo en tiendas de campaña durante seis meses, hasta que nos llevaron en avión a la base militar norteamericana de Guantánamo, Cuba.

Por cuatro meses vivimos en carpas con miles de familias refugiadas. Nos cuidaban los soldados americanos. Ellos querían mucho a los niños. Nos hacían fiestas, nos daban clases de inglés y computación. Siempre se acordaban de traer los juguetes que nos habían prometido. En julio de 1995, se terminó la aventura que, aunque fue muy larga, fue muy significativa para mi vida porque hoy día, soy un niño libre y alegre de vivir en este gran país.

Pavel nació en Cuba y ahora reside en Rochester, Nueva York, con sus padres. Es hijo único y disfruta de todas las cosas nuevas que ha encontrado al venir a vivir a los Estados Unidos. Le divierte mucho trabajar con las computadoras en su salón de clases y jugar a juegos de vídeo en su hogar. Cuando sea mayor, quiere ser médico del corazón, ya que le interesa saber cómo funciona y ayudar a muchas personas que padecen de enfermedades del corazón.

Pavel Rodríguez Núñez
Escuela Hendrik Hudson
Rochester, Nueva York

Canciones

México lindo

por Chucho Monge

Voz de la guitarra mía, al despertar la mañana;
quiero cantar mi alegría, a mi tierra mexicana;
yo le canto a sus volcanes, a sus praderas y flores,
que son como talismanes del amor de mis amores.

México lindo y querido, si muero lejos de ti,
que digan que estoy dormido y que me traigan aquí,
que digan que estoy dormido y que me traigan a ti,
México lindo y querido, si muero lejos de ti.

Que me entierren en la sierra,
al pie de los magueyales
y que me cubra esta tierra,
que es cuna de hombres cabales.

México lindo y querido, si muero lejos de ti,
que digan que estoy dormido y que me traigan aquí,
que digan que estoy dormido y que me traigan a ti,
México lindo y querido, si muero lejos de ti.

José María Velasco,
*El valle de México desde
el cerro de Santa Isabel,* 1877,
óleo sobre lienzo, 160.5 x 229.7 cm.,
Museo Nacional de Arte,
Ciudad de México.

Canción mixteca

por Tino López Alavés

*Qué lejos estoy del suelo donde he nacido,
intensa nostalgia invade mi pensamiento;
y al verme tan solo y triste cual hoja al viento,
quisiera llorar,
quisiera morir de sentimiento.*

*¡Oh, tierra del sol!… suspiro por verte,
ahora que lejos yo vivo sin luz sin amor,
y al verme tan solo y triste cual hoja al viento,
quisiera llorar,
quisiera morir de sentimiento.*

Los niños
del Viejo Oeste

POR RUSSELL FREEDMAN

Los nativoamericanos

El Camino de Oregón atravesaba el corazón de las tierras de los indios. Cuando la primera caravana de carromatos salió en 1841, la mayor parte de la tierra al oeste del río Misisipí estaba ocupada por tribus indias.

Había cientos de tribus y grupos repartidos por todos los territorios del Oeste. Algunas tribus habían vivido en el Oeste por miles de años. Otras habían llegado recientemente del Este. Arrojados por los colonos blancos de su tierra natal, se habían visto forzados a mudarse al otro lado del Misisipí.

Estas tribus eran muy diferentes entre ellas. Hablaban lenguas diferentes, tenían costumbres diferentes y formas de vida diferentes. Los cheyennes eran cazadores y guerreros nómadas que seguían las manadas de bisontes a través de las praderas. Cuando cambiaban de lugar, se llevaban con ellos sus hogares; vivían en tipis hechos con pieles de bisonte. Los pueblo del Suroeste eran campesinos sedentarios que vivían en grandes complejos de apartamentos hechos de adobe; cultivaban maíz y algodón, y criaban pavos. Los chinook del Noroeste eran expertos en la pesca y sabían usar canoas. Sus casas estaban hechas de madera.

Al principio, la mayor parte de las tribus fueron amistosas con los pioneros que empezaron a asentarse en el Oeste. Cuando las primeras caravanas empezaron a cruzar el continente, los indios se ofrecían con frecuencia como guías. Ayudaban a los emigrantes a cruzar los ríos y comerciaban con ellos en el camino. Algunas tribus fueron hostiles con los recién llegados, pero al principio hubo pocos problemas. A lo largo de la ruta, los encuentros entre indios y emigrantes eran habitualmente pacíficos.

En algunas regiones, los niños de los indios empezaron a asistir a las escuelas dirigidas por misioneros cristianos. Algunos niños blancos tenían amigos indios y aprendieron a mantener conversaciones en dialectos indios.

Sin embargo, los indios y los blancos vivían por lo general en dos mundos separados. Los indios visitaban los puestos de comercio de la frontera y de las ciudades, pero los colonos blancos raramente se aventuraban a un poblado indio. La mayor parte de los blancos desconocía las costumbres de los indios. Sabían muy poco de estos nativos cuya lengua, manera de vestir y costumbres eran tan distintas de las suyas.

❧

Los que visitaban algún poblado indio podían ver niños jugando a juegos que les eran familiares. Los muchachos indios caminaban en zancos, cabalgaban en caballos de palo, tenían trompos hechos de bellotas y jugaban con pelotas hechas de cuero y rellenas de pelo de animal. Les gustaba jugar a la gallina ciega, a la sillita de la reina y a quién tiene el botón. Hacían competiciones de carreras a la pata coja, concursos de aguantar la respiración y de lucha y la versión india del fútbol americano y del hockey sobre hierba.

Un complejo de apartamentos de adobe en Taos, Nuevo México

Una familia zuni en la terraza de su apartamento de adobe

Las niñas jugaban a las casitas con muñecas de piel de ciervo y las acostaban en tipis de juguete o en casitas de madera de sauce. Vestían a sus perritos y se los cargaban a las espaldas como si fueran bebés. Los niños jugaban a las cacerías y a saqueos armados con pequeños arcos y flechas. A veces atrapaban ranas o mataban ardillas listadas o conejos. A veces se enfrentaban con animales más grandes.

Un hombre de la tribu siux llamado Ohiyesa contaba la aventura que tuvo de niño con un enorme alce. Estaba jugando a la orilla de un lago con otros muchachos cuando vieron un alce que nadaba hacia ellos.

—Desaparecimos en un momento, como chachalacas de las praderas, ocultos en la hierba alta. Yo no tenía más de ocho años pero comprobé la resistencia de la cuerda de mi arco y ajusté la flecha más afilada para utilizarla. Mi corazón empezó a latir con violencia cuando el animal, imponente y feo, se acercó a la orilla…

Pensé: "De cualquier manera, podré decir que soy el niño más pequeño que le ha disparado una flecha a un alce". Eso me bastaba. Me preparé para dar un salto antes de disparar. Cuando la bestia de patas largas salía del agua y empezaba a sacudir su largo pelo, yo me levanté de un salto. ¡Sentí que algunas gotas de agua me salpicaban la cara! Le disparé mi mejor flecha con todas mis fuerzas y le di en medio de las costillas. Luego lancé al aire mi grito de guerra.

—El alce no pareció tan impresionado por mi diminuta flecha como por nuestros gritos y chillidos. Dio un salto sobre sus patas largas y en un minuto había desaparecido.

Jóvenes de todas las edades montaban ponis y caballos. Cuando los niños tenían dos o tres años, los montaban sobre un caballo manso y los ataban a la silla. Cuando el niño llegaba a cinco o seis años, ya podía haber recibido un poni como regalo de su padre o de su abuelo. Para entonces ya sabía montar y era capaz de ayudar a pastorear los caballos.

Los muchachos mayores competían en carreras y en concursos de monta. Presumían de sus habilidades colgándose del costado de un caballo al galope y balanceándose luego para recoger algún objeto del suelo.

Un muchacho kiowa a caballo

Los niños siux jugaban a derribarse mutuamente de sus caballos. Los muchachos se dividían en equipos, se montaban en sus caballos e iban a la carga. Cuando los caballos se encabritaban y relinchaban, intentaban tirar al enemigo al suelo. Si un muchacho perdía el equilibrio y se caía del caballo se contaba como "muerto". Quedaba fuera de juego.

Los niños aprendían de sus padres, abuelos, tías y tíos las destrezas y las costumbres de sus tribus. Los muchachos aprendían el arte de cazar, poner trampas y pescar; también aprendían a hacer barcas y a montar a caballo. Les enseñaban a hacer tambores y gorros de guerra, escudos y lanzas, arcos y flechas. Marcaban la llegada de la adolescencia con la participación del muchacho en su primera caza con los mayores. Si conseguía cazar algo, se le elogiaba. Para celebrar el acontecimiento, su padre invitaba a otros miembros de la tribu a una gran fiesta.

Cuando se hacía mayor, el muchacho empezaba a acompañar a grupos guerreros en ataques. Al principio ayudaba a recoger leña, a sujetar los caballos y a recoger las flechas de los enemigos para volver a usarlas. Poco a poco aprendía a hacer frente al peligro y a ocupar su puesto entre los otros guerreros.

Las niñas empezaban a ayudar a sus madres cuando tenían cinco o seis años. Aprendían a cocinar y a coser, a crear complicadas obras de artesanía hechas de cuentas y de púas del puerco espín, a tejer mantas, a hacer cestas y cerámica, a hacer mocasines, a decorar ropa y a curtir pieles de bisonte.

Las niñas mayores atendían a sus hermanitos y hermanitas, llevándolos en un arnés de madera acolchado, que se sujeta en la frente. Cada tribu tenía su propio estilo de arnés de madera para bebé. Se colgaba un vestidito hecho de conchas o cuentas cerca de la cabeza de las niñas, y un pequeño arco y flecha cerca de la de los niños.

—La vida era más tranquila por el sentido de igualdad —recordó un jefe siux—. Todas las faenas de las mujeres, cocinar, cuidar a los niños, curtir y coser, se consideraban dignas y merecedoras de aprecio. Ningún tipo de trabajo se consideraba servil y, por consiguiente, no había trabajadores serviles.

Una familia navajo trabajando en un telar de mantas. Una niña de cinco años, en primer plano, está cardando lana.

Dos niñas kiowa llevan un bebé en un arnés de madera.

Una familia bannok acampada cerca de Medicine Lodge Creek, Idaho

Tanto los niños como las niñas aprendían los mitos, los rituales, las canciones y las danzas tradicionales de su tribu. Aprendían los nombres de los espíritus que vivían en los árboles, las rocas, los arroyos y las colinas que bordeaban sus tierras, así como a comprender a esos espíritus y a pedirles ayuda.

Se regañaba a los niños por mentir, por pelearse y por faltar el respeto a los mayores. Aunque la mayor parte de los padres eran estrictos con sus hijos, raramente les pegaban. En lugar de eso, los corregían con palabras duras y con miradas severas. Cuando los niños hacían algo malo se les ridiculizaba y despreciaba. El peor castigo que podía sufrir un niño era ser humillado delante de la tribu.

Los problemas empezaron a surgir a medida que fueron llegando al Oeste más y más colonos que declaraban que aquellas tierras eran suyas. La tierra que reclamaban pertenecía a los indios. Los indios empezaron a sospechar que el hombre blanco había venido a tomar control permanente de sus terrenos de caza.

La mayoría de los blancos creía que el destino de los Estados Unidos era ocupar y desarrollar todo el continente de mar a mar, y convertir a los indios a la civilización del hombre blanco. Algunos colonos consideraban al "hombre rojo" como un ser salvaje y primitivo, un miembro de una raza inferior que debía ser expulsado de los territorios ocupados por los blancos y forzado a vivir en reservas. Los colonos se extendieron rápidamente al otro lado de la frontera. Creían que los indios no tenían derecho a ponerles obstáculos.

Durante los años cincuenta del siglo pasado, las tribus indias fueron persuadidas u obligadas a entregar más y más partes de su territorio. A cambio, el gobierno de los Estados Unidos firmó cientos de tratados para formar reservas para el uso exclusivo de las tribus. El gobierno también prometió pagar a los indios por la pérdida de sus tierras. Pero, con frecuencia, el gobierno no hizo caso a los tratados y olvidó las promesas. Muchos indios se encontraron exiliados en reservas aisladas donde ya no podían cazar ni vivir libremente como lo habían hecho en el pasado. Para ellos, la vida en la reserva significaba pobreza y desesperación.

Durante todo este tiempo, se exhortaba a los indios a abandonar sus tradiciones, a cambiar sus flechas y sus arcos por el arado del hombre blanco. En algunas reservas, el gobierno de los Estados Unidos ofreció construir casas de ladrillo si los indios aceptaban vivir como quería el hombre blanco. Muchos indios usaban las casas de ladrillo como almacén y continuaban viviendo en sus tipis. Algunos empezaron a vestir la ropa del hombre blanco. Otros siguieron usando la ropa tradicional de sus tribus.

En las praderas, las tribus cazadoras habían dependido de los bisontes para vivir. Los bisontes proporcionaban gran parte de su comida y casi todo lo que necesitaban: cuero para sus tipis, ropa, pieles para sus alfombras y mantas, huesos para sus vasos, cucharas, cuchillos y puntas de flechas. Para los indios de las llanuras, el bisonte era un animal sagrado. Debían matarlo solamente por necesidad, y había que venerarlo antes de cada cacería, alabarlo y agradecerle sus muchos obsequios.

Se apremiaba a los indios a abandonar su manera tradicional de vivir.
Esta fotografía se tomó en la reserva de los siux santee en Minnesota en 1862.

Los cazadores blancos no tenían tanto respeto por el bisonte. Durante los años cincuenta y sesenta del siglo pasado, se mataron millones de animales para obtener carne y cuero, pero también simplemente por deporte. A principios de los 1800, unos 60 millones de bisontes recorrían el continente. Para 1850, quedaban por lo menos 20 millones. Pero para 1870, el bisonte americano estaba prácticamente extinto.

Junto con la pérdida de sus bisontes, miles de indios perdieron la vida debido a nuevas y terribles enfermedades que no habían conocido antes. Los pioneros que viajaban hacia el oeste llevaban con ellos epidemias de cólera, viruela y sarampión. Los indios no tenían inmunidad natural contra estas enfermedades europeas, y el índice de mortalidad fue muy elevado. Algunas tribus perdieron más de la mitad de sus miembros.

Mientras tanto, los poblados y los colonos de la frontera empezaron a aparecer en todas partes. Los pioneros exigían que se abriera más territorio indio a colonos blancos. A través del Oeste, los indios fueron empujados por los granjeros, los mineros y los ganaderos blancos. Algunas tribus abandonaron sus tierras pacíficamente. Pero otras se sintieron engañadas y traicionadas, y juraron resistir. Entonces empezaron a luchar por la tierra que ellos consideraban suya.

Brotaron escaramuzas y batallas entre los miembros enfurecidos de tribus y las tropas del ejército de los Estados Unidos. El ejército atacó por sorpresa poblados indios. Los indios atacaron caravanas, asentamientos y poblados fronterizos. Aunque los colonos en su mayoría no sufrieron nunca la violencia de los indios, sí oyeron historias terribles y rumores sobre indios en pie de guerra. En algunas partes del Oeste, los pioneros aterrorizados dormían con el rifle cargado a su lado. Las caravanas se apresuraban por las rutas, atentas a cualquier señal y sin saber si los indios los iban a atacar.

Para 1860, había estallado una guerra a gran escala. Durante años, los indios hicieron una guerra de guerrillas contra los invasores blancos, mientras que las tropas del ejército los perseguían y entraban en batallas campales con ellos. El ejército se peleó con los apaches en el Suroeste, con los nez perce en el Noroeste y con los siux, los comanches y los cheyennes en las Grandes Llanuras. De los dos lados hubo ataques y venganzas, matanzas y atrocidades.

Dos niñas comanche

Un niño kiowa

485

—¿Qué razón tenemos para seguir viviendo? —preguntaba un jefe indio—. El hombre blanco nos ha quitado nuestro país y ha matado nuestros animales de caza. No satisfecho con ello, ha matado a nuestras esposas y a nuestros hijos. Ahora no hay paz. Queremos irnos y reunirnos con nuestras familias en el mundo de los espíritus. Hemos levantado el hacha de la guerra hasta la muerte.

La lucha alcanzó su auge entre 1869 y 1875, cuando hubo más de doscientas batallas campales. Aunque los indios ganaron algunas batallas importantes, no tenían realmente la posibilidad de recuperar sus tierras. Eran menos en número y estaban mal armados; las enfermedades y la guerra los habían debilitado y finalmente fueron sometidos. La última gran batalla de las guerras contra los indios fue la matanza de Wounded Knee Creek, Dakota del Sur, el 29 de diciembre de 1890; en ella las tropas del ejército mataron a tiros a más de doscientos hombres, mujeres y niños siux.

En un tiempo, los indios eran dueños de todas las tierras de lo que es ahora los Estados Unidos. En 1890, controlaban solamente 200,000 millas cuadradas. El resto de la tierra, unos 3 millones de millas cuadradas, la habían tomado los blancos. Incluso entonces los indios no tenían los mismos derechos que los otros habitantes de los Estados Unidos. Hasta 1924, no recibieron la ciudadanía y el derecho al voto.

Al terminar las guerras con los indios, el gobierno prosiguió en su esfuerzo de cambiar la manera de vivir de los indios y de incorporarlos a la sociedad de los blancos. En las escuelas de las reservas, los jóvenes indios aprendían los métodos modernos de trabajar la tierra y oficios prácticos. Muchos jóvenes indios fueron enviados a internados especiales en el Este, como la escuela Carlisle para indios en Pensilvania. Fundada en 1879, la escuela Carlisle fue la primera de este tipo establecida fuera de una reserva. Sus estudiantes procedían de casi todas las tribus de los Estados Unidos.

El propósito de la escuela Carlisle y de otras similares era enseñar a los jóvenes indios a vivir "según la civilización". Richard H. Pratt, el fundador de la escuela Carlisle, creía que los indios sólo tendrían éxito en los Estados Unidos si cambiaban su propia cultura por la de los blancos.

Tres niñas al llegar a un internado
para indios en 1878 (arriba); las mismas niñas
catorce meses después (a la derecha)

Algunos indios que se graduaron de las escuelas se integraron en la vida de la sociedad blanca. Pero muchos otros no quisieron adoptar la versión de la civilización del hombre blanco. Volvieron a sus reservas donde prefirieron seguir viviendo, dentro de lo posible, de la forma tradicional de sus antepasados.

En 1867, un jefe comanche llamado Diez Osos había expresado los sentimientos de su pueblo: —He oído decir que ustedes intentan asentarnos en una reserva cerca de las montañas. Yo no quiero vivir en esa zona. Mi vida es recorrer la amplia pradera, y cuando lo hago me siento feliz y libre. Cuando nos quedamos en un solo lugar, perdemos el color y nos morimos.

—Presten atención a lo que digo… Durante muchos siglos esta tierra perteneció a mis padres pero ahora cuando subo por el río veo un campamento de soldados; los veo cortar mis árboles y matar mis bisontes. Eso no me gusta y cuando lo veo, siento que mi corazón va a explotar de dolor. He dicho.

Un grupo de muchachos al llegar a un internado para indios en 1878

Algunos de esos muchachos quince meses más tarde

Acerca de Russell Freedman

Cuando Russell Freedman era niño, descubrió que los relatos de no-ficción le gustaban tanto como cualquier novela o cuento. Más tarde, en una exposición, quedó fascinado cuando vio fotos históricas de niños. Decidió contar las historias que había en aquellas fotos.

Hoy, Freedman dedica todas sus energías a descubrir la historia. Investiga y viaja con frecuencia para ver los sitios. Escoge cuidadosamente las fotos que usa; a veces pasa cientos de horas para encontrar las mejores imágenes. Para Freedman, las fotos son esenciales para la historia ya que "revelan algo que las palabras no pueden expresar".

Russell Freedman ha escrito más de treinta y cinco libros para lectores jóvenes.

LA VUELTA

Haz una tabla

La niñez entonces y ahora

Los niños nativoamericanos del siglo diecinueve jugaban y aprendían destrezas importantes para la vida. ¿Se parece esto a tus propias experiencias o es diferente? Haz una tabla para comparar y contrastar la niñez nativoamericana con la tuya. Usa estos encabezamientos en tu tabla: *Juegos*, *Destrezas*, *Valores* y *Disciplina*.

Escribe una carta

Ponte en su lugar

El gobierno de los Estados Unidos envió a los niños nativoamericanos a escuelas en las reservaciones y a internados "para integrarlos en la sociedad de los blancos". ¿Fue esto una buena idea? Discute con tus compañeros las ventajas y las desventajas de este plan. Después escribe una carta que exprese tus puntos de vista a un periódico de 1890.

490

AL OESTE

Dónde

Pinta una imagen

Un día en la vida

En la selección *Los niños del Viejo Oeste*, Russell Freedman describe cómo era la vida diaria de los niños nativoamericanos. Utiliza el texto y las fotos como guía, y dibuja, pinta o construye una escena para mostrar una o más de las actividades diarias de estos niños.

Compara las selecciones

Choque cultural

Piensa sobre cómo están descritos los nativoamericanos en *El Camino de Santa Fe* y en *Los niños del Viejo Oeste*. Escribe un párrafo que explique cómo son distintos los puntos de vista de Marion Russell y de Russell Freedman y por qué.

¿Dónde vivían?

Durante la segunda mitad del siglo diecinueve, la gente de muchas culturas diferentes consideraba las Grandes Llanuras como su hogar. Aquí vamos a ver cómo era para algunos de ellos ese "hogar".

El tipi era ideal para la vida de los nativoamericanos en las Grandes Llanuras: era portátil, ventilado, seco, cómodo, fuerte y eficiente, y estaba bien iluminado.

cubierta de cuero de bisonte: curtida y ahumada para permitir el paso de la luz pero no el de la lluvia o la nieve

sujetadores de sauce

puerta este

combustible, comida, utensilios, etc., al sur de la puerta

palo de anclaje

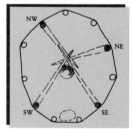

Hidatsa 4 postes

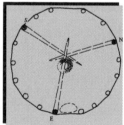

Cheyenne 3 postes

Los nativoamericanos de las Grandes Llanuras construían tipis con tres postes o cuatro postes como base de la estructura.

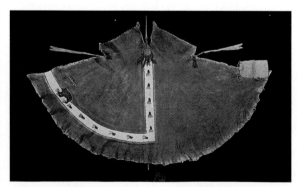

Miniatura de una cubierta de tipi kiowa

El uso de tipis en las Grandes Llanuras

▲ Sarsi
▲ Assiniboin
▲ Blackfeet
▲ Hidatsa
▲ Mandan
▲ Crow
▲ Arikara
▲ Flathead
▲ Cheyenne
▲ Siux
▲ Nez Perce
▲ Ponca
▲ Shoshoni
▲ Omaha
▲ Pawnee
▲ Arapaho
▲ Kiowa
▲ Kiowa-Apache
▲ Comanche

▲ = 4 postes
▲ = 3 postes

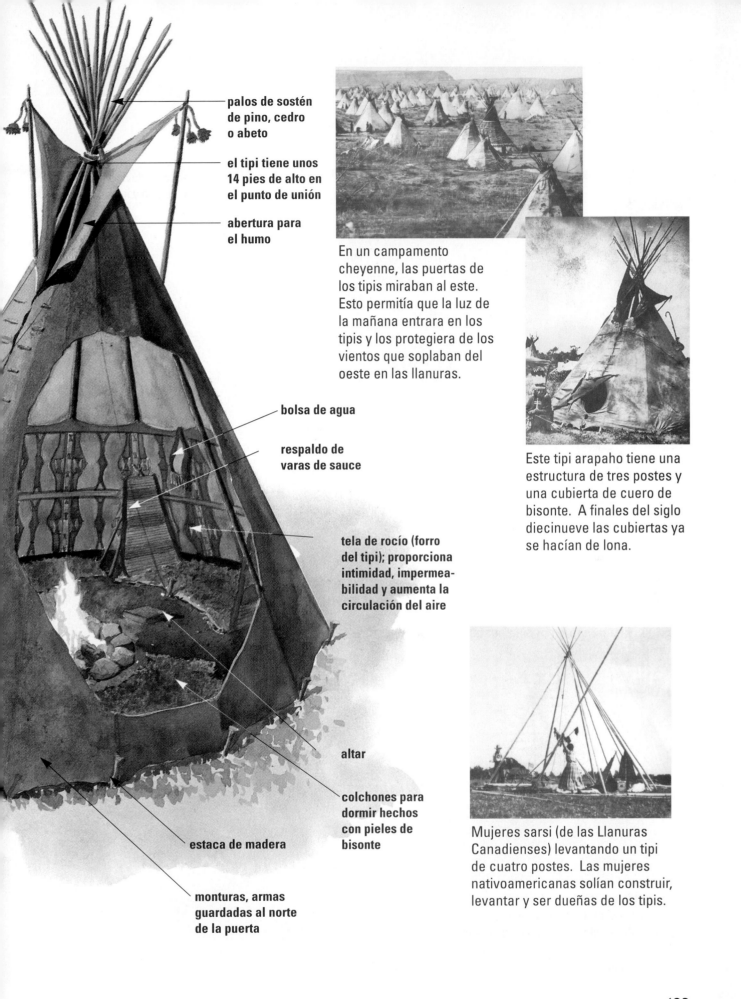

palos de sostén
de pino, cedro
o abeto

el tipi tiene unos
14 pies de alto en
el punto de unión

abertura para
el humo

En un campamento
cheyenne, las puertas de
los tipis miraban al este.
Esto permitía que la luz de
la mañana entrara en los
tipis y los protegiera de los
vientos que soplaban del
oeste en las llanuras.

bolsa de agua

respaldo de
varas de sauce

tela de rocío (forro
del tipi); proporciona
intimidad, impermea-
bilidad y aumenta la
circulación del aire

Este tipi arapaho tiene una
estructura de tres postes y
una cubierta de cuero de
bisonte. A finales del siglo
diecinueve las cubiertas ya
se hacían de lona.

altar

colchones para
dormir hechos
con pieles de
bisonte

estaca de madera

Mujeres sarsi (de las Llanuras
Canadienses) levantando un tipi
de cuatro postes. Las mujeres
nativoamericanas solían construir,
levantar y ser dueñas de los tipis.

monturas, armas
guardadas al norte
de la puerta

493

Los colonos hispanos del Suroeste usaban los materiales de la zona —arcilla y árboles ralos— para construir hogares adecuados a su entorno.

canal
(caño para hacer correr el agua de lluvia fuera del tejado y las paredes)

banco y alacena construidos en la pared interior

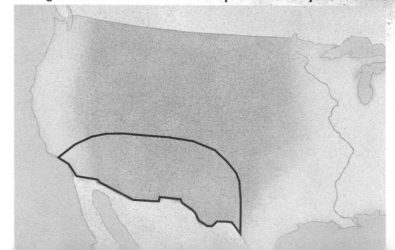

La unidad básica de una casa de adobe era una habitación de forma cúbica de unos trece por quince pies de ancho. Las vigas de madera no podían sostener un tejado más ancho.

barras de madera y contraventanas

suelo de tierra apisonada hecho con una mezcla de sangre de animal y cenizas

suelo de planchas de madera superpuesto

Las paredes de adobe se deshacían más rápidamente si no estaban cubiertas de una capa de arcilla. Esta cubierta se aplicaba con las manos y luego se alisaba con un trozo de piel de oveja humedecida.

Área general donde los colonos hispanos construyeron adobes

Cómo hacer adobe

Hoy en día algunas casas todavía se construyen con ladrillos de adobe hechos a la manera tradicional. La tierra para el adobe se separa para quitar las piedras y los guijarros. Luego se mezcla con paja en un hoyo.

1) Se remoja el molde para que el ladrillo de arcilla pueda sacarse fácilmente. Algunos moldes de ladrillos son mucho más grandes que éste.

2) El molde se llena con arcilla bien apretada para que no queden grietas o bolsas de aire.

3) Los ladrillos de arcilla se sacan del molde volteándolos cuidadosamente y se dejan para que los cueza el sol. A los pocos días, los ladrillos se ponen sobre su lado estrecho para que se cuezan completamente.

Esquema de una casa

Con frecuencia se añadían nuevas habitaciones a la casa original, y se creaba una estructura más larga o en forma de ele.

pared interior cubierta con arcilla

fogón

tejado: vigas de madera, una capa de cortezas de árbol (para impedir que el barro cayera en la habitación), **paja y una capa de adobe de 6 a 12 pulgadas**

viga (barra horizontal)

pared exterior cubierta con arcilla

ELEVACIÓN NORTE

1

2

3

La pradera casi no tenía árboles, y por eso muchos colonos se vieron forzados a construir sus hogares con la tierra que tenían bajo sus pies.

techo: vigas de sauce o cedro; sobre ellas, capas de ramas de arbustos, hierba de la pradera y tepe (con la hierba hacia arriba)

techo: hecho con tela, muselina o lona para impedir que cayeran tierra, arañas y suciedad

se colocaba una tabla sobre la ventana para impedir que el tepe rompiera los cristales

suelo de tierra apisonada, a veces cubierto con heno y una alfombra

La primera casa de tepe de una familia era con frecuencia un agujero hecho en la ladera de una colina.

Más adelante, la familia agrandaba el agujero o construía una nueva casa de tepe separada de la colina.

Una casa de tepe duraba de seis a siete años. Cuando era abandonada o descuidada, se deshacía y se convertía en tierra.

Área general donde se construyeron la mayor parte de las casas de tepe

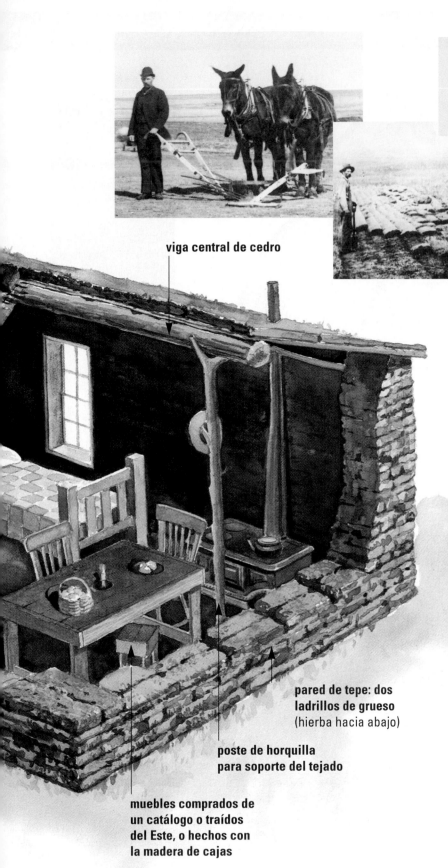

viga central de cedro

pared de tepe: dos ladrillos de grueso (hierba hacia abajo)

poste de horquilla para soporte del tejado

muebles comprados de un catálogo o traídos del Este, o hechos con la madera de cajas

Los colonos usaban un arado para cortar un acre de pasto en tiras de un pie de ancho y cuatro pulgadas de grueso. Luego cortaban estas tiras en ladrillos de tres pies de largo, que llamaban bromeando "mármol de Nebraska".

Una casa de tepe de tamaño regular medía catorce pies por doce, y construirla tomaba una semana. Era caliente en invierno y fresca en verano; su techo era pesado y el viento fuerte de las praderas no se lo llevaba. ¡Pero cuando llovía, el tejado se calaba y el agua barrosa se filtraba y lo mojaba todo!

La época de las casas de tepe acabó en los años 90 del siglo pasado, pero algunas siguieron ocupadas hasta bien entrado el siglo veinte.

497

LA SUERTE

una obra teatral
adaptada por
Teresita Brito Tzikas
de un cuento
por José Griego
y Maestas y
Rudolfo A.
Anaya

CUENTOS
Tales from the Hispanic Southwest

José Griego y Maestas
&
Rudolfo A. Anaya

Bilingual Stories in Spanish and English

Los personajes de la obra

Jacinto
Atanasio
El molinero
La molinera, María
Vecina 1
Vecina 2
El joyero
El carnicero
El criado
El gavilán
El pescado

Primer Acto
Primera escena

(La obra comienza en una plaza de pueblo. Se pueden divisar varios negocios. A la izquierda se percibe un molino, enfrente del cual se observa un molinero moliendo maíz y trigo. Dos señores bien vestidos van caminando y charlando.)

Jacinto: A mí no me cabe la menor duda, Atanasio, es la suerte la que levanta al hombre.

Atanasio: Pues estás completamente equivocado, amigo, se puede ver que tú no has considerado la importancia del dinero.

Jacinto: ¡No, hombre, no! Si tú no tienes suerte, de nada te vale el dinero.

Atanasio: Y sin dinero, ¡no hay suerte que valga!

Jacinto: Mira, preguntémosle a aquel molinero que parece ser un hombre honrado. *(Se dirigen al molinero.)*

Atanasio: Buenos días, buen hombre, ¿cómo corre su negocio?

Molinero: ¿Mi negocio? ¡Ojalá lo fuera! No, señor, yo no soy más que un pobre jornalero. Trabajo todo el día por cuatro reales para mantener a mi mujer y a mis tres hijos.

Atanasio: Y usted, ¿se acabala con quince pesos al mes para mantener a su familia de cinco?

Molinero: Pues, me limito todo lo que puedo para mantener a mi familia, porque no tengo suficiente.

Atanasio: Pues, entonces le voy a hacer un presente. Aquí le voy a regalar doscientos pesos para ver lo que va a determinar hacer con ellos.

Molinero: No, señor, no creo que usted me pueda regalar ese dinero la primera vez que yo lo miro a usted.

Atanasio: Señor, yo le voy a dejar este dinero a usted porque este hombre y yo porfiamos. Él porfía que la suerte es la que levanta al hombre y yo digo que el dinero es el que lo levanta. *(Atanasio le entrega una bolsa con el dinero al molinero, quien lo mira atónito, y los dos amigos se van.)*

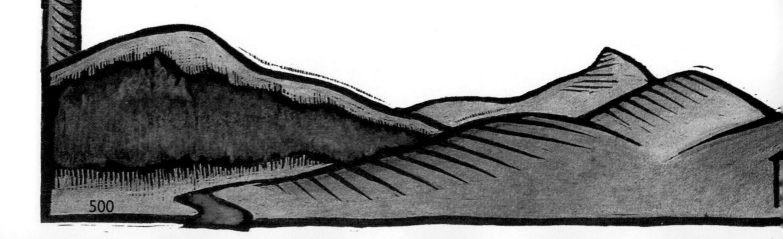

Molinero: Pero señ... *(dirigiéndose al público)* ¡Cosas de ricos excéntricos! Seguramente me han dado este dinero para calarme. Sea como fuera, es mío y puedo determinar de ello como me parezca. Compraré algo para la cena con estos diez pesos y guardaré el resto hasta que decida qué hacer. *(Envuelve el dinero en unos trapos y en una blusa de lona y lo sostiene bajo el brazo.)* ¡Pepe! *(dirigiéndose hacia la carnicería)* ¡Dame el mejor filete que tengas!

Carnicero: Claro que sí, hombre, enseguida. ¿Es que has recibido herencia?

Molinero: Casi, casi, Pepito, casi, casi...
(El carnicero envuelve la carne en un papel y se lo entrega al molinero. Éste lo guarda bajo el otro brazo y se encamina felizmente hacia su casa. De repente, le sale al encuentro un gavilán que trata de arrebatarle el pedazo de carne. El molinero pelea con el ave, tratando de defender el pedazo de carne.)

Molinero: ¡No, no, no!
(En el reborujo, se le cae la blusa en la que lleva el dinero; el gavilán la agarra y se la lleva, dejándolo desconsolado.)

El gavilán: No querías darme un poco de carne, así que ahora, me llevo tu blusa. Aprende, pues, que la suerte se debe compartir.

Molinero: Pero soy un hombre honrado. Siempre ayudo a mis vecinos. No es justo.

El gavilán: Ya verás, la vida siempre sorprende a uno. Recuerda mis palabras y no pierdas la esperanza. Cuando menos te lo esperes, algo bueno te ocurrirá.

Segunda escena

(En la casa del molinero, éste le cuenta el incidente a María, su esposa.)

Molinero: ¡Cuánto más valía haberle dejado a este hambriento animal que se llevara el pedazo de carne! Cuántos más pedazos de carne hubiera comprado yo con el dinero que se llevó. ¡Ahora voy a quedar en la misma calamidad que antes! Y más ahora que antes, porque estos hombres me van a juzgar por un ladrón. Tal vez si yo hubiera pensado diferente en mi negocio, no debía de haber comprado nada; debía haberme venido para mi casa para que no me hubiera pasado una cosa semejante.

María: De cualquier modo, nos ha tocado ser pobres. Pero ten fe, que algún día nuestra suerte cambiará.

Segundo Acto
Primera escena

(En la plaza del pueblo, tres meses después. Jacinto y Atanasio están sentados en un banco, conversando. El molinero los ve y trata de pasar desapercibido pero ellos lo ven y lo llaman.)

Atanasio: Mira, Jacinto, ¿no es aquél el molinero a quien le diste el dinero?

Jacinto: Tienes razón, preguntémosle cómo lo ha tratado la suerte.

Atanasio: Buenos días, amigo, cuéntame qué es de tu vida. ¿Te ha levantado el presente que te hice?

Molinero: Pues fíjese, señor, ¡qué mala suerte la mía! No vaya usted a pensar que he malgastado el dinero que con tanta generosidad usted me dio, sino que tal ha sido mi desgracia que, camino a casa aquel día, me salió un gavilán al encuentro y quiso arrebatarme el trocito de carne que yo había comprado para mi familia y en el reborujo del pleito, se ha llevado la blusa en la que yo había envuelto su dinero y me ha dejado sin nada. Así sucedió, tal y como le cuento, ¡créame señor!

Jacinto: ¡Qué mala suerte!

Atanasio: Ya lo creo, amigo, y para comprobar mi teoría de que el dinero levanta al hombre le voy a regalar otros doscientos pesos. ¡A ver si esta vez le va mejor!

Molinero: Señor, valía más que usted pusiera este dinero en manos de otro hombre.

Atanasio: Pues, mi gusto es dejártelo a ti, porque me pareces ser un hombre honrado. Tú tienes que quedarte con el dinero.

Molinero: Gracias, mil gracias, señor, le prometo hacer lo mejor que pueda con él. *(Se van los dos señores. El molinero se queda contando el dinero. Cuenta hasta diez en voz alta, envuelve ciento noventa en unos trapos y habla para sí.)* Esta vez voy a ir derechito a mi casa; no vaya a tener ningún inconveniente y vuelva a desperdiciar el dinero sin haberlo usado...
(Se va caminando rápida y cautelosamente mirando hacia todas partes como si algo pudiera salirle al encuentro.)

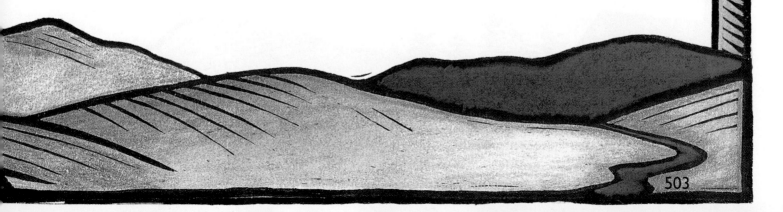

Segunda escena

(Llega a su casa y llama a su esposa.)

Molinero: ¡María! ¡María! ¿Dónde se habrá metido? Bueno, meteré el dinero en esta tinaja de salvado por ahora y luego consultaré con María para buscarle un sitio mejor. Y ahora me voy volando, antes de que el patrón se dé cuenta de mi ausencia.
(Sale apresuradamente. Se extinguen levemente las luces para demostrar que ha atardecido. Vuelve a entrar el molinero, sucio y cansado. Su esposa lo recibe alegremente.)

María: ¡Mira, hijo! Compré un poco de tierra para enjarrar la casa por dentro.

Molinero: Y, ¿con qué has comprado tierra, si no tenemos dinero?

María: Sí, pero este hombre andaba vendiendo la tierra, fuera por prendas, dinero o cualquier cosa. La única cosa de valor que teníamos para feriar era la tinaja de salvado, así que le di la tinaja de salvado por la tierra. Creo que será suficiente para que yo enjarre estos dos cuartos.
(El molinero se jala de los cabellos y exclama enfurecido.)

Molinero: ¡Ay, qué has hecho, mujer! ¡Otra vez nos quedamos en la ruina! Habías de haber visto que hoy mismo me encontré con los mismos amigos y que me dieron doscientos pesos más. Yo, por tenerlos más seguros, los eché dentro de la tinaja de salvado. ¿Qué es lo que voy a reportarles a estos hombres ahora? Ahora acabarán de juzgar que yo soy un ladrón.

María: Que piensen como quieran, que al cabo uno no tiene más que lo que Dios quiere. Ya nos tocó ser pobres. Sólo Dios sabrá hasta cuándo.

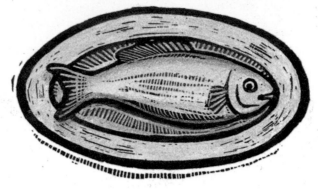

Tercer Acto
Primera escena

(Se ve el molino en primer plano. El molinero está trabajando diligentemente, cuando aparecen los dos señores.)

Molinero: *(Dirigiéndose al público)* ¡Ay, Dios mío! Allá vienen esos dos señores de nuevo. ¿Qué van a decir cuando se enteren de lo que sucedió con el dinero esta vez? Pensarán que soy un traidor y que he malgastado todo el dinero. *(Se acercan los dos amigos.)* ¡Qué gusto de verlos, señores! Ay, no van a creer lo que me ha pasado esta vez con el dinero presentado! Fíjense, pues, que mi mujer, sin saber que yo había guardado ahí el dinero, cambió una tinaja de salvado por un poco de tierra para enjarrar la casa.

Atanasio: ¡No me venga usted con más cuentos! Probablemente ha malgastado todo el dinero en bromas y juegos. Sea como sea, yo todavía sostengo que los hombres se levantan a fuerza de dinero y no por la suerte.

Jacinto: Bueno, pero no probaste tu punto con darle el dinero al pobre molinero.

Atanasio: Bueno, entonces pase usted muy buenas tardes.

Molinero: Muy bien, amigo.

Jacinto: Aquí tiene un pedazo de plomo. Puede que para alguna cosa le sirva.

(El molinero toma el pedazo de plomo desinteresadamente. Los dos hombres se despiden y el molinero se dirige a su casa. Una vez en casa, tira el pedazo de plomo por debajo de una mesa y se sienta a cenar en silencio. Al poco rato, todos se levantan y se acuestan a dormir. No más se acaban de acostar, suena la puerta.)

Segunda escena

Molinero: ¿Quién es? ¿Qué se le ofrece?

Vecina 1: Yo, vecino. Dice su vecino que si por casualidad no tiene un pedazo de plomo por ahí guardado. Que le haga el favor, si tiene, de darle un poco, que mañana tienen que hacer una pesca muy grande y no tiene suficiente plomo para componer sus redes.
(El molinero busca el pedazo de plomo que está debajo de la mesa y se lo entrega a la mujer.)

Molinero: Pues tenga usted, vecina, y dígale a mi vecino que le deseo buena pesca.

Vecina 1: Muy bien, vecino, muchísimas gracias. Le prometo que el primer pescado que pesque su vecino ha de ser para usted.

Tercera escena

(La próxima tarde, cuando llega el molinero del trabajo, busca a su esposa y ve un pescado enorme sobre la mesa de la cocina.)

Molinero: ¿De dónde, hija, estamos tan bien nosotros que vamos a cenar pescado?

María: ¿No te acuerdas que anoche nos prometió la vecina que el primer pescado que pescara el vecino nos lo iba a regalar a nosotros? Éste fue el único pescado que pescó la primera vez que echó la red. *(Ella va y viene de la cocina a la sala. El molinero mira el pescado y de repente, lo ve guiñar. Cree que está soñando y se frota los ojos.)*

El pescado: ¿Te acuerdas de lo que te dijo el gavilán? La vida siempre sorprende a uno. Te traje algo bonito.

(El molinero se queda boquiabierto, completamente sorprendido. Mientras tanto, su esposa sigue hablando. El molinero sigue mirando el pescado que está de nuevo inmóvil. Cree que fue un sueño y no le hace mucho caso.)

María: ¡Y si vieras, hijo! ¡Lo que más me admira, que este pescado tenía adentro un pedazo de vidrio muy grande!

Molinero: Y ¿qué hiciste con él?

María: Se lo di a los muchachos para que jugaran con él.

(Le enseña el pedazo de vidrio, tan brillante que ilumina el cuarto. El hombre y la mujer no saben que es un diamante, así que se lo dan a los muchachos para que jueguen con él. Los chiquillos se pelean por el nuevo juguete. Al día siguiente, se oye tocar a la puerta con insistencia. Es la vecina, cuyo esposo es un joyero.)

Vecina 2: Vecina, ¡a ver si tiene usted más cuidado de su familia! Con esa bulla no hemos podido dormir en toda la noche.

María: Sí, vecina, es verdad lo que usted dice. Pero ya ve como es donde hay familia. Pues, usted verá que ayer hallamos un vidrio y se lo di al niño más chiquito para que jugara con él y cuando los más grandes se lo quieren quitar, él forma un escándalo grande.

Vecina 2: ¡A ver! ¿Por qué no me enseña ese vidrio?

María: Sí, se lo puedo enseñar. Aquí está.

Vecina 2: Qué bonito vidrio es éste. ¿Dónde lo hallaron?

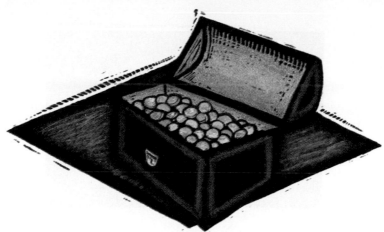

María: Pues, adentro de un pescado. Ayer estaba limpiando un pescado y el vidrio estaba adentro de él.

Vecina 2: Empréstemelo para llevarlo a mi casa para ver si se parece a uno que tengo.

María: Sí, ¿por qué no? Lléveselo. *(La vecina se lleva el "vidrio" para enseñarlo a su marido.)*

Joyero: Éste es un diamante de los más finos que he visto. Anda, dile a la vecina que le damos cincuenta pesos por él. *(Otra vez en la casa de los molineros.)*

Vecina 2: Dice su vecino que si quiere, que le damos cincuenta pesos por este vidrio. Todo lo hacemos porque es muy parecido a otro que tenemos nosotros y así podríamos hacer un par muy bonito.

María: De ningún modo, vecina, puedo yo vendérselo. Eso puede hacerse a la tarde cuando venga mi esposo.

Cuarta escena

(Cuando llega el molinero del trabajo, le cuenta la esposa lo que ofreció su vecino. Le está contando todo cuando llegan los joyeros.)

Vecina 2: ¿Qué dice, vecino? ¿Quiere cincuenta pesos por el vidrio?

Molinero: Alárguese un poco más.

Joyero: Le daré cincuenta mil pesos.

Molinero: Poco más.

Joyero: Caramba, vecino, no sea tan codicioso. Le daré cien mil pesos, ni un céntimo más.

Molinero: De acuerdo, vecino. Es un placer tratar con usted.
(Se van los joyeros con el diamante, y los molineros, con tanto dinero, brincan y bailan de alegría. Pero el marido queda un poco preocupado.)

Molinero: Pues, no sé de este dinero. El joyero de repente nos podría levantar un crimen que nosotros le hemos robado, o de alguna manera nos podría levantar un perjuicio muy grande.

María: ¡Oh, no! Ese dinero es nuestro. Nosotros vendimos el vidrio por ese dinero. Nosotros no se lo robamos a nadie.

Molinero: De todos modos yo voy mañana a trabajar, hija. No nos vaya a suceder que se nos acabe el dinero y no tengamos ni el dinero ni el trabajo y entonces, ¿cómo nos vamos a mantener?

María: A propósito, ¿has pensado qué vas a hacer con este dineral que tenemos?

Molinero: Voy a ver si puedo poner un molino, tal como el que estoy manejando de mi amo. Quiero poner un comercio y así, poco a poco, veremos si cambiamos nuestra suerte.

María: ¡Y compraremos una casa en el pueblo! ¡Y tendremos criados!
(Se ven al molinero y su esposa soñando mientras, poco a poco, van apareciendo en escena un molino, una casa hermosa, una casa de campo… Entran varios sirvientes que desvisten al molinero y su mujer y les ponen trajes elegantes.)

Cuarto Acto
Primera escena

(Al frente se ve la tienda del molinero. Él está detrás del mostrador, vestido de comerciante. Al fondo se ven la casa y la finca del molinero. Pasan los dos señores, Atanasio y Jacinto. El molinero sale a la calle y los saluda.)

Molinero: ¡Qué gusto de verlos, señores! Entren, por favor, quiero enseñarles como me ha sonreído la suerte.

Atanasio: ¿No te lo dije, Jacinto? Fíjate lo que se ha podido levantar este canalla con los cuatrocientos pesos que le di.

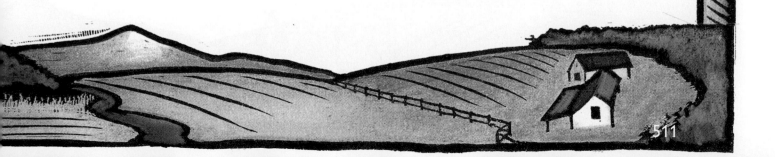

Molinero: Se equivoca, señor, no fue el dinero que usted me dio, sino el pedazo de plomo que me dio su amigo lo que me ayudó a levantarme. Yo se lo di a mi vecino, el pescador, para la pesca y éste me regaló un pescado para la cena, dentro del cual encontró mi mujer un enorme pedazo de vidrio que resultó ser un valioso diamante, el cual le vendí a mi vecino, el joyero, por cien mil pesos. Y así es como he adquirido este comercio y muchas otras cosas que quiero enseñarles. Pero ya es hora de comer. Vamos a tomar la comida y luego vamos a dar un paseo para enseñarles todo lo que tengo.

Segunda escena

(Un paisaje de campo. Los dos señores y el molinero, montados a caballo, van hacia la casa de veraneo del molinero. Por ser tan bello el campo, deciden pasearse entre el monte, y luego se detienen frente a un pinabete. Jacinto apunta hacia algo arriba.)

Jacinto: Y eso que se ve allá arriba, ¿qué cosa es?

Molinero: Eso es un nido de gavilán.

Jacinto: ¡Cómo desearía ver yo ese nido más cerquita!

Molinero: Pues no hay más que hablar. Sus deseos son órdenes para mí. José, *(llamando a un criado)* ¡súbete al pinabete y baja el nido para que el señor lo pueda ver!

(El criado se sube al árbol y baja con el nido en la mano. Los tres hombres examinan el nido y descubren, con asombro, la blusa de lona que el gavilán le había llevado al molinero.)

Molinero: ¿Qué no les parece, amigos, que ésta es la blusa que tenía yo el día que me regalaron los primeros doscientos pesos?

Atanasio: Pues si es ésta la misma blusa que tenías cuando te regalamos el dinero, aquí han de estar los doscientos que tú nos reportaste que el gavilán se había robado con todo y blusa.

Molinero: Pues creo que no hay duda. Ésta es mi blusa y vamos a examinar a ver qué es lo que hallamos.
(Examinan la blusa entre los tres y, efectivamente, encuentran el dinero.)

Molinero: ¡Aquí está! Tal como yo se lo había reportado. Ahora pueden comprobar que yo nunca les mentí.

Jacinto: Es cierto, se ve que es usted un hombre honesto y honrado.

Atanasio: Aunque todavía faltan los otros ciento noventa pesos...

Tercera escena

(Pasan el día muy contentos, paseándose hasta un poco tarde. Al llegar a la casa de veraneo, se bajan de los caballos y el molinero ordena al criado que les dé de comer a las bestias. El criado busca y se da cuenta de que no hay comida.)

Criado: Mi señor, se ha acabado el grano. Voy al comercio del rancho a comprar más. *(Se va y aparece al rato cargando una tinaja de salvado.)* Mi señor, mire qué bulto he encontrado dentro de una tinaja que he comprado al otro comerciante.

Molinero: ¿Qué es lo que hablas de tinaja?

Criado: Sí, pues, fíjese que no había grano en el comercio del rancho y por eso he ido a otro comercio inmediato y allá encontré que no había más que esta tinaja de salvado. La compré y al vaciarla en la cubeta para mojar el salvado y dar de comer a los caballos he hallado este envoltorio dentro.

María: Si no me equivoco, ésa es la mismita tinaja de salvado que yo vendí a cambio de la tierra para enjarrar nuestra antigua casa.

Molinero: Pues, en ella había yo escondido el dinero que el señor Atanasio me había dado.

Atanasio: *(Desenvolviendo el paquete.)* Efectivamente, aquí estan los otros ciento noventa pesos. Le pido disculpas, amigo, por haber dudado de su honestidad.

Jacinto: ¿Y a mí no me pides disculpas por la porfía?

Atanasio: ¿Qué dices? Si está claro que es el dinero lo que ayudó al molinero a levantarse.

Jacinto: ¡Pero qué hombre cabezón! ¿Cómo vas a decir semejante barbaridad? Fue la suerte y nada más que la suerte la que ayudó a nuestro amigo.

Atanasio: ¡Qué no, hombre, qué no! ¡El dinero!

Jacinto: ¡La suerte!

Atanasio: ¡El dinero!

Jacinto: ¡La suerte!

(Siguen discutiendo, y alejándose a la vez, mientras el molinero se despide, riéndose de sus amigos. Cae el telón.)

Fin

Acerca de los autores

José Griego y Maestas es una autoridad en el campo de la educación bilingüe. Dirigió y administró el programa de educación bilingüe del estado de Nuevo México y evaluó todos los textos que fueron considerados para éste. También sirvió como profesor ayudante y director de educación bilingüe en Santa Fe College. El señor Griego y Maestas tiene una maestría en literatura en español de la Universidad de Nuevo México.

Rudolfo A. Anaya es el primer nombre que viene a la mente cuando uno piensa en la literatura del Suroeste. Su primera y mejor conocida novela, *Bendíceme, Última,* evoca fuertemente el espíritu de la cultura e historia hispana de Nuevo México. Sus otras novelas, además de sus diversos cuentos y artículos, no han hecho sino añadir a su popularidad. El señor Anaya ha ganado muchos premios y honores durante su carrera. Actualmente, es profesor asociado en la Universidad de Nuevo México, donde enseña composición y literatura en inglés.

Acerca del ilustrador

Claudio Luis Vera nació en Alexandria, Virginia, de padre chileno y madre argentina. Desde que era chico le ha gustado dibujar. Usualmente, cuando tiene un trabajo de ilustración, comienza por descolgar el teléfono y oír alguna música que lo relaje. Luego visualiza el mundo imaginario en donde ocurre el cuento.

"La suerte" fue su primer trabajo extenso de ilustración. Para ilustrar este cuento, se imaginó que estaba en las montañas de Nuevo México; con sus dibujos, quiso mostrar un mundo hispano que poca gente conoce.

Uno de los pasatiempos del señor Vera es escalar montañas. También le gusta jugar con su labrador negro, Zach, que lo visita a menudo en la oficina.

¿Suerte o dinero?

ESCRIBE UN CUENTO EXAGERADO

Las aventuras de...

"La suerte" está llena de coincidencias y tiene algunos personajes fantásticos, como el pájaro que habla. Piensa en alguna experiencia que hayas tenido. Escribe un cuento exagerado mezclando los hechos con algunos elementos fantásticos e increíbles.

ESCRIBE EN TU DIARIO

Querido diario:

El molinero queda intrigado al conocer y escuchar a los dos hombres. Escribe en tu diario, como si fueras el molinero, tus impresiones sobre los dos hombres y sobre lo que pasó.

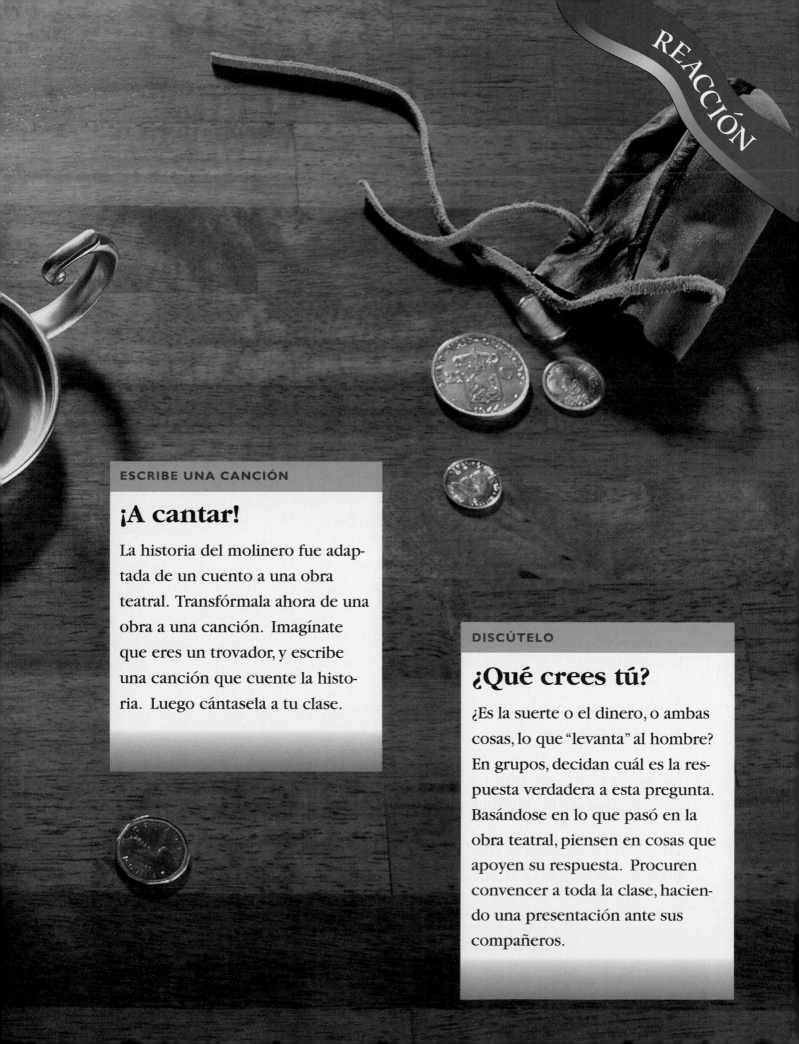

ESCRIBE UNA CANCIÓN

¡A cantar!

La historia del molinero fue adaptada de un cuento a una obra teatral. Transfórmala ahora de una obra a una canción. Imagínate que eres un trovador, y escribe una canción que cuente la historia. Luego cántasela a tu clase.

DISCÚTELO

¿Qué crees tú?

¿Es la suerte o el dinero, o ambas cosas, lo que "levanta" al hombre? En grupos, decidan cuál es la respuesta verdadera a esta pregunta. Basándose en lo que pasó en la obra teatral, piensen en cosas que apoyen su respuesta. Procuren convencer a toda la clase, haciendo una presentación ante sus compañeros.

Mi lindo Río Grande

por Alberto Barrera

Soy de la tierra del sol hirviente de Río Grande;
lugar de lomas, donde hay palomas y mesquitales.

Región donde el indio dejó regado sus pedernales,
nido de pitas y nacagüitas y de nopales.

Son sus pitahayas que nos decoran con sus colores,
y sus huisaches que nos perfuman con sus olores.

Donde el cenzontle vive piscando el chile del monte,
y el cambio del tiempo lo anuncia el coyote en el horizonte.

¡Ay!, mi Río Grande, tú me viste nacer
y de niño me cuidaste, también me viste crecer.

¡Ay!, mi Río Grande, tú me hiciste lo que soy;
por eso siempre en mi mente te llevo por donde voy.

Allí se aprecia y también se estima lo que es sincero,
punto amigable de aire agradable, paz y sosiego.

Nadie anda aprisa, nadie se apura, se anda con calma.
También se corre, cuando es preciso, pero antes se anda.

La Santa Cruz que está en la loma, crucita santa,
hace testigo de lo que digo y también lo canta.

Que son las aguas del Río Grande según parece,
las que convencen a todos a que regresen.

¡Ay!, mi Río Grande, tú me viste nacer
y de niño me cuidaste, también me viste crecer.

¡Ay!, mi Río Grande, tú me hiciste lo que soy;
por eso siempre en mi mente te llevo por donde voy.

Viejo Coyote y Abuelo Roca

contado por Joseph Bruchac

Viejo Coyote iba caminando.

Hacía ya algún tiempo que no había comido y se empezaba a sentir medio muerto de hambre. Llegó a lo alto de una colina y allí vio una gran roca. Viejo Coyote sacó su cuchillo de pedernal.

—Abuelo —le dijo Viejo Coyote a la roca—, yo te doy este magnífico cuchillo. Ahora, ayúdame tú de alguna manera, porque tengo hambre.

Luego, Viejo Coyote siguió adelante. Subió a lo alto de la colina y desde allí vio que a sus pies había un bisonte recién muerto.

"¡Qué suerte tengo!" pensó Viejo Coyote. "Pero, ¿cómo voy a cortar la carne de ese bisonte si no tengo un cuchillo? ¿Dónde diablos dejé mi cuchillo?"

Viejo Coyote volvió al sitio donde había encontrado la gran roca y su cuchillo estaba donde lo había dejado.

—Tú no necesitas este cuchillo —le dijo a la gran roca.

Tomó su cuchillo de pedernal y volvió corriendo a donde había dejado el bisonte muerto. Pero al llegar vio que donde antes había un bisonte recién matado, no quedaban más que unos huesos de bisonte, y éstos eran muy viejos y grises. Entonces, Viejo Coyote oyó un estruendo a su espalda.

Se volvió y miró hacia arriba. La gran roca rodaba hacia él colina abajo. **GA-DA-RUM, GA-DA-RUM.**

Viejo Coyote empezó a correr. Corrió y corrió, pero la piedra seguía retumbando detrás de él. **GA-DA-RUM, GA-DA-RUM.** Viejo Coyote corrió hasta que llegó a la guarida de los osos.

—Ayúdenme —les dijo a los osos.

Los osos miraron y vieron lo que perseguía a Viejo Coyote. —No podemos ayudarte contra el Abuelo Roca —le dijeron.

GA-DA-RUM, GA-DA-RUM. La gran roca seguía detrás y Viejo Coyote seguía corriendo. En su carrera llegó a la cueva donde vivían los pumas y también les pidió ayuda.

—Ayúdenme —les dijo Viejo Coyote—. ¡Me va a matar!

Los pumas miraron y vieron lo que perseguía a Viejo Coyote. —No —dijeron—, no podemos ayudarte si has enojado al Abuelo Roca.

GA-DA-RUM, GA-DA-RUM. La gran roca seguía corriendo ruidosamente tras Viejo Coyote y él seguía corriendo. Ahora llegó a un sitio donde un bisonte macho estaba pastando.

—Ayúdame —gritó Viejo Coyote—. Esa gran roca dice que va a matar a todos los bisontes. Yo he tratado de pararla y ha empezado a perseguirme.

El bisonte macho se apuntaló sobre sus fuertes patas delanteras y extendió con fuerza su cabeza para parar la gran roca. Pero la roca empujó al bisonte macho a un lado y lo dejó allí medio atontado, con los cuernos torcidos y la cabeza metida entre los hombros. Desde entonces, los bisontes tienen la cabeza así.

GA-DA-RUM, GA-DA-RUM. La gran roca seguía rodando y Viejo Coyote seguía corriendo. Pero Viejo Coyote se estaba cansando y la roca le iba ganando terreno. Entonces Viejo Coyote miró al cielo y vio un chotacabras volando sobre él.

—Amigo mío —gritó Viejo Coyote al chotacabras—, esta gran roca que me persigue me ha dicho que eres muy feo. Dice que tienes una boca muy ancha, que tus ojos son demasiado grandes y tu pico estrecho. Le he dicho que no diga eso y por eso me persigue.

El chotacabras oyó lo que decía Viejo Coyote y se enfadó mucho. Entonces, llamó a los otros chotacabras. Todos empezaron a lanzarse hacia abajo y a dar picotazos a la gran roca. Cada vez que uno picaba la roca, le quitaba un trozo que dejaba de rodar. **GA-DA-RUM, GA-DA-RUM.**

La roca siguió rodando y Viejo Coyote siguió corriendo, pero ahora la roca era mucho más pequeña. Los chotacabras siguieron lanzándose sobre la roca y quitándole trozos. Finalmente, la gran roca quedó reducida a pequeños guijarros.

Viejo Coyote se acercó y miró las piedritas.

—Vaya, vaya —les dijo a los chotacabras—. ¿Por qué ustedes, con sus anchas bocas, sus grandes ojos y sus picos estrechos le han hecho esto a mi viejo amigo?

Entonces Viejo Coyote se echó a reír y continuó su camino.

Pero ahora los chotacabras estaban muy enfadados con Viejo Coyote. Reunieron todas las piedritas de la gran roca y empezaron a abanicarlas con sus alas. Poco después, Viejo Coyote se dio cuenta de que el ruido que tan bien conocía volvía a perseguirlo. **GA-DA-RUM, GA-DA-RUM.** Trató de echar a correr, pero estaba tan cansado que no pudo escaparse. La gran roca lo arrolló y le pasó por encima, dejándolo completamente aplastado.

Acerca de

Joseph Bruchac

En "Viejo Coyote y Abuelo Roca", como en la mayor parte de sus obras, Joseph Bruchac utilizó dos fuentes principales de inspiración. Estas fuentes son la naturaleza y la experiencia nativoamericana.  A través de su carrera, Bruchac, cuyo nombre tribal abenaki es Sozap, ha procurado que tanto los adultos como los niños tengan conocimientos de la literatura moderna nativoamericana. Para Joseph Bruchac y sus lectores, "La herencia de la literatura oral de los indios americanos (que está muy viva hoy...) es verdaderamente maravillosa".

¿Te lo crees?

La guitarra
acústica
más grande
del mundo

El mayor número
de paracaidistas
al mismo tiempo

El bigote
más largo

526

La estatua más alta (de Buda) en existencia

El triciclo más alto del mundo

527

¿Te lo crees?

Índice

Expedición al Amazonas

por Ana María Shua

Disfruta de las graciosas aventuras de esta niña en su empeño por reunir dinero para viajar al Amazonas.

En el mismo libro...
Más sobre una aventura real en el Amazonas e información sobre el centro de la Tierra.

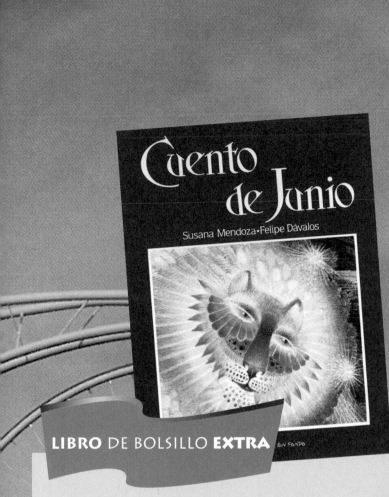

Cuento de junio

por Susana Mendoza

Sé testigo de lo que ocurre cuando una niña se aleja de su madre y sus hermanas y se encuentra con un tigre fantástico.

En el mismo libro...

Más leyendas y cuentos de las Américas.

¡Leer es creer!

Dos hombres o tres
por Paco Martín

En una ciudad había dos hombres realmente extraños. Juan era grande y robusto y Nicómedes era pequeño y delgado como un ratoncito. Eran amigos y no parecían tener ocupación alguna. El policía Vitín empezó a sospechar y decidió investigar.

El país de Kalimbún
por Fernando Pulin

El país de Kalimbún está lejísimos. Para llegar hasta allí hay que hacer nada menos que treinta y dos cambios de aviones. Y luego hay que entendérselas con los kalimbundenses; claro que con un traductófono ¡todo tiene solución!

La isla de los delfines azules
por Scott O'Dell

En 1835, una niña india se encuentra abandonada en una isla de California. Ésta es la historia increíble pero real de cómo sobrevivió sola en la isla durante 12 años.

María y el paraguas
por Mariasun Landa

María encuentra un paraguas y jamás se imagina cómo cambiará su vida a partir de ese encuentro.

La fantástica aventura del dinosaurio
por Gerald Durrell

¿Qué les ocurrirá a Jasper Retortijón y a su ayudante Casacocos cuando roban la máquina del tiempo del tío Lancelot y viajan al peligroso mundo de los dinosaurios?

Diario de un elefante
por Ángel Esteban

Aunque parezca increíble, el personaje de esta historia compra un elefante y se lo lleva a su casa.

ACERCA DE GARY SOTO

De pequeño, Gary Soto iba a la Escuela Primaria Jefferson, en Fresno, California. Un año, su escuela patrocinó un concurso de talento y uno de los compañeros de Gary decidió hacer una pantomima de una canción. A mitad de su presentación, en el escenario, el amigo de Soto olvidó la letra de la canción. Este incidente fue la fuente de inspiración para el cuento "La bamba".

Como muchos de los cuentos de Soto, "La bamba" se basa en sus recuerdos de infancia y del barrio donde creció. Como vivía en California, Soto jugaba mucho al béisbol, al fútbol y a las cuatro esquinas: —Fui un verdadero niño del campo de juego —dice Soto.

Hoy en día Soto es escritor y profesor universitario. Ha publicado cuentos, así como narraciones para adultos y jóvenes.

ACERCA DE DAVID DÍAZ

David Díaz nació en Nueva York y creció en el sur de Florida. En segundo grado, Díaz decidió ser artista. Desde entonces, sus incursiones en el campo del arte lo han llevado a explorar la escultura, la alfarería, la cerámica y la ilustración. Díaz ha trabajado anteriormente en obras de Gary Soto. También ganó el Premio Caldecott por un libro que hizo con Eve Bunting, sobre los barrios de Los Ángeles. Actualmente, Díaz vive con su esposa y sus tres hijos en San Diego, California.

LA BAMBA

POR GARY SOTO

Manuel era el cuarto de siete hijos y se parecía a muchos de los niños de su vecindario: pelo negro, tez morena y piernas flacas llenas de rasguños a causa de los juegos de verano. Pero el verano iba cediendo su lugar al otoño: los árboles se ponían rojos, los prados cafés y los granados se llenaban de frutas. Manuel caminó a la escuela una mañana helada y pateó las hojas mientras pensaba en el espectáculo del día siguiente. Aún no podía creer que se había ofrecido de voluntario. Iba a fingir que cantaba "La bamba" de Ritchie Valens, delante de toda la escuela.

¿Por qué levanté la mano?, se preguntó a sí mismo, pero en el fondo sabía la respuesta. Ansiaba lucirse. Quería aplausos tan sonoros como una tormenta y quería escuchar a sus amigos decir "¡Hombre, estuvo padre!" Y quería impresionar a las muchachas, sobre todo a Petra López, la segunda niña más bonita de su clase. Su amigo Ernesto ya se había quedado con la más bonita. Manuel sabía que debía ser razonable, pues él mismo no era muy guapo, sino sólo normal.

Manuel pateó las hojas recién caídas. Cuando llegó a la escuela se dio cuenta de que había olvidado su libro de ejercicios de matemáticas. Si el maestro se enteraba, tendría que quedarse en la escuela durante la tarde y perderse los ensayos para el espectáculo. Pero, para su fortuna, esa mañana hicieron sólo un repaso.

Durante el recreo Manuel estuvo con Benjamín, que también iba a participar en el espectáculo. A pesar de que tenía el labio hinchado luego de un partido de fútbol, Benjamín iba a tocar la trompeta.

—¿Qué tal me veo? —preguntó Manuel.

Carraspeó y empezó a hacer su mímica de labios. No se oía ni una palabra; sólo un silbido que sonaba igual al de una serpiente. Manuel trató de ser emotivo; agitó los brazos en las notas altas y abrió los ojos y la boca lo más que pudo cuando llegó a

Para bailar la baaaaamba.

Después de que Manuel terminó, Benjamín le dijo que no estaba mal, pero le sugirió que bailara mientras cantaba. Manuel se quedó pensativo unos segundos y decidió que era una buena idea.

—Sí, imagina que eres un cantante de rock famoso —sugirió Benjamín—. Pero no exageres.

Durante el ensayo, el señor Roybal, nervioso porque era su primer año como coordinador del espectáculo escolar, maldijo entre dientes cuando se atoró la palanca que controlaba la velocidad del tocadiscos.

—Caramba —gruñó, mientras trataba de forzar la palanca—. ¿Qué te pasa?

—¿Está rota? —preguntó Manuel mientras se agachaba para ver más de cerca. A él le pareció que estaba bien.

El señor Roybal le aseguró a Manuel que tendría un buen tocadiscos para el espectáculo, aun cuando esto significara que tuviera que traer el aparato estereofónico de su casa.

Manuel se sentó en una silla plegable y le dio vueltas al disco
con su pulgar. Vio una pequeña obra de teatro sobre la higiene
personal, un dúo de violín entre una madre y su hija, cinco niñas
de primer año que saltaron la cuerda, un niño karateka que
rompió tablas y una pequeña obra de teatro sobre los Pioneros.
De no haberse descompuesto el tocadiscos, le habría tocado
presentarse después del niño karateka, al que fácilmente habría
aventajado, se dijo a sí mismo.

Mientras le daba vueltas a su disco de 45 revoluciones,
Manuel pensó en lo bien que iba a estar el espectáculo. Toda la
escuela estaría asombrada. Su madre y su padre se sentirían
orgullosos, y sus hermanos y hermanas estarían celosos y se
enfurruñarían. Sería una noche inolvidable.

Benjamín pasó al escenario, se llevó la trompeta a su boca y
esperó a que le dieran la señal. El señor Roybal levantó la mano
como un director de orquesta y la dejó caer con un ademán
dramático. Benjamín aspiró y sopló con tanta fuerza que a

Manuel se le cayó el disco y rodó por el piso de la cafetería hasta golpear contra una pared. Manuel corrió tras él, lo levantó y lo limpió.

—Híjole, menos mal que no se rompió —dijo con un suspiro.

Esa noche Manuel tuvo que lavar los trastos y hacer mucha tarea, por lo cual sólo pudo practicar en la regadera. En la cama rezó para que no le saliera todo mal. Rezó para que no sucediera lo mismo que cuando estaba en primero. Para la Semana de la Ciencia conectó una pila de rejilla y un foco con alambre y le dijo a todo el mundo que había descubierto cómo funcionaba una linterna. Estaba tan contento consigo mismo que practicó durante horas presionando el alambre contra la pila y haciendo que el foco parpadeara con una luz opaca y medio anaranjada. Se lo enseñó a tantos niños de su vecindario que cuando llegó el momento de mostrarle a su clase cómo funcionaba una linterna, la pila ya estaba gastada. Presionó el alambre contra la pila, pero el foco no reaccionó. Presionó hasta que le dolió el pulgar, y algunos niños al fondo del salón comenzaron a reírse.

Pero Manuel se durmió confiado en que esta vez no se presentaría ningún problema.

A la mañana siguiente su padre y su madre lo miraron con júbilo. Estaban orgullosos de que fuera a participar en el espectáculo.

—Me encantaría que nos dijeras lo que vas a hacer —dijo su madre.

Su padre, un farmacéutico que usaba un batín azul con su nombre en un rectángulo de plástico, levantó la vista del periódico y manifestó su acuerdo.

—Sí, ¿qué vas a hacer en el espectáculo?

—Ya verán —dijo Manuel con la boca llena de cereal.

El día pasó con rapidez, y cuando Manuel se fijó ya había terminado sus quehaceres y cenado. De repente se encontró

vestido con sus mejores ropas y parado tras los bastidores al lado
de Benjamín. Podía oír el tumulto de los alumnos y de los padres
que iban llenando la cafetería. Las luces se desvanecieron y el
señor Roybal, sudoroso en su traje apretado y su corbata ama-
rrada en un nudo grande, se mojó los labios y entreabrió el telón
del escenario.

—Buenas noches —le oyeron decir los niños tras el telón.

—Buenas noches —le respondieron algunos de los niños más
atrevidos.

—Esta noche les daremos lo mejor que puede ofrecer la primaria John Burroughs, y estoy seguro de que estarán complacidos
y asombrados con el hecho de que en nuestra pequeña escuela
haya tanto talento. Y ahora, sin más trámites, pasaremos al espectáculo —se volvió y con un movimiento de su mano ordenó—:
Levanten el telón.

El telón se abrió con algunos tirones. Una niña disfrazada de
cepillo de dientes y un niño disfrazado de diente sucio y gris
entraron al escenario y cantaron:

Cepilla, cepilla, cepilla
Frota, frota, frota
Con gárgaras elimina a los gérmenes
Jey, jey, jey.

Cuando terminaron de cantar se volvieron hacia el señor
Roybal, y él bajó la mano. El cepillo de dientes corrió por el escenario tras el diente sucio, que se reía y se divertía mucho hasta
que se resbaló y estuvo a punto de rodar fuera del escenario.

El señor Roybal corrió y lo agarró justo a tiempo.

—¿Estás bien?

El diente sucio respondió: —Pregúntele a mi dentista —lo
cual provocó risas y aplausos entre el público.

Le tocó después al dúo de violines, que sonó bien, salvo por
una ocasión en que la niña se perdió. La gente aplaudió, y algunas personas incluso se pararon. Luego las niñas de primer año

entraron al escenario saltando la cuerda. No dejaron de sonreír ni sus colas de caballo de rebotar mientras numerosas cámaras relampagueaban simultáneamente. Algunas madres gritaron y algunos padres se enderezaron en sus sillas orgullosamente.

El siguiente fue el niño karateka. Dio unas cuantas patadas, gritos y golpes y, finalmente, cuando su padre sostuvo una tabla, la golpeó y la partió en dos. Los miembros del público aplaudieron y se miraron entre sí, los ojos muy abiertos y llenos de respeto. El niño hizo una reverencia ante el público, y junto con su padre salieron corriendo del escenario.

Manuel permaneció entre los bastidores temblando de miedo. Movió los labios como si cantara "La bamba" y se meció de izquierda a derecha. ¿Por qué levantó la mano y se ofreció de voluntario? ¿Por qué no se quedó sentado como el resto de los niños y guardó silencio? Mientras el niño karateka estaba en el escenario, el señor Roybal, más sudoroso que antes, tomó el disco de Manuel y lo colocó en el tocadiscos nuevo.

—¿Estás listo? —preguntó el señor Roybal.

—Sí...

El señor Roybal pasó al escenario y anunció que Manuel Gómez, alumno del quinto año y miembro de la clase de la señora Knight, iba a hacer una imitación de "La bamba", esa canción ya clásica de Ritchie Valens.

La cafetería estalló en aplausos. Manuel se puso nervioso pero estaba encantado con el ruidoso gentío. Imaginó a su madre y a su padre aplaudiendo fuertemente y a sus hermanos y hermanas palmotear, pero no con tanto entusiasmo como ellos.

Manuel entró al escenario y la canción empezó inmediatamente. Con los ojos vidriosos debido a la sorpresa de estar frente a tanta gente, Manuel movió los labios y se meció al ritmo de un baile inventado. No podía ver a sus padres, pero vio a su hermano Mario, un año menor que él, enfrascado en una lucha de pulgares con un amigo. Mario traía puesta la camisa preferida de Manuel; se encargaría de él más tarde. Vio a otros muchachos levantarse y dirigirse hacia la fuente de agua, y a un bebé en medio de un pasillo chuparse el dedo y mirarlo con intensidad.

¿Qué estoy haciendo aquí?, pensó Manuel. Esto no tiene nada de divertido. Todo el mundo estaba sentado ahí sin hacer nada. Algunas personas se movían siguiendo el ritmo, pero la mayor parte sólo lo miraba, como a un chango en el zoológico.

Pero cuando Manuel se lanzó en un baile extravagante, hubo un estallido de aplausos y algunas muchachas gritaron. Manuel intentó otro paso. Oyó más aplausos y gritos y empezó a sentirse más animado mientras temblaba y culebreaba en el escenario. Pero el disco se atoró, y tuvo que cantar

Para bailar la bamba
Para bailar la bamba
Para bailar la bamba
Para bailar la bamba

una y otra vez.

Manuel no podía creer que tuviera tan mala suerte. El público empezó a reírse y a ponerse de pie. Manuel recordó que el disco de 45 revoluciones había caído de su mano y rodado a través del piso de la cafetería. Seguramente se había rayado, pensó, y ahora estaba atorado, como él, que no hacía más que bailar y simular con sus labios las mismas palabras una y otra vez. Nunca se había sentido tan avergonzado. Tendría que pedirles a sus padres que trasladaran la familia a otra ciudad.

Luego de que el señor Roybal quitó la aguja del disco con violencia, Manuel fue disminuyendo sus pasos hasta detenerse del todo. No se le ocurrió otra cosa más que hacer una reverencia frente al público, que le aplaudió alocadamente, y salir corriendo del escenario al borde de las lágrimas. Esto había sido peor que la linterna de fabricación casera. Al menos en esa ocasión no había habido carcajadas, sino sólo algunas risitas disimuladas.

Manuel permaneció solo tratando de contener sus lágrimas mientras Benjamín, a mitad del escenario, tocaba su trompeta.

Manuel sintió celos porque sonaba muy bien, luego coraje al recordar que el sonido fuerte de la trompeta había hecho que el pequeño disco cayera de sus manos. Pero cuando los partici- pantes se alinearon en el escenario al final del espectáculo, Manuel recibió un estallido de aplausos tan fuerte que temblaron las paredes de la cafetería. Más tarde, mientras platicaba con algunos niños y padres, todo el mundo le dio una palmada en el hombro y le dijo:

—Muy bien. Estuviste muy chistoso.

¿Chistoso?, pensó Manuel. ¿Había hecho algo chistoso?

Chistoso. Loco. Hilarante. Ésas fueron las palabras que le dijeron. Estaba confundido, pero ya no le importaba. Lo único que sabía es que la gente le estaba haciendo caso, y que sus hermanos y hermanas lo miraban con una mezcla de envidia y sorpresa. Estuvo a punto de jalar a Mario hacia un lado y darle un golpe en el brazo por haber usado su camisa, pero se calmó. Estaba disfrutando ser el centro de atención. Una maestra le trajo galletas y jugo, y los niños más populares, que nunca le habían echado un lazo, ahora se agrupaban alrededor de él. Ricardo, el director del periódico escolar, le preguntó cómo había logrado que la aguja se atorara.

—Simplemente pasó —dijo Manuel mientras masticaba una galleta con forma de estrella.

En casa esa noche su padre, impaciente por desabotonarse la camisa y acomodarse en su sillón, le preguntó a Manuel lo mismo: ¿Cómo había logrado que la canción se atorara en las palabras *Para bailar la bamba?*

Manuel pensó con rapidez y echó mano de la jerga científica que había leído en revistas.

—Fácil, papá. Utilicé un sondeo láser con alta frecuencia óptica y decibeles de baja eficiencia para cada canal.

Su padre, confundido aunque orgulloso, le dijo que se callara y se fuera a dormir.

—Ah, qué niños tan truchas —dijo mientras caminaba hacia la cocina por un vaso de leche—. No entiendo cómo ustedes, los niños de hoy en día, se han hecho tan listos.

Manuel, que se sentía feliz, fue a su recámara, se desvistió y se puso la piyama. Se miró al espejo y empezó a hacer la mímica de "La bamba", pero se detuvo porque estaba cansado de la canción. Se metió a la cama. Las sábanas estaban tan frías como la luna encima del durazno en el patio trasero.

Estaba contento porque el día había terminado. El año siguiente, cuando pidieran voluntarios para el espectáculo, no levantaría la mano. Probablemente.

¡UN ESPECTÁCULO DE IDEAS!

Haz un cartel

¡Atrae a la gente!

El señor Roybal te ha pedido que hagas un cartel para anunciar el espectáculo de la escuela. ¿Qué harías para que tu cartel atrajera a la gente? Para hacerlo, utiliza distintos materiales, fotos de revistas o tus propias fotos.

Haz un programa

¡Se venden programas!

Con tantas presentaciones diferentes, los espectadores necesitan una guía del espectáculo. Prepara un programa que liste y describa brevemente cada acto. Invéntate un nombre para la actividad e ilustra la portada del programa.

Escribe una crítica

¡Arriba! o ¡Abajo!

El espectáculo se ha acabado y el auditorio ya está oscuro. Sin embargo, Ricardo, el editor del boletín escolar, aún tiene que trabajar: tiene que escribir la crítica del espectáculo. ¡Escribe tú el artículo! Describe cada acto y da tu opinión. ¿Cuál fue el que más gustó?

Escribe un cuento

Mi propia versión

"La bamba" se relató desde el punto de vista de Manuel. ¿Pero, qué pasaría si otra persona como Petra López, Benjamín, Mario, el señor Roybal, Ricardo o el padre de Manuel hubiera contado el cuento? ¿Qué parte del cuento habrían contado ellos? Escribe el cuento desde el punto de vista de una de estas personas.

ERRORES QUE FUNCIONARON

POR CHARLOTTE FOLTZ JONES

VELCRO •••••••••••••••••••••••••••••••

Durante miles de años, el hombre ha caminado por los campos y regresado a casa con pinchos pegados a la ropa. Es increíble que nadie se hubiera aprovechado de ello hasta el año 1948.

Un día de 1948, George de Mestral, un ingeniero suizo, regresaba de una caminata cuando se dio cuenta de que algunos cardos se habían pegado a su chaqueta de tela. Mestral se los quitó y los examinó bajo el microscopio. El principio era simple. El cardo tiene un laberinto de fibras muy finas con un gancho al final que se adhiere a la tela o a la piel de los animales.

Debido al accidente de los cardos que se engancharon en su chaqueta, George de Mestral reconoció la importancia que esto tenía para la fabricación de un nuevo sistema de cierre. Le tomó ocho años experimentar, desarrollar y perfeccionar el invento que consiste en dos tiras de tela de nailon. Una de las tiras lleva cientos de ganchos pequeños y la otra lleva pequeños lazos. Cuando se juntan las dos tiras y se presionan, forman una fuerte atadura.

Se conoce hoy en día como "cierre de ganchos y lazos". VELCRO, el nombre que Mestral dio a su invento, es la marca que conoce la mayoría de las personas en los Estados Unidos. Es fuerte, fácil de separar, ligero, lavable y duradero; se hace en varios colores y además no se atora.

El cierre de ganchos y lazos tiene cientos de usos: en la ropa, en los zapatos, en correas para relojes o en mochilas; para la casa o para el garaje; para automóviles, aviones, paracaídas, trajes espaciales o transbordadores espaciales; para ajustar los manguitos de medir la presión sanguínea o las cámaras de un corazón artificial. La lista es interminable.

Lo único malo de los cierres de ganchos y lazos es la competencia que han creado para las industrias de cierres, cremalleras, botones y cordones de zapatos.

PERROS GUÍA PARA LOS CIEGOS • • • • • •

La Primera Guerra Mundial duró más de cuatro años, desde 1914 hasta 1918. Durante todo este tiempo, murieron aproximadamente 8.5 millones de personas y 21 millones resultaron heridas.

Al final de la Primera Guerra Mundial, un médico estaba caminando por los alrededores de un hospital militar alemán con un soldado que había quedado ciego en una batalla. El perro del médico se fue a pasear con los dos hombres y cuando llamaron al médico desde uno de los edificios, el soldado se quedó solo con el perro.

El médico regresó, pero el ciego y el perro habían desaparecido. Cuando los encontró, se dio cuenta de que el perro había guiado al paciente ciego por los jardines del hospital.

El médico quedó asombrado ante lo que su perro, sin ningún entrenamiento, había podido hacer. Así que decidió observar si un perro de una raza trabajadora podía entrenarse para guiar a las personas ciegas. El resultado fue sorprendente y el gobierno alemán desarrolló enseguida el programa de perros guía.

PAPITAS •••••••••••••••••••••••••••••••••

Los estadounidenses gastan aproximadamente 4 mil millones de dólares al año en un capricho que llamamos papitas.

Una historia popular cuenta que se inventaron en 1853 en Saratoga Springs, Nueva York. Muchas personas ricas pasaban sus vacaciones en un hotel en Saratoga Springs, donde el nativoamericano George Crum era jefe de cocina.

Un día, un cliente del restaurante devolvió repetidamente su plato de papas fritas a la cocina pidiendo que se las cortaran más finas y que las frieran más. George Crum tenía mal genio y decidió acabar con las quejas del cliente. Cortó las papas muy finas y las frió hasta que quedaron curvadas y crujientes, y luego les puso sal. Hizo que sirvieran las papas pensando que el huésped las aborrecería. Cuál no sería la sorpresa de todos, cuando al cliente le encantaron y pidió más.

La noticia de estas papitas tan crujientes corrió rápidamente y hasta principios de 1900 se conocieron como las papitas de Saratoga, en honor a la ciudad donde se prepararon por primera vez.

Hoy en día, se consumen en los Estados Unidos 816 millones de libras de papitas al año. Un total de 3,468 mil millones de libras de papas se usan para preparar el aperitivo número uno de América: papitas.

Arte extraordinario

¿Cuándo deja una papa frita de ser una papa frita? Cuando se convierte en una escultura de ¡ocho pies de alto! ¿Te lo crees? He aquí algunos ejemplos de cómo los artistas nos hacen ver lo extraordinario en las cosas ordinarias.

▼ **Salvador Dalí**
Óleo sobre lienzo
*La persistencia de
la memoria,* 1931.
13 x 9$\frac{1}{2}$ pulg.

René Magritte
Óleo sobre lienzo
El paso del tiempo, 1938.
$57\frac{7}{8}$ x $37\frac{7}{8}$ pulg.

Claes Oldenburg ▶
Escultura
*Cordón de papas cayendo
de una bolsa,* 1966.
108 x 46 x 42 pulg.

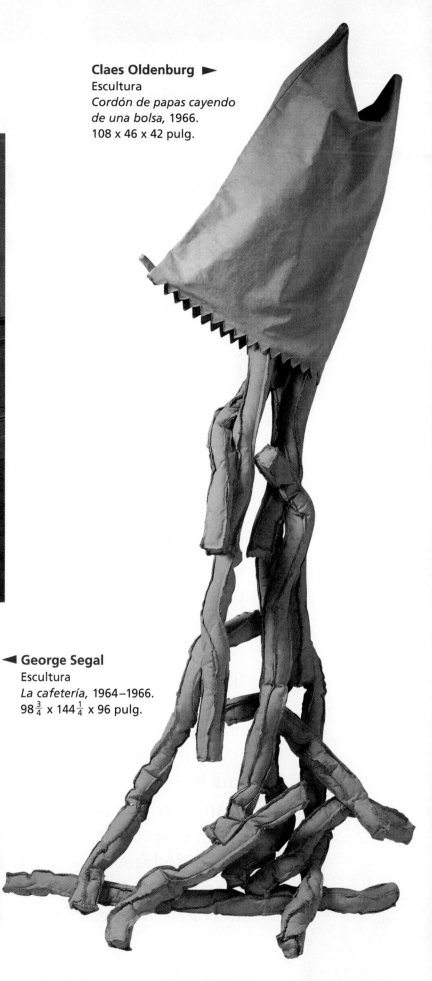

◄ George Segal
Escultura
La cafetería, 1964–1966.
$98\frac{3}{4}$ x $144\frac{1}{4}$ x 96 pulg.

555

Willie Bea y la llegada de los marcianos a la Tierra

por Virginia Hamilton

Estamos a 30 de octubre de 1938. Millones de estadounidenses sienten pánico. Han oído las noticias en la radio de que al parecer ¡los marcianos están invadiendo la Tierra! Willie Bea, una niña con una gran imaginación, piensa otra cosa. Su tía Leah le dice que tiene la "estrella de Venus" dibujada en la palma de la mano; por eso, Willie Bea está segura de que los invasores son del planeta Venus. Cree que a lo mejor se puede poner en contacto con ellos y parar el ataque.

Tofi Clay, amigo de Willie Bea, asegura que ha visto a uno de los extraterrestres en la granja cercana de los Kelly donde están en plena cosecha de maíz. Vestidos con sus disfraces de *Halloween*, ella y Tofi se van en sus zancos hacia la granja. No hacen caso a las aterradas advertencias de un vecino.

Willie Bea y Tofi se fueron tan deprisa como los zancos se lo permitían a sus brazos y piernas. Las capas de sus disfraces ondeaban al viento.

—¡No! —les gritó el campesino. Sus hijos y su esposa también empezaron a gritar—: ¡No, por ese camino no! Por ahí se va a la granja de los Kelly y allí es donde están los marcianos...

Pero Willie Bea y Tofi ya se habían ido. Habían desaparecido, invisibles, en la oscuridad de la noche.

Willie Bea tenía las manos y la cara frías.

"¡Qué frío!", pensó. "¡Menos mal que nos pusimos las sábanas de capa!"

Ahí, donde tan sólo había campos de maíz, el frío parecía bajar del cielo a la tierra para volver a subir otra vez. Willie Bea no veía la hora de parar para recuperarse. Le dolían bastante los músculos de tanto apretar los zancos. Tenía calambres en los dedos de las manos, y las piernas entumecidas y frías también empezaban a dolerle.

—Tal vez no deberíamos haber venido —dijo en voz baja. Todo estaba muy quieto—. Tofi, quizás deberíamos volver.

Tofi daba zancadas delante de ella. Habían aflojado el paso porque los frondosos árboles del camino tapaban la luz de la hoguera a sus espaldas. Llegaron a un estrecho sendero de grava con campos a cada lado. Era difícil andar en zancos sobre la grava. Willie Bea vio que no había vallas a los lados del sendero.

—Es un camino privado —le dijo Tofi.

—¿Privado de quién? —preguntó ella.

—De los Kelly —dijo Tofi—. Cruza los campos de maíz y es suyo. Pueden decir quién pasa y quién no.

Tofi no había recorrido nunca el camino de los Kelly, pero lo reconoció por las historias que había oído sobre esa granja durante muchos años.

—¿Tan cerca estamos? Baja la voz —susurró Willie Bea.

—Mira allí —dijo Tofi, moviéndose de lado a lado para mantener el equilibrio.

Willie Bea también se balanceaba, pero mantenía mejor el equilibrio. Simplemente hacía presión con los brazos, flexionaba las piernas y, de vez en cuando, movía los zancos una o dos pulgadas.

—¿Que mire qué? —preguntó ella.

—Allí. Ven aquí —le contestó Tofi.

Willie Bea se acercó. Lo que vio le quitó completamente el cansancio e hizo que se le desvaneciera el frío de la cara y de las manos. A pesar de que el frío atravesaba el disfraz de vagabunda que se había hecho, no notaba que estaba temblando.

Siguieron por el camino de los Kelly, que se había ido elevando hasta la cima de un monte. Willie Bea miró el campo que se extendía a sus pies.

—¿Es ése el lago en que se patina? —preguntó en voz muy baja. ¿Quién podía ver en una noche tan oscura?

—No, no —dijo Tofi—. He oído que el lago está al otro lado de la casa. Por este camino sólo hay campos.

—Me alegro —dijo Willie Bea.

Decidió levantar la vista para mirar más allá del oscuro terreno, hacia donde tenía que haber alguna colina. Allí, alta y espléndida, se levantaba la casa más grande que Willie Bea había visto en su vida. Era enorme. Estaba iluminada como un parque de atracciones, como una torta de cumpleaños.

—¿Dan un baile de *Halloween?* —preguntó Willie Bea asombrada. Le pareció oír música que venía de la mansión.

—¡Tienen tantas luces! —dijo Tofi—. Deben de estar poniendo música en un gramófono.

"¡Ni se han enterado de que los de Venus están aquí!", pensó Willie Bea.

—¿Oíste eso? —dijo—. ¿Oíste cómo se ríen los Kelly? —le preguntó a Tofi. Su voz sonaba soñadora y lejana.

—No —dijo Tofi—. No parece que les importen mucho los marcianos.

—No son marcianos —dijo Willie Bea—. Son de Venus.

—Ya me lo dijiste antes. Pero ¿cómo lo sabes? —preguntó Tofi.

—Tía Leah me leyó la mano y vio la estrella de Venus. Tía Leah dice que es una señal de muy buena suerte.

—¿Estás segura? —preguntó Tofi, aunque él sabía que lo que tía Leah Wing dijera era verdad. Todo el mundo sabía que era la mejor adivinadora que había existido en el pueblo. Y también era rica, como los Kelly.

—¿Así que tú estás buscando a los de Venus para ver qué te dirán? —preguntó Tofi.

Willie Bea asintió con la cabeza en la oscuridad: —No sé qué va a pasar —dijo con voz velada; no podía apartar los ojos de esa mansión hechizante de los Kelly—. Tal vez sirva para detener el ataque. Quizás, si ven que aquí hay alguien con la estrella de Venus...

Sus palabras parecían perderse.

—No sé —murmuró Tofi. Pensó que podía ser verdad. En esa noche oscura de *Halloween* la granja de los Kelly era un reino mágico. Los invasores de Venus eran monstruos atrevidísimos y estaban cerca. ¡Cuidado! Cualquier cosa era posible.

—¿Dónde viste al monstruo? —preguntó Willie Bea—. ¿Fue por allí? Allí, se ven árboles grandes y oscuros, iluminados por la luz de las ventanas.

Tofi se movió inquieto en sus zancos. Se aclaró la garganta para repetir la mentira que se había inventado, cuando Willie Bea dijo: —¡Vamos! Sigamos un poco más.

El camino estaba muy oscuro y los zancos rechinaban en la
grava. Cuando llegaron al pie de la colina no les pareció que
había cambiado mucho. Hacía frío. Los campos de maíz
parecían llenos de altas hileras de oscuridad.

—No veo ningún lago —dijo Willie Bea.

—Ya te lo dije. El lago está al otro lado de la casa —dijo
Tofi.

—Bueno, pero no grites —dijo Willie Bea.

—¡No estoy gritando! —gritó Tofi.

Los dos gritaban. Un ruido, un estruendo sordo, salía de la
tierra. Willie Bea no podía oír su propia respiración ni pensar
claramente.

—¿Qué es eso? —le gritó a Tofi.

—No sé. No sé qué es ni dónde está —gritó Tofi.

Se iba acercando. A Willie Bea le pareció ver algo, como si la noche más tenebrosa se estuviera moviendo.

—¿Ves eso? —creía gritar pero sus labios se movían y no oía nada—. ¡Tofi! —gritó.

—¡Willie Bea! —contestó gritando Tofi—. ¡Willie Bea!

Ahora podían adivinar qué era ese ruido. La gran masa negra que se movía era uno de los monstruos. Era un extra-terrestre rodante, ensordecedor y estrambótico. Y era enorme.

La cosa seguramente había salido de detrás de la casa y de algún modo había doblado en la esquina frente a ellos. Ahora se dirigía hacia ellos y podían ver su ojo malévolo.

Era un ojo horrible, redondo, blanco, malvado. Tal vez era un rayo infrarrojo, pero no les hizo daño. Sólo los cegó.

—¡Espere, tengo la estrella! —gritó Willie Bea.

La gran masa negra iba derecho hacia ellos. Otra gran mancha negra la seguía. Eran gigantes en movimiento, altos como casas, como árboles.

Detrás del segundo apareció otro. Los dos iban avanzando, siguiendo al primero. Se desplegaron hacia la izquierda del primero. Sus ojos cegadores dibujaban la silueta del que iba adelante. Willie Bea pudo ver con claridad que era un extraterrestre monstruoso y mortal.

—¡Es verdad! ¡Es una invasión! —Tofi gritaba—. ¡Corre, corre, Willie Bea!

Willie Bea no podía oírlo. No podía moverse. Estaba completamente paralizada por lo que veía. El cuello del primer monstruo no estaba en el centro de su cuerpo, como debía, sino ¡a la derecha! Era un cuello largo y surgía por un lado como el tubo ancho de una estufa. La cabeza tenía forma de *V*.

De repente, le pareció que el primer monstruo le hablaba. Ella miraba fijamente el ojo horrible, hechizada por el ruido. Las masas oscuras, moviéndose una a una, parecían abrumadoras.

Se hizo un silencio total en el interior de Willie Bea. Dejó de oír el bramido del monstruo. Una voz estaba con ella, como si le envolviera la cabeza. Parecía estar junto a ella, justo en su oído.

—¿Qué? —dijo Willie Bea fijando su mirada frenética en el ojo maligno del monstruo.

—Willie Bea, yo también he venido. He llegado tarde. Te estaba buscando. Te oí gritar —dijo una voz alta y sonora como una campana.

Los ojos blancos de los monstruos que se acercaban la mantenían hipnotizada. Creyó decirles: —Miren, tengo la estrella de Venus en la palma de la mano. Apaguen los rayos. No ataquen. Queremos ser sus amigos.

Extendió la mano abierta hacia ellos para que la vieran.

—Willie Bea, deberíamos regresar. ¿Vuelves conmigo?

El primer monstruo estaba a la izquierda del camino. Con su cabeza hacia un lado, apoyada en el largo cuello, se dirigía hacia ella.

—¡Oh, no, no puedo ir a Venus con ustedes! —les dijo.

—Lo que pasa es que tienes miedo y estás cansada. Sígueme.

El segundo monstruo avanzaba junto al camino de grava. Willie Bea le miró la cabeza. —¡No! ¡Váyanse! —gritó.

Empezó a retroceder para alejarse del tercer monstruo. Le pareció que la atacaba con un rayo. —¡Déjenme! —exclamó llevando los brazos hacia atrás. Uno de los zancos resbaló en la grava. Giró tratando de librarse de los zancos. Se caía. Algo la agarró. Vio la cabeza del último monstruo volverse hacia ella. Su luz le daba de lleno. Venía por ella.

Willie Bea se caía, y algo o alguien que la sostenía caía con ella. Cayó con fuerza encima de alguien y se dio contra el suelo. Algo la golpeó en la frente.

El mundo se oscureció para Willie Bea. Una oscuridad llena de cometas y estrellas brillantes. Los grandes planetas Venus y Marte. Mundos de colores, amarillo calabaza y naranja en un universo de *Halloween*.

Willie Bea abrió los ojos y vio a un extraterrestre inclinado sobre ella. Creyó ver su boca en forma de *V*.

—¡Willie Bea! ¿Te has hecho daño?

—No, no pienso ir contigo —le dijo al extraterrestre—. Me gusta mi mundo.

—El golpe en la cabeza te ha atontado —dijo el extra-terrestre.

A Willie Bea empezó a dolerle la cabeza. De repente, sintió frío. Y le dolían las piernas. Cuando volvía en sí notó que se le había dormido la mano donde tenía la estrella.

Vio una luz enorme. Estaba encima de ella y de quien seguía inclinado sobre ella.

—¿Dónde...? —fue todo lo que se le ocurrió decir.

Oyó unas pisadas rápidas sobre el camino de grava.
Levantó la cabeza y la luz blanca del monstruo la deslumbró.
El extraterrestre lanzó un rugido, pero esta vez no se movió.

—¿Qué ha pasado? —exclamó una voz temerosa—. ¿Qué
están haciendo en medio de la cosecha? ¿Atropellamos a alguien?... ¡Oh, pequeña!

Willie Bea vio a un hombre en la luz. Se arrodilló a su lado.

—¿Te asustaron las cosechadoras, niña? Podíamos haberte
atropellado.

Willie Bea se sentía húmeda y pegajosa por el frío y la
niebla. Cansada y confundida, cerró los ojos. Sintió que su estómago se hundía de nuevo y que volvía la negra noche de un universo que la mareaba.

Donde un gigantesco gato negro se sentaba en un mundo
de calabaza. Donde los extraterrestres eran los reyes Kelly. Le
arrancaron la estrella de su mano. Willie Bea era minúscula,
insignificante. La obligaron a pulir sus coronas de oro en forma
de *V*.

Acerca de Virginia Hamilton

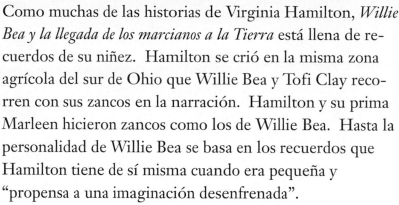

Como muchas de las historias de Virginia Hamilton, *Willie Bea y la llegada de los marcianos a la Tierra* está llena de recuerdos de su niñez. Hamilton se crió en la misma zona agrícola del sur de Ohio que Willie Bea y Tofi Clay recorren con sus zancos en la narración. Hamilton y su prima Marleen hicieron zancos como los de Willie Bea. Hasta la personalidad de Willie Bea se basa en los recuerdos que Hamilton tiene de sí misma cuando era pequeña y "propensa a una imaginación desenfrenada".

Para escribir cuentos, Hamilton también se basa en las viejas historias de su familia. Contar cuentos era una de las maneras en que su familia transmitía su historia a sus hijos y nietos. Hamilton ha asimilado esta tradición familiar dentro de su imaginación. Dice que puede ver su pueblo natal "a través de mis ojos, de los de mi madre y de los de mi abuela". Como escritora, Hamilton dice que le gusta usar esos puntos de vista y "tejer... un cuento hecho del misterio de mi pasado y de mi presente".

Una de las novelas de Hamilton ganó la medalla Newbery. Hamilton fue la primera escritora afroamericana que ganó ese premio.

Acerca de Charles Lilly

Cuando Charles Lilly estaba en la escuela secundaria, quería ser ingeniero nuclear. Un día el señor Burns, director del departamento de arte de la escuela, vio lo que Lilly estaba dibujando.

—El señor Burns me dijo que yo iba a ser artista —recuerda Lilly—. No me preguntó; sólo me lo dijo.

El señor Burns tenía razón. Lilly se graduó de la Escuela de Artes Visuales de la ciudad de Nueva York en 1970, y desde entonces ha estado pintando y enseñando a ilustrar. También da conferencias sobre su trabajo en las escuelas locales.

Ahora Lilly vive en Jamaica, Nueva York. Su hijo, Eliott, es también un artista con mucho talento.

¡Paséate por un

Haz un dibujo

Retrato de un error

En la oscuridad Willie Bea confundió una segadora de maíz con algo aterrador. Intenta recordar una ocasión en la que confundiste un objeto común y corriente con algo extraño o terrorífico. Haz un dibujo de lo que creíste que era el objeto, y de lo que era en realidad.

Escribe una escena

Pesadilla de la cosecha nocturna

¿Era un marciano o una niña subida en unos zancos? Piensa en lo que el conductor de la cosechadora vio y sintió la noche en que Willie Bea salió de paseo por el campo. Escribe esa parte del cuento desde su punto de vista.

campo de ideas!

Escribe un artículo de prensa

¿Qué pasó realmente?

Imagina que eres periodista y estás cubriendo el incidente que ocurrió en la granja de los Kelly la noche del 30 de octubre de 1938. ¿Cuáles son los hechos? ¿Cuáles son los rumores? Escribe un artículo para el periódico local sobre lo que pasó, que conteste qué, quién, cuándo, dónde y por qué.

Discútelo

¡Sorpresa!

Tanto Manuel en "La bamba" como Willie Bea en *Willie Bea y la llegada de los marcianos a la Tierra* tuvieron que enfrentarse con algo que no se esperaban. Piensa en cómo reaccionó cada uno de los personajes. Discute con tus compañeros de clase las similitudes y diferencias de sus reacciones.

La invasión de los marcianos

por Howard Koch

"¡Corre! ¡Huye! ¡Han llegado los marcianos!"

Durante la noche del 30 de octubre de 1938, Orson Welles y la compañía teatral Mercury emitieron por radio la obra teatral *La invasión de los marcianos,* una adaptación de la novela *La guerra de los mundos* de H. G. Wells. Antes de que la obra hubiera terminado, miles de radioyentes a través de todo el país estaban convencidos de que un ejército de marcianos había aterrizado y de que estaba atacando la Tierra. En esta escena de la obra, el reportero Carl Phillips está informando en vivo desde una granja de Nueva Jersey donde un extraño cilindro de metal se ha estrellado. ¿Cómo habrías reaccionado *tú* al oír estas palabras en la radio?

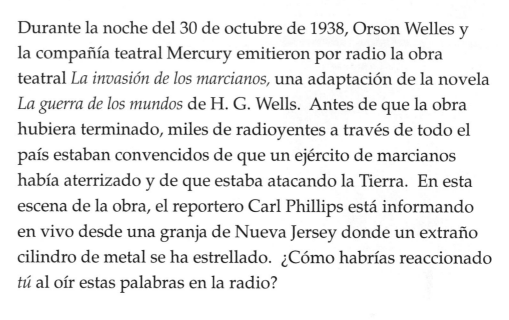

PHILLIPS: Ojalá pudiera transmitir la atmósfera... el ambiente de esta... escena fantástica. Hay cientos de carros estacionados en un campo, detrás de nosotros. La policía trata de acordonar el camino que lleva a la granja. Pero es en vano. Logran pasar de todas maneras. Las luces de los carros crean un enorme círculo de luz que ilumina el hoyo donde el objeto está medio enterrado. Los más atrevidos se arriesgan a ir hasta el borde. Sus siluetas se perfilan contra el brillo del metal.

(*Un zumbido apagado*)

Un hombre quiere tocar el objeto... está discutiendo con un policía. El policía gana... Ahora, señoras y señores, hay algo que no he mencionado con toda esta excitación, pero se está haciendo más y más claro. Quizás ustedes ya lo han oído en su radio. Escuchen: (*pausa larga*)... ¿Lo oyen? Es un zumbido curioso que parece provenir del interior del objeto. Voy a acercar más el micrófono. Aquí. (*Pausa*) Ahora no estamos a más de veinticinco pies de distancia. ¿Lo pueden oír ahora? ¡Oh, profesor Pierson!

PIERSON: ¿Sí, señor Phillips?

Orson Welles

PHILLIPS: ¿Puede decirnos lo que significa ese chirrido dentro de esta cosa?

PIERSON: Posiblemente sea el enfriamiento desigual de su superficie.

PHILLIPS: ¿Todavía piensa usted que es un meteorito, profesor?

PIERSON: No sé qué pensar. La envoltura metálica es definitivamente de origen extraterrestre... No hay nada igual en la Tierra. La fricción con la atmósfera terrestre generalmente abre agujeros en los meteoritos. Esto es liso y, como puede ver, de forma cilíndrica.

PHILLIPS: ¡Un momento! ¡Algo está pasando! ¡Señoras y señores, esto es impresionante! ¡Este extremo del objeto ha comenzado a desprenderse! ¡La parte de arriba ha empezado a girar como un tornillo! ¡La cosa tiene que estar hueca!

VOCES: ¡Se está moviendo!
¡Miren, la maldita cosa se está destornillando!
¡Atrás! ¡Atrás les digo!
¡Quizás hay hombres dentro tratando de escapar!
¡Está al rojo vivo! ¡Se van a carbonizar!
¡Hacia atrás! ¡Mantengan a esos idiotas atrás!

(*De repente el sonido metálico de una pieza enorme de metal que cae*)

VOCES: ¡Se separó! ¡La parte de arriba está suelta! ¡Cuidado allí! ¡Apártense!

PHILLIPS: Señoras y señores, ésta es la cosa más aterradora que he visto... ¡Esperen un segundo! *Alguien se está arrastrando para salir por el agujero de arriba.* Alguien o... algo. Veo que se asoman dos discos luminosos por el agujero negro... ¿son ojos? Podría ser una cara. Podría ser...

(Gritos de asombro de la muchedumbre)

Mucha gente sintonizó tarde al programa de radio. Muchos no escucharon lo suficiente como para enterarse de que lo que estaban oyendo era sólo una obra de teatro.

PHILLIPS: Cielo santo, algo está deslizándose fuera de la sombra como una serpiente gris. Ahora hay otro, y otro. A mí me parecen tentáculos. Ahí puedo ver el cuerpo de la cosa. Es grande como un oso y brilla como cuero mojado. Pero esa cara. Es... es indescriptible. Casi no puedo seguir mirándola. Los ojos son negros y relucen como los de una serpiente. La boca tiene forma de V y le gotea saliva de los labios sin borde que parecen estremecerse y palpitar. El monstruo, o lo que sea, casi no se puede mover. Parece que está aplastado por... posiblemente la gravedad o algo. La cosa se está levantando. La muchedumbre se está echando hacia atrás. Ya han visto bastante. Ésta es una experiencia más que extraordinaria. No encuentro palabras... Estoy tirando del micrófono mientras hablo. Voy a tener que parar la descripción hasta que encuentre una nueva posición. Esperen, por favor, estaré otra vez con ustedes en un minuto.

(Aumenta el volumen de la música de piano)

Ciudadanos de Grover's Mill hablan del programa de radio que hizo famoso al pueblo.

LOCUTOR DOS: Les estamos ofreciendo un reportaje en vivo de lo que está sucediendo en la granja Wilmuth de Grover's Mill, Nueva Jersey. (*Más música de piano*) Ahora volvemos con Carl Phillips desde Grover's Mill.

PHILLIPS: Señoras y señores (¿Estoy en el aire?). Señoras y señores, aquí otra vez, detrás de una valla de piedra contigua al jardín del señor Wilmuth. Desde aquí puedo ver toda la escena. Les voy a dar todos los detalles mientras pueda seguir hablando. Mientras pueda ver. Han llegado más policías estatales. Unos treinta policías están formando cordón enfrente del hoyo. No hace falta empujar a la muchedumbre hacia atrás. Ahora sí quieren mantener la distancia. El capitán está hablando con alguien. No puedo ver bien con quién. Ah sí, creo que es el profesor Pierson. Sí, es él. Ahora se han separado. El profesor camina junto a uno de los lados, estudiando el objeto, mientras que el capitán y dos policías se acercan con algo en las manos. Ahora puedo verlo. Es un pañuelo blanco atado a un palo... una bandera de tregua. Si es que esas criaturas saben lo que eso significa... ¡o lo que significa cualquier cosa!... ¡Esperen! ¡Algo está pasando!

(*Un silbido seguido por un zumbido que crece en intensidad*)

Una forma encorvada se está levantando del hoyo. Puedo distinguir un pequeño rayo de luz en un espejo. ¿Qué es eso? Un chorro de llamas sale disparado del espejo, y salta sobre los hombres que se acercan. ¡Les da de lleno! ¡Dios mío, se están quemando!

(Gritos y chillidos sobrenaturales)

Ahora todo el campo está en llamas. *(Una explosión)* El bosque... los graneros... los tanques de gasolina de los automóviles... se extiende por todas partes. Viene hacia aquí. Unas veinte yardas a mi derecha...

(Ruido cuando se cae el micrófono... luego silencio absoluto)

LOCUTOR DOS: Señoras y señores, debido a circunstancias fuera de nuestro control no podemos seguir con la transmisión desde Grover's Mill. Es evidente que tenemos algunas dificultades en la transmisión desde el campo.

La obra de radio continúa: las criaturas del cilindro son la avanzadilla de un ejército de invasores marcianos. Miles de personas tratan de huir desesperadamente mientras los cilindros aterrizan por todos los Estados Unidos. Altas como rascacielos, las máquinas avanzan sobre largas patas de metal hacia las ciudades más importantes. Cortan las comunicaciones y usan su "rayo de calor" y un humo negro venenoso para destruir todo lo que encuentran. Parece ser el fin de la humanidad, pero finalmente los marcianos mueren. ¿Cómo? A causa de una bacteria terrestre contra la que no tienen defensas, es decir, por un simple resfriado.

¡EXTRA! ¡EXTRA!

La invasión de los marcianos *tuvo un efecto inesperado y poderoso sobre miles de radioyentes. He aquí un reportaje de algunos de los sucesos publicados en* el New York Times *al día siguiente, el 31 de octubre de 1938.*

Una ola de histeria general se apoderó de miles de radioyentes a través de toda la nación entre las 8 y cuarto y las 9 y media de la noche de ayer. La emisión de una dramatización de la obra *La guerra de los mundos* de H. G. Wells hizo creer a miles de radioyentes que un conflicto interplanetario había empezado y que los invasores marcianos sembraban de muerte y destrucción a los estados de Nueva Jersey y Nueva York.

Orson Welles creó la emisión que trastornó hogares, interrumpió servicios religiosos, causó embotellamientos de tráfico y saturó los sistemas de comunicación. Éste es el mismo Orson Welles que interpretaba el personaje de radio "La Sombra", causando "escalofríos" a innumerables niños radioyentes. Esta vez, por lo menos una veintena de adultos necesitaron tratamiento médico a causa del choque emocional y la histeria.

En Newark, en una sola cuadra entre Hedden Terrace y la avenida Hawthorne, más de veinte familias salieron corriendo de sus casas, con pañuelos y toallas mojados sobre las caras, para escapar de lo que creían era un ataque con gas. Algunos empezaron a llevarse los muebles de su casa.

Por todo el estado de Nueva York, muchas familias dejaron sus casas, algunas para huir a parques cercanos. Miles de personas llamaron a la policía, a los periódicos y a las estaciones de radio aquí y en otras ciudades de los Estados Unidos y Canadá pidiendo consejos sobre cómo protegerse de los ataques.

El señor Welles y la compañía teatral Mercury produjeron el programa, que se emitió a través de la estación WABC y de la red de emisoras de la compañía de radio Columbia, de costa a costa, entre las 8 y las 9 de la noche.

La idea para esta obra de radio era imitar un programa de radio habitual, con una interrupción para presentar el material de la obra. Parece que los radioyentes se perdieron o no escucharon la presentación, que decía: —La estación Columbia y sus estaciones afiliadas presentan a Orson Welles y a la compañía teatral Mercury en *La guerra de los mundos* de H. G. Welles...

La central telefónica del *New York Times* se saturó con las llamadas. Se recibieron un total de 875. Un hombre que llamaba desde Dayton, Ohio, preguntó: —¿A qué hora será el fin del mundo? Alguien que llamaba desde los suburbios dijo que había tenido la casa llena de invitados y que todos se habían ido corriendo al jardín para protegerse...

La central de policía de Jersey City recibió llamadas parecidas. Una mujer le preguntó al detective Timothy Grooty, que estaba de servicio allí: —¿Debo cerrar las ventanas? —Un hombre preguntó: —¿Tienen máscaras de gas de sobra? Muchos de los que llamaron, a quienes se les aseguró que era sólo un reportaje ficticio, llamaron una y otra vez, sin saber a quién creer.

Un gran número de personas en la parte baja de la avenida Newark, en Jersey City, dejaron sus casas y permanecieron aterrorizadas en la calle, mirando con miedo hacia el cielo. Un carro patrulla fue enviado para tranquilizarlas.

El incidente en el cruce de Hedden Terrace y la avenida Hawthorne en la ciudad de Newark, uno de los más serios del área, provocó un embotellamiento de tráfico de varias cuadras en todas direcciones. Por lo visto, más de veinte familias creyeron que "el ataque con gas" había empezado, e informaron a la policía. Se enviaron a la escena una ambulancia, tres carros patrulla y un equipo policial de emergencia de ocho hombres con aparatos de respiración artificial.

Encontraron a las familias cubriéndose, con trapos mojados, las caras retorcidas por la histeria. La policía las calmó, detuvo a las que estaban intentando meter muebles en sus carros y tiempo después, consiguió deshacer el embotellamiento de tráfico...

Para expresar el profundo pesar que sentía de que su trabajo teatral hubiera causado tal consternación, el señor Welles dijo:—No creo que hagamos nada parecido a esto otra vez. Había dudado en presentarlo—confesó—, porque creíamos que quizás la gente se aburriría o se molestaría al oír una historia tan improbable.

MENTIRAS COLOSALES

EMBUSTES Y PATRAÑAS

recogidas por Alvin Schwartz

Oye, ¿has oído la historia de aquel hombre que era tan y tan alto, que tenía que agachar la cabeza para dejar pasar a la luna? Desde que el hombre es hombre, se han exagerado algunas historias. Llámalas como quieras: historias increíbles, exageraciones, mentiras, mentirijillas. El caso es que todas ellas son divertidas de contar y de leer.

La pintura

Había una vez un artista con tanto talento que cuando pintó un perro, éste lo mordió.

Pero debía haberse dado cuenta antes, porque primero pintó una tormenta de nieve y pescó un resfriado.

El cultivo

Había un lugar donde la tierra era tan y tan pobre, que ni siquiera los chismes crecían.

En este lugar había una granja donde la gente era tan y tan pobre, que todo lo que comían eran panqueques. Y estos panqueques eran tan y tan delgados, que sólo tenían un lado.

Había otro lugar donde eran tan y tan pobres, que en vez de darles grano a las gallinas las alimentaban con serrín. Pero esto no dio buen resultado porque unas gallinas pusieron huevos con astillas. Y otras con nudos.

El cañón

Un cazador vivía en una cabaña en lo más profundo de las montañas, al fondo de un largo barranco, que es un tipo de cañón que termina en un risco.

Aunque vivía lejos de la civilización, tenía todo lo que necesitaba. Cada noche, por ejemplo, miraba hacia el fondo del cañón, respiraba hondo y gritaba:

—¡Buenos días! ¡Buenos días!

Después se metía bajo su cobija y se dormía. Exactamente siete horas más tarde, el eco de su voz regresaba retumbando.

—¡Buenos días! ¡Buenos días! —se escuchaba a sí mismo gritando.

Entonces se estiraba, bostezaba y se levantaba de la cama, preparado para empezar un nuevo día.

La niebla

Una mañana de niebla un granjero contrató a un hombre para arreglar el tejado de un establo pequeño. No era mucho el trabajo, pero el hombre no volvió hasta la hora de cenar.

Cuando por fin regresó dijo: —Es un establo larguísimo el que usted tiene ahí.

Y el granjero respondió: —No muy largo.

Y el hombre respondió: —Bueno, yo he estado reparando agujeros todo el día, pero por la niebla me queda mucho trabajo todavía.

Y el granjero respondió: —Lo que pasa es que usted es un vago, y no hay nada más que discutir.

Después se fueron los dos juntos al prado para ver lo que el hombre había hecho. Cuando llegaron, la niebla ya se había disipado un poco y pudieron ver el establo un poco mejor. Se pararon allí delante y miraron fijamente.

Efectivamente, el hombre había trabajado mucho. Además del establo, había puesto tejas sobre cien pies de niebla.

A medio camino

¿Has oído hablar de un hombre que nadó hasta la mitad del océano y allí decidió que no era capaz de completarlo, así que se dio la vuelta y volvió?

Pilar Mateos nació en Valladolid, España. Ha vivido la mayor parte de su vida en su país natal y ha residido en diversas de sus ciudades.

Pilar Mateos ha escrito muchos guiones para programas de televisión, incluyendo una serie para chicos de veintiséis episodios independientes. También escribe para radio sobre una variedad de temas dramáticos y humorísticos. Ha adaptado escritos famosos.

Entre todo lo que hace, dice que prefiere escribir para chicos.

Pilar Mateos ha ganado un sinnúmero de premios durante su carrera, entre los cuales se encuentra el reconocido Premio Lazarillo.

Acerca de Alfonso Ruano

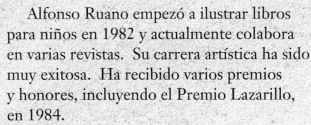

Alfonso Ruano nació y vive en España. Estudió en la Escuela de Bellas Artes de Madrid y actualmente trabaja en una editorial como director artístico.

Alfonso Ruano empezó a ilustrar libros para niños en 1982 y actualmente colabora en varias revistas. Su carrera artística ha sido muy exitosa. Ha recibido varios premios y honores, incluyendo el Premio Lazarillo, en 1984.

Entre los libros que ha ilustrado se encuentran *El señor Viento Norte, El caballo fantástico, El guardián del olvido* y *El libro de la selva*.

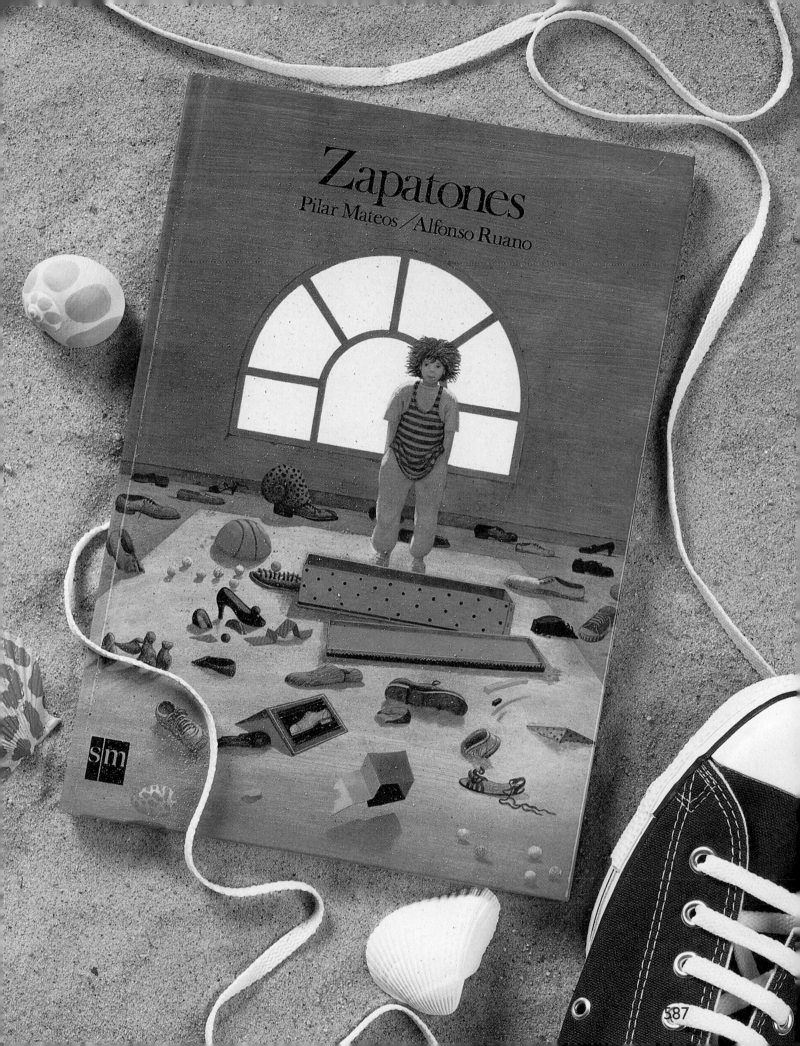

Cuando era pequeño, Zapatones quería ser jugador de baloncesto.

—Para eso hay que crecer mucho —le advirtieron sus hermanos.

Zapatones se sentó en las ramas del ciruelo y se dispuso a crecer lo que fuera necesario.

"Cuando sea muy alto, las piernas me llegarán al suelo", pensaba.

Pero en vez de crecerle las piernas, le crecían los pies.

El calzado se le quedaba pequeño tan rápidamente que tenía que estrenar zapatos todos los miércoles y todos los domingos.

Ya no se encontraba en las zapaterías ningún par que le sirviera y tuvieron que hacérselo a medida.

Con tanto peso en los pies, el niño se cayó del árbol y aplastó la cosecha de ciruelas.

¡Qué catástrofe!

Las hormigas abandonaron el pueblo al ver lo que se les venía encima, y los saltamontes invisibles volaron espantados de un lado a otro.

Zapatones no sabía dónde pisar.

Cuando metía los pies en un charco, provocaba una inundación; cuando daba un salto, un terremoto; y en la playa, una tormenta de arena.

Todos huían despavoridos a su paso.

—¡Corred, corred! ¡Que viene Zapatones con seis metros de cordones!

¡Pobre Zapatones! Se quedó solo y lloraba mirando al mar.

Sus lágrimas eran chiquitas y saladas como las de cualquier otro niño.

Para consolarse, edificó una casa de arena, una preciosa casa con ascensores en los dormitorios y puertas automáticas que se abrían solas. Además se construyó una sala de juegos con futbolín y ping-pong.

Estaba jugando una partida de futbolín cuando le distrajo la música que venía de la habitación de al lado. Prestó atención y oyó claramente una curiosa coplilla:

> *¡Eh, chicos, cuidado,*
> *que llega El Bien Calzado!*
> *Los que estáis en la tetera*
> *dejad sitio a los de afuera;*
> *los que están en la terraza*
> *que se escondan en la taza;*
> *los que no tienen sombrero,*
> *dentro del azucarero.*
> *¿Y los demás?*
> *En la miga del pan.*

Zapatones se quedó atónito. ¿Quién sería El Bien Calzado? ¿Y quién se escondería en la miga del pan?

Se asomó por la puerta y vio un acogedor salón, con cortinas blancas como la espuma del mar y libros de tapas doradas en las estanterías. Dos mujercitas de arena estaban merendando al amor de la chimenea.

"Si yo no he construido ninguna chimenea", pensó Zapatones, boquiabierto.

Una de las mujeres se volvió con sobresalto. Tenía los ojos muy azules y la sonrisa afectuosa.

—Menos mal —suspiró al ver al niño—. Creí que eras un cangrejo.

"Tampoco he construido ninguna mujer de arena", pensó Zapatones.

Sin embargo eran dos, tan iguales la una a la otra como un par de zapatos. Y era tan fácil confundirlas como ponerse los zapatos al revés.

—¿Y qué hacen ustedes aquí? —preguntó el niño.

—¿Nosotras? —se asombraron las mujeres de arena—. ¡Nosotras vivimos aquí!

—No puede ser —balbuceó Zapatones—. Acabo de edificar la casa.

—Vivimos aquí desde que íbamos al colegio —insistieron las mujeres de arena—. Estudiábamos la lección en la sala de juegos.

Eso no era verdad. Cuando las mujeres de arena eran colegialas, no estudiaban la lección en la sala de juegos, sino que estaban todo el tiempo jugando partidas de futbolín.

—Ven a merender con nosotras —invitaron a Zapatones.

El niño fue a mirar dentro de la tetera y tropezó con la alfombra.

—Es que tengo los pies muy grandes —se disculpó.

—¡Qué suerte! —exclamaron las mujeres de arena—. Así no te lleva el viento.

Eso era verdad. Las mujeres de arena estaban cansadas de que el viento las llevara volando sin cesar de una playa a otra, con sus libros de pastas doradas y sus cucharillas de té.

—¿Quién se ha escondido en mi taza? —preguntó Zapatones.

—Son los saltamontes invisibles —le contestaron—. Tienen miedo de que los pises sin querer.

Y agitaron sus manos de arena para espantarlos.

—¡Vamos, vamos! ¡Salid ya del azucarero!

Cientos de saltamontes invisibles se escaparon volando por la terraza. Y se les oía cantar:

¡Eh, chicos, cuidado,
que llega El Bien Calzado!

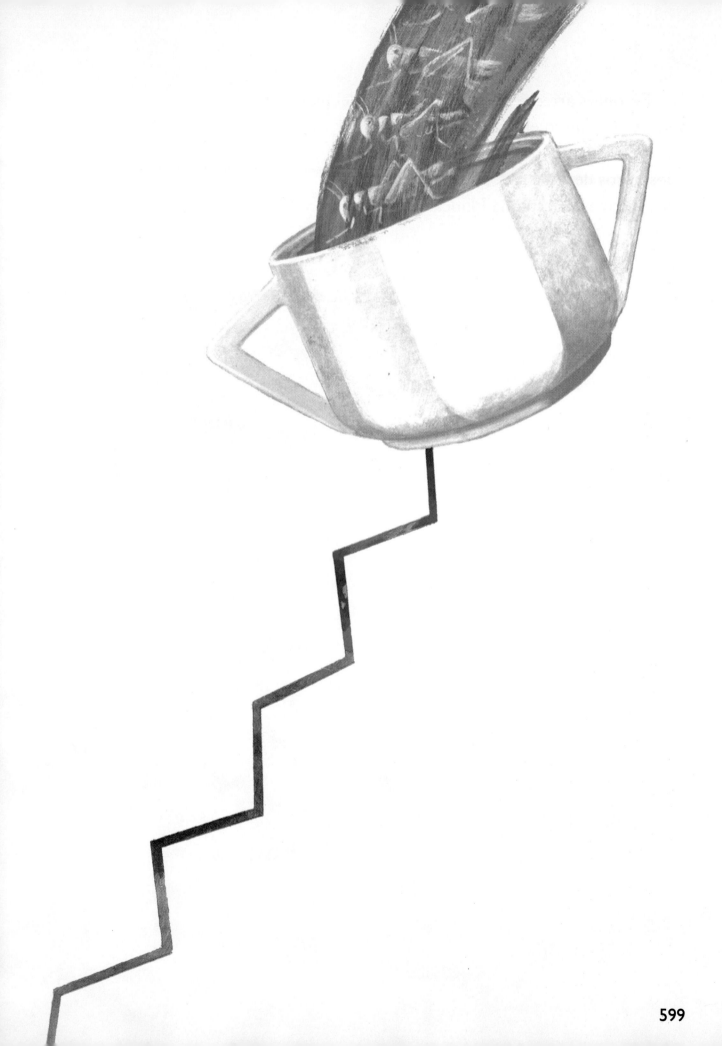

Entonces arreció el viento que venía del mar,
y se llevó primero el tejado
y la mesa de ping-pong,
y los libros de cubiertas doradas, uno a uno,
y las cortinas de espuma blanca.

Y luego, poco a poco, el viento se fue llevando a las mujercitas de arena. Empezó por los brazos, y los rizos alborotados de la nuca, y las afectuosas sonrisas. Y dejó allí los ojos azules, como olvidados, suspendidos en el aire durante un rato. Al final no quedó nada; ni rastro de la casa de arena.

Zapatones estaba solo, y allá, a lo lejos, vio venir a sus hermanos y a la gente del pueblo que lo buscaban con afán. ¡Qué alegres se pusieron al encontrarlo!

—¡Venid, corred! ¡Aquí está Zapatones con seis metros de cordones!

Todos le rodeaban y le daban besos, porque le habían echado mucho de menos. Y Zapatones se dejaba mimar.

—Pero no puedo jugar al baloncesto —se lamentaba—, porque soy bajito y tengo los pies muy grandes.

—¡Qué suerte! —exclamaron sus hermanos—. ¡Así puedes esquiar en el mar!

Eso era verdad. Zapatones aprendió esquí acuático con mucha facilidad y montó el mejor espectáculo del mundo. Firmaba autógrafos, salía en televisión, y era tan feliz como cualquier otro. Luego, se casó y tuvo tres hijos; y por la mañana, temprano, los llevaba a la escuela sentados en sus zapatos.

EL MEJOR ESPECTÁCULO DE LA PLAYA
ZAPATONES SOBRE EL AGUA

Pasos
gigantes

¡De veras!

¿Cómo crees que se sintió Zapatones durante el cuento? Si estuvieras en sus zapatos, ¿cómo te sentirías? Escribe sobre tus sentimientos en tu diario. Incluye detalles o escenas del cuento.

Vale su peso en arena

Los dibujos de *Zapatones* expresan el mundo mágico al que entra cuando está jugando solo. Haz un dibujo o más de tus momentos favoritos del cuento. ¿Será cuando Zapatones provoca un terremoto al dar un salto? ¿O cuando se maravilla del lujo moderno de la casa de arena? ¿O cuando lo abrazan sus hermanos y la gente del pueblo al encontrarlo sano y salvo?

Nuestro invitado especial: ¡Zapatones!

¿Que pasaría si Zapatones fuera entrevistado por un canal de tele, por ser "el mejor espectáculo del mundo"? Representa la entrevista e imagina lo que contaría Zapatones sobre su llegada a la fama.

¡Sí, lo creo!

Ambos relatos, "La bamba" y *Zapatones*, cuentan hechos que sorprenden. A diferencia de "La bamba", que es realista, *Zapatones* es un cuento fantástico. Ahora, dale un enfoque diferente. Con tus compañeros, discute cómo se podría convertir "La bamba" en un cuento fantástico y *Zapatones* en una historia realista.

La tierra perdida

Un cuento
por Magaly Velázquez

¿Qué encontró la familia en esta aventura inesperada? Acompáñala en su recorrido.

Magaly Velázquez
Academia Bilingüe Herman Badillo
Buffalo, Nueva York

Magaly escribió este cuento cuando estaba en cuarto grado. Le gusta escribir historias de aventura. También le encanta leer historias de aventura, policíacas y de misterio.

Magaly habla y escribe en inglés y español. Quiere ser maestra cuando sea grande.

La tierra perdida

Había una vez un hombre que quería ir de vacaciones. Su nombre era Julián. Julián era muy trabajador. Vivía con su esposa y sus dos hijos, Julio y Mary, a los que adoraba. A Mary le gustaba leer y escribir cuentos. A Julio le gustaba oír música y ver televisión.

Por fin un día, el jefe de Julián le dijo que le permitiría ir de vacaciones. Ese día llegó a su casa muy feliz y les dijo a sus hijos: —Hagan sus maletas, chicos. Mañana nos iremos de viaje. Saldremos en nuestro carro sin rumbo fijo.

A la mañana siguiente se levantaron temprano. A la hora del desayuno todos en la familia comentaban sobre el viaje y estaban muy emocionados con la idea de ir de vacaciones sin rumbo fijo. ¡Eso prometía aventuras!

Por fin llegó la hora en que Julián y sus hijos saldrían de viaje. Guardaron sus pertenencias en el baúl del carro. Se despidieron de su mamá con besos y abrazos.

—¡Que se diviertan, hijos! Julián, trata de descansar y de disfrutar de estas vacaciones. Los quiero mucho —dijo Mamá.

Iban por la carretera muy despreocupados cuando, de pronto, sucedió algo terrible. La tierra se abrió y el carro cayó dentro de un hueco enorme con sus sorprendidos pasajeros. Había mucha tierra por todas partes. Antes de que pudieran darse cuenta, se encontraron en un lugar muy extraño. Tuvieron que hacer grandes esfuerzos para lograr controlar su miedo.

Cuando ya estaban más calmados, los niños y Julián salieron a explorar el extraño lugar.

—Éste es un lugar muy seco y silencioso —comentó Julián.

—¡Además, es muy oscuro! —dijeron Julio y Mary un poco asustados.

Los tres caminaron hacia un lugar que parecía tener un poco de luz. Allí descubrieron árboles con frutas raras y pequeñas lagunas. Por más que trataban de averiguar de dónde venía la luz, no lograban encontrar respuesta.

Julio, Mary y Julián se sentían muy mal. Los niños pensaban en su mamá y la extrañaban. También extrañaban a sus amigos. Durante varios días durmieron dentro de su carro. Tenían hambre y decidieron probar las extrañas frutas de los árboles del lugar.

Pasaron los días. Julián y sus hijos se dieron cuenta de que no podían salir de allí. Como estaban tan incómodos durmiendo dentro del carro, decidieron hacer una casa de hojas y troncos de árboles. En ese lugar no había electricidad, y tenían que usar unas baterías que tenían en el carro para cocinar y alumbrarse.

A los pocos días de estar allí, los niños descubrieron algo muy interesante.

—¡Papá, ven a ver lo que hemos encontrado! —dijeron los niños muy emocionados.

En el lugar vivían unos seres pequeñitos. Parecían personitas en miniatura. Tenían el cabello lacio y corto. Sus ojos eran inmensos y hablaban un idioma muy parecido al inglés. No perdían su tiempo para nada. Siempre estaban trabajando y buscando comida.

Estas personitas tenían costumbres bastante diferentes a las de Julián y sus hijos, y a los niños les divertía observarlos. Parece que a las personitas también les parecían extrañas las costumbres de los niños y los seguían por todas partes.

Con el paso del tiempo, los habitantes del lugar llegaron a aceptar a Julián, Mary y Julio como amigos. A veces los niños se entretenían jugando con ellos.

Un buen día, Julián y sus hijos sintieron unos ruidos muy extraños y muy fuertes y la tierra empezó a temblar. ¡Era un terremoto! De repente, la tierra se abrió. Julián y sus hijos estaban muy asustados pero, al mismo tiempo, contentos de ver que la tierra se abría y que, tal vez, podrían encontrar una salida.

Después del primer temblor, Julián salió a explorar y vio una entrada de luz que antes no existía. Fue corriendo a avisarles a sus hijos.

—¡Julio, Mary, vengan acá! ¡Creo que estamos de suerte! —gritó Julián.

Los niños corrieron a donde se encontraba su padre. El hueco en la tierra era tan grande, que parecía que también podrían sacar su carro por él.

—¡Parece que, por fin, podremos salir de este lugar y regresar a casa! —dijeron los tres muy alegres.

Estaban muy contentos y fueron a despedirse de sus amigos. Sintieron tristeza al despedirse de ellos, pero se dieron prisa, no fuera que se cerrara la tierra de nuevo.

Por fin lograron salir. Se fueron a casa rápidamente y estaban felices porque pronto verían a su mamá y a sus familiares y amigos.

—Quizás el año próximo podamos hacer un viaje de vacaciones sin problemas —comentó Julián muy alegre mientras se dirigía de regreso a casa.

ATRAPADOS EN BREA

Fósiles de la edad de hielo

por Caroline Arnold

Bajo la sombra de los rascacielos, la escultura de un mamut imperial parece rabiar, mientras intenta liberarse de la brea pegajosa que está bajo la superficie del agua. Al igual que los tigres de dientes de sable, los perezosos gigantes y muchos otros animales de tiempos pasados, los mamuts de verdad se han extinguido. Hace mucho tiempo, estos animales vagaban por la verde llanura que hoy es la gran ciudad de Los Ángeles. Tanto entonces como ahora, a veces se filtraban charcos de brea hacia la superficie de la tierra. A menudo el agua cubría la superficie de estos peligrosos charcos y ocultaba la brea. Los animales sedientos que se acercaban a beber no sabían que esas aguas, que parecían tan refrescantes, eran en realidad una trampa mortal.

A través de casi todo el sur de California hay grandes depósitos de petróleo. En algunos lugares este petróleo se filtra hacia la superficie a través de las grietas de la corteza terrestre. Cuando el petróleo se evapora deja charcos de alquitrán o brea. Cuando hace frío, la brea se endurece y los charcos quedan ocultos bajo una capa de hojas y polvo. Durante el verano, el sol ablanda la brea y la convierte en una masa pegajosa.

Cualquier animal pequeño, como una ardilla o un pájaro, podía quedar pegado cuando la brea impregnaba su piel o sus plumas. Cuando un animal grande como un mamut se paseaba por el agua, su peso hacía que se hundiera. Sus patas quedaban atrapadas en la brea, bajo el agua y, como no podía salir, moría. Luego, animales

Los huesos de este mastodonte americano (*Mammut americanus*) fueron encontrados en el Rancho La Brea.

carnívoros como lobos, tigres de dientes de sable y buitres gigantes atacaban al animal atrapado. A menudo éstos resbalaban, caían y también morían.

Mientras la carne de los animales muertos se iba pudriendo, los cuerpos flotaban sobre la superficie de la brea. Después, cuando los huesos se habían empapado de brea, se hundían.

Los hoyos de brea del Rancho La Brea son depósitos de alquitrán que atraparon animales prehistóricos. *Brea* es otra palabra para alquitrán. California fue, en un tiempo, parte de México y por eso el Rancho La Brea tiene un nombre en español. Más tarde, California pasó a ser parte de los Estados Unidos y la propiedad pasó al capitán G. Allen Hancock, quien manejaba los pozos de petróleo de esa zona. Hoy en día los pozos de petróleo ya no existen, y el terreno es un parque del condado nombrado en honor del capitán Hancock. En el parque se pueden ver los hoyos de brea y el museo George C. Page de Descubrimientos La Brea.

"El alquitrán es pegajoso" es una exposición dentro del museo que muestra cómo se siente el estar atrapado en brea. Los visitantes tratan de levantar unas barras de acero que están inmersas en brea. La brea parece agarrar las barras y sujetarlas bien fuerte. De la misma manera, era casi imposible escapar de una charca de brea para un animal como el mamut.

Los huesos y plantas que se conservaron en los hoyos de alquitrán del Rancho La Brea documentan la vida que existió entre 10,000 y 40,000 años atrás. En aquel entonces, mamuts, mastodontes, tigres de dientes de sable, leones, perezosos, camellos, caballos y otros muchos animales vivían en América del Norte. El fósil más antiguo descubierto hasta la fecha en el Rancho La Brea tiene 38,000 años. Sin embargo, la mayoría de los fósiles tienen entre 14,000 y 16,000 años.

Los fósiles de los hoyos del Rancho La Brea son de un periodo de la Tierra que se conoce como la edad de hielo. Grandes capas de hielo, llamadas glaciares, cubrían la mayor parte del hemisferio norte. Un pasaje de tierra y hielo conectaba Asia con Norteamérica. Tanto animales como personas emigraban a través de este pasadizo.

El área donde se encuentra el Rancho La Brea, en el sur de California, podía haber sido así en la edad de hielo. De izquierda a derecha se pueden ver perezosos gigantes (al fondo), un tigre de dientes de sable, un camello norteamericano y un buitre rompe-huesos gigante.

Muchos tipos de animales vivieron en las proximidades del Rancho La Brea. El clima era templado, y la comida y el agua eran abundantes. Cuando se acabó la edad de hielo, hace unos 10,000 años, el clima cambió. La mayoría de los lagos y los ríos se secaron y el alimento empezó a escasear. Muchos de los animales que durante un tiempo habían sido numerosos empezaron a extinguirse.

Hoy sabemos acerca de los animales de la edad de hielo porque la brea que causó su muerte también preservó sus huesos. La brea, al mismo tiempo que impregnaba los huesos, impedía que se pudrieran. Con el tiempo la brea se endureció hasta formar un bloque de alquitrán, tierra y fósiles. Encerrados en esta cubierta protectora, los huesos enterrados estuvieron a salvo durante siglos.

En general, pensamos en los fósiles como algo viviente que se ha convertido en piedra. Sin embargo, un fósil es cualquier parte de un animal o planta, o incluso la huella que deja una planta o un animal y que se ha preservado de alguna forma.

Durante cientos de años, los nativoamericanos y los primeros pobladores europeos que vivieron en California usaron el alquitrán del

Rancho La Brea como pegamento para canastas y herramientas. También la usaron para impermeabilizar barcos y techos. La brea se excavaba del Rancho La Brea y se transportaba en vagones hasta donde se necesitaba. Aunque hubo quienes notaron que había huesos en la brea, nadie les prestó mucha atención.

En 1906, le mostraron al Dr. John C. Merriam, de la Universidad de California, los fósiles del Rancho La Brea. Entre ellos se encontraban los de un perezoso gigante. Él se dio cuenta de su importancia e hizo arreglos con el capitán Hancock, propietario de la tierra que rodeaba los hoyos, para sacar los huesos.

Las primeras excavaciones fueron simples hoyos cavados en la tierra. Los científicos sacaban los huesos grandes y tiraban lo demás. Llevaban los huesos que rescataban al Museo de Historia Natural del condado de Los Ángeles. En el museo, los limpiaban y los juntaban hasta formar un esqueleto completo. Después, los esqueletos se exhibían en el museo.

Desde 1900, se han excavado más de cien pozos en el parque Hancock. La mayoría se volvieron a cubrir cuando se hizo el parque en los años 50. Desde el principio, cada vez que se excavaba un nuevo pozo se le asignaba un número. Actualmente hay seis pozos. Entre ellos está el pozo lago, que solía ser una cantera de alquitrán, así como el Pozo 91 donde los visitantes pueden ver cómo se sacan los fósiles.

Hoy en día las excavaciones se hacen con mucho más cuidado que al principio. Se marca cada sección del pozo, se anota y documenta con precisión el lugar donde se encontró cada fósil, y todo se guarda.

Para evitar que las paredes del pozo se caigan según éste se hace más profundo, se colocan tablones pesados que a su vez son sujetados con barras de metal. A medida que se necesitan, se añaden más tablones al fondo. Cada año la profundidad del pozo aumenta $\frac{1}{2}$ pie. Al igual que la mayoría de depósitos de fósiles, el Pozo 91 tiene la forma de un enorme cono que se va estrechando a medida que se hace más profundo. Los fósiles más antiguos se encuentran en las capas más profundas.

Los científicos quieren saber qué se encuentra en cada pozo y dónde se encuentra. El fondo del

(Arriba) Hay que unir los fragmentos de los huesos fosilizados.
(Abajo) Un pincel y una cucharita se convierten en herramientas especiales.

Semillas y polen de plantas antiguas permiten a los científicos saber cómo era el clima en Rancho La Brea.

pozo está dividido en secciones de 3 pies por 3 pies. Cuando aparece un hueso de más de $\frac{1}{2}$ pulgada de largo, lo miden y lo fotografían en su lugar antes de sacarlo.

Todo lo que se saca de los pozos se coloca en latas grandes. Cada lata se llena y se transporta a la superficie. Después, se almacena en el museo hasta que el material se pueda limpiar y clasificar. Últimamente, se han sacado tantos fósiles que los científicos necesitarán años para estudiarlos. En el Rancho La Brea, las excavaciones al aire libre sólo pueden llevarse a cabo durante unos meses al año. Sin embargo, recientemente, se ha comenzado un proyecto para la excavación bajo techo que permitirá el trabajo durante todo el año.

Entre los años 1906 y 1977, todo el material que se encontraba en los pozos del Rancho La Brea se guardaba en el Museo de Historia Natural del condado de Los Ángeles en el Parque de Exposiciones. Según se iba encontrando más y más material, los almacenes del museo comenzaron a desbordarse. George C. Page, un hombre de negocios de Los Ángeles, estaba fascinado por los fósiles del Rancho La Brea. En 1973, hizo un donativo para construir un museo, dedicado exclusivamente a los descubrimientos de La Brea. El museo también sería un centro para la investigación científica.

En 1975, cuando las excavadoras comenzaron las obras de construcción para el nuevo museo, descubrieron un gran depósito de huesos. Todos sabían que la excavación de los huesos en este lugar tomaría años y retrasaría la construcción del museo. En lugar de retrasarla, decidieron excavar la brea en grandes bloques y sacar los huesos más tarde. Cada porción se sacó, se envolvió en una capa de yeso y se almacenó hasta que el nuevo museo y el laboratorio estuvieran terminados. Hoy día los visitantes pueden ver a través de ventanas cómo se excavan estos huesos en el laboratorio del museo.

(Izquierda) Un caballo occidental (*Equus occidentalis*) "pasta" para los visitantes del museo. (Abajo) Los dos largos colmillos del tigre de dientes de sable podían crecer hasta 8 pulgadas.

Los que se dedican al estudio de los restos de plantas y animales antiguos se llaman paleontólogos. La mayoría del trabajo en el Rancho La Brea lo hacen voluntarios que han recibido un entrenamiento especial. Algunos son estudiantes de paleontología; otros son personas que quieren saber más sobre nuestro pasado. Identificar y estudiar los huesos y las plantas les da a los paleontólogos una idea de lo que ocurrió hace miles de años.

Por ejemplo, un bloque de brea y huesos contenía el cráneo de un tigre de dientes de sable y partes del esqueleto de dos potros. Probablemente, los caballos quedaron atrapados en la brea y fueron atacados por el tigre. Estos caballos prehistóricos, aunque muy parecidos al caballo actual, se extinguieron al final de la edad de hielo.

Después de separar un hueso de la brea y la tierra en donde estaba enterrado, debe limpiarse. Primero se cepilla y luego se pone a remojar en una solución que disuelve la brea. La brea tiñe los huesos de color marrón, así que aún después de limpios mantienen un color oscuro. Los huesos limpios se etiquetan y se separan para ser identificados y catalogados.

626

ACERCA DE CAROLINE ARNOLD

Caroline Arnold siempre quiso ser ilustradora de libros infantiles. Lo divertido es que cuando se sentó frente a su cuaderno de dibujo, en lugar de dibujar empezó a escribir. A Caroline Arnold le gustó tanto, que decidió dedicarse a escribir. Ha escrito más de ochenta libros y ha tratado temas tan variados como Australia y las cebras.

—Me gusta mucho escribir sobre animales y las ciencias de la salud —dice Arnold. Sin embargo esto no le ha impedido escribir sobre cumpleaños, jardines, malabaristas o cualquier otra cosa que llame su atención. Dice la autora: —Lo más bonito de escribir para niños es que cada proyecto trae algo nuevo.

¡UN MUSEO DE IDEAS!

Escribe una descripción

Lo que hubiera podido ser

Describe lo que pudo pasarle a un animal prehistórico que quedó atrapado en uno de los pozos de brea. Utiliza la selección como ayuda para visualizar y escuchar todos los detalles de la escena.

Diseña una exposición

Hace 15,000 años

¡Huesos fosilizados y hoyos de brea! ¡Tigres de dientes de sable y mamuts! Utiliza los datos de la selección y tus propias ideas para planificar una exposición sobre los descubrimientos de La Brea para un museo. Escribe una descripción e incluye dibujos de lo que podrías exhibir en tu exposición.

¿Quién se comió a quién?

Piensa en los animales prehistóricos mencionados en la selección. Haz un cartel que muestre una cadena alimenticia del periodo glaciar, con herbívoros en la parte inferior y carnívoros en la parte superior.

¡Claro que lo creo!

Una representación artística que termina en desastre, un monstruo marciano que resulta ser..., un niño con pies de gigante y un hoyo donde los animales quedan atrapados en la brea. Recuerda las cuatro selecciones del tema "¿Te lo crees?" Discute con algunos compañeros cuál de ellas te parece la más realista y por qué.

¿Será esto la Tierra?

Los Estados Unidos de América son el taller. Tierra, viento, agua y fuego son los materiales. El resultado es un país con increíbles creaciones naturales, desde el Anciano de la Montaña de New Hamphsire al fantástico lago Mono de California. Ver es creer.

EL LAGO MONO

El lago Mono de California estuvo, en una época, cubierto por el océano. Actualmente el tamaño del lago se está reduciendo. Según va reduciéndose, va creando un extraño paisaje de esculturas minerales llamadas *tobas*.

▲ EL CAÑÓN BRYCE

En el parque nacional del cañón Bryce, el agua ha esculpido las rocas hasta crear una galería increíble. Una leyenda de los indios paiute cuenta que el lugar llamado "Angka-ku-wass-a-wits" (caras pintadas de rojo) se formó porque Coyote convirtió en piedra a los habitantes, conocidos comos los Legendarios.

▼ LA CUEVA DEL MAMUT

El Niágara Congelado es una de las muchas e increíbles formaciones rocosas de la Cueva del Mamut en Kentucky. La cueva parece un laberinto interminable de túneles, cámaras y lagos oscuros.

◄ EL BOSQUE PETRIFICADO

Un pájaro carpintero no podría progresar mucho en el Bosque Petrificado de Arizona. A través de millones de años, los árboles se han convertido en un arco iris de piedras de colores.

▲ EL VALLE DE LA MUERTE

En el parque *Racetrack*, parte del monumento nacional del Valle de la Muerte en California, el hielo y las rocas que el viento empuja dejan su huella a través del fondo seco del lago. El Valle de la Muerte es el punto más bajo del hemisferio occidental (282 pies bajo el nivel del mar).

▲ MANGLARES PANTANOSOS

¿Cómo se adaptan los mangles de Florida a su mundo acuático? De las ramas de los árboles crecen raíces que les sirven de apoyo y sujeción. Algunos mangles del parque nacional de los *Everglades* de Florida tienen más de setenta pies de alto.

TENT ROCKS

Estos picos de arenisca, en el parque estatal *Tent Rocks* de Nuevo México, parecen paisajes dibujados por el Dr. Seuss; sin embargo han sido esculpidos por el agua y el viento.

▲ EL ANCIANO EN LA ROCA

Es el sello oficial de New Hampshire y uno de los personajes de un cuento de Nathaniel Hawthorne. Es el Anciano de la Montaña, una "cara" de cuarenta pies de alto que se formó en la roca de granito en la montaña *Profile* de New Hampshire.

◄ GÉISERES DE YELLOWSTONE

Más de doscientos géiseres expelen agua y vapor en distintos momentos en el parque nacional de *Yellowstone* en Wyoming. Sobrecalentados por las rocas en la profundidad de la tierra, los géiseres lanzan al aire vapor y agua caliente que puede llegar a la altura de un edificio de treinta pisos. Aquí, el *Old Faithful* impresiona a una multitud de espectadores.

633

GLOSARIO

Este glosario te puede ayudar a encontrar el significado de algunas palabras del libro. Las definiciones dadas aquí explican el sentido de las palabras de acuerdo a la forma en que se usan en el libro. A veces se ofrece una segunda definición.

abrumador *adj.* Agobiante; que asfixia: *Había demasiada gente y muy poco espacio en el concierto; las condiciones eran tan* **abrumadoras** *que no pude disfrutar de la música.*

acogedor *adj.* Aplicado a un lugar cómodo, cálido y agradable: *Vivíamos en un apartamento pequeño pero muy* **acogedor.**

ademán *s.* Gesto; movimiento que se hace con el cuerpo o con alguna parte del cuerpo para manifestar algún estado de ánimo o emoción: *Con un* **ademán** *de sorpresa, la actriz subió al escenario para recoger el premio.*

advertir *v.* Avisar, prevenir: *Sus amigos le* **advirtieron** *que no se bañara en aquel río porque era muy peligroso.*

afán *s.* Empeño; ganas, interés: *Los estudiantes hicieron sus tareas con* **afán.**

afectuoso *adj.* Cariñoso, amable: *La cara* **afectuosa** *de la maestra hacía que los estudiantes se sintieran cómodos.*

agazapado *adj.* Agachado, acurrucado: *El miedo y el frío mantuvieron a los muchachos* **agazapados** *en un rincón de la cocina.*

alborotado *adj.* Revuelto, sin orden: *El fuerte viento le había dejado los cabellos* **alborotados.**

---

afectuoso

Esta palabra viene del latín *affectus,* que quiere decir "poner en cierto estado o influenciar". Una persona afectuosa expresa su cariño con facilidad y nos hace sentir bien.

angustiosamente *adv.* Con angustia, tristeza o dolor: *Cada mañana veía cómo la misma mujer andaba* **angustiosamente** *por la misma calle.*

ansiosamente *adv.* Con ansiedad, preocupación o miedo: *El cachorro iba de un lado a otro de la jaula* **ansiosamente,** *mostrando su temor.*

arnés *s.* Conjunto de cuerdas o correas de tiro que sirven para sujetar a los animales de arrastre: *Después de colocarles los* **arneses** *a los bueyes, el campesino se dispuso a arar sus tierras.*

arreciar *v.* Cobrar fuerza y vigor: *Cuando la tormenta* **arreció,** *todos los habitantes del lugar fueron evacuados.*

atmósfera *s.* Los gases que rodean cualquier cuerpo celeste: *Los humanos no pueden respirar en las* **atmósferas** *de Urano y Neptuno porque éstas están compuestas de hidrógeno y helio.*

atónito *adj.* Asombrado, pasmado; que no puede reaccionar: *El piloto de la nave se quedó* **atónito** *cuando los controles no respondieron.*

atribulado *adj.* Acongojado, apenado: *Muchas personas quedaron tan* **atribuladas** *por la tragedia que no lograron dormir en muchos días.*

audición *s.* 1. Representación breve para probar a una persona que quiere ser actor o actriz: *Loles y Pablo hicieron* **audiciones** *para el comercial de televisión, pero no obtuvieron ningún papel.* 2. Acción o facultad de oír: *Su problema de* **audición** *se puede corregir con un audífono.*

aullador *adj.* Que aúlla o da voces tristes y prolongadas: *El lobo* **aullador** *no paró de lamentarse en toda la noche.*

avergonzado *adj.* Que siente vergüenza; humillado: *Estaba* **avergonzado,** *pues sabía que se había portado muy mal con su mejor amigo.*

B

bastidor *s.* Parte trasera del escenario de un teatro: *Manolito creció en los* **bastidores** *de los teatros en donde actuaban sus padres.*

---

atmósfera

El griego *atmos* significa "vapor" y el latín *sphaera*, "esfera". La atmósfera de la Tierra es la envoltura gaseosa que la rodea.

burlarse *v.* Mofarse; reírse de alguien: *Juan **se burló** de mi nuevo corte de pelo.*

calamidad *s.* Desgracia, penuria: *La pobreza era su mayor **calamidad.***

campante *adj.* Despreocupado, contento y tranquilo: *Estaba lloviendo a cántaros, pero Javier y Paula seguían hablando tan **campantes** en el patio.*

caravana *s.* Grupo de vehículos y personas que viajan juntos: *La **caravana** de carromatos se dirigía hacia el Oeste.*

caravana

casualidad *s.* Azar: *Encontrarme con mi primo en Londres fue una gran **casualidad.***

cautiverio *s.* La condición de estar preso: *El **cautiverio** hacía infeliz al ave, así que el muchacho la liberó.*

centelleante *adj.* Que despide destellos de luz rápidos o cambiantes: *Las figuras de plata **centelleantes,** las plantas exóti-* cas, *los espejos y el aroma hacían de aquella habitación un lugar mágico.*

cima *s.* La parte más alta de una montaña o de algo semejante: *Los dos amigos escalaron la montaña hasta que por fin llegaron a la **cima.***

civilización *s.* Conjunto de ideas, ciencias, artes, creencias y formas de vida de un pueblo o de una nación, o de la humanidad en un momento determinado: *En el siglo XV, la **civilización** inca se extendía desde lo que hoy es Ecuador, a través del Perú, hasta la mitad norte de Chile.*

cólera *s.* Enfermedad grave que provoca serios problemas estomacales, calambres y escalofríos: *El **cólera** es una de las enfermedades que ha causado más muertes a lo largo de la historia.*

collera *s.* Collar de cuero que se pone al cuello de los caballos o bueyes para que no les haga daño el arnés: *El conductor de la diligencia se aseguró de que las **colleras** de los caballos estuvieran bien puestas.*

civilización

Civilización se deriva del latín *civis,* que quiere decir "ciudadano". Los logros científicos y materiales de los ciudadanos o habitantes de un lugar, o de un momento específico, son una parte importante de su civilización.

cometa *s.* Un cuerpo espacial compuesto de hielo, gases congelados y partículas de polvo que gira alrededor del sol describiendo lentamente una larga órbita: *Visto desde la Tierra, un **cometa** parece una estrella brillante con una larga cola luminosa.*

condolencia *s.* Acto de comprender y compartir el dolor o sufrimiento de otra persona: *Después del funeral le expresamos nuestra **condolencia** a la viuda.*

costumbre *s.* Acción que practica repetida y regularmente una persona o un grupo: *Una de las **costumbres** de mi familia es almorzar en casa de mi abuela los domingos.*

cultura *s.* Costumbres, creencias, leyes y estilos de vida de un pueblo, y cualquier otro resultado surgido del trabajo y pensamiento humano: *En más de una **cultura** se dan gracias a la tierra por los alimentos antes de comerlos.*

charretera *s.* Adorno con flecos que llevan los militares en el hombro: *Las **charreteras** del uniforme que llevan los militares me parecen muy graciosas.*

chirriar *v.* Rechinar; el crujir de objetos viejos y gastados: *Las puertas de aquella vieja casa abandonada **chirriaban** cada vez que algún visitante curioso intentaba abrirlas.*

decorado *s.* Todo lo que se pone en un escenario para ambientar una obra: *Los estudiantes habían preparado el **decorado** para la función de la escuela.* —adj. Forma del verbo *decorar: Los padres habían **decorado** el cuarto del bebé cinco meses antes de que naciera.*

depósito *s.* Acumulación natural de una cosa en un sitio: *Los **depósitos** de petróleo hicieron ricos a los habitantes de Texas.*

desanimado *adj.* Poco optimista; sin entusiasmo o ánimo: *Los muchachos estaban muy **desanimados** porque habían intentado atrapar al zorro tres veces y no lo habían logrado.*

cometa

---

condolencia

Esta palabra se compone del prefijo *con-*, que expresa participación, y de la palabra latina *dolor*, que significa "dolor" o "pena". Sentimos condolencia cuando participamos en el sentimiento de alguien que ha sufrido una desgracia.

desconocido *adj.* No conocido; ignorado: *Aquella señora se acababa de mudar y era* **desconocida** *en el pueblo.*

desesperación *s.* Pérdida total de la esperanza: *Aunque no encontraba trabajo, mantuvo el buen ánimo y no cedió a la* **desesperación.**

deslizarse *v.* Escurrir, resbalar: *Los muebles* **se han deslizado** *por la sala a causa del temblor.*

desolado *adj.* 1. Triste, deprimente: *Para algunas personas las praderas no eran más que un lugar* **desolado,** *pero para otras era el hogar que las acogía.* 2. Destruido, devastado: *El pueblo quedó* **desolado** *después del terrible incendio.*

desplazarse *v.* Trasladarse de un sitio a otro: *Todos los días Juan* **se desplaza** *veinte millas para llegar a su trabajo.*

desprevenido *adj.* Que no posee lo necesario; que no está preparado para algo: —*Intentaremos sorprenderlos mientras duermen, así los encontraremos* **desprevenidos** —*les dijo el general a sus soldados.*

---

desolado

Una persona que está desolada tal vez siente que no tiene amigos. *Desolado* se deriva de *solus*, palabra latina que significa "solo".

---

domesticado

La palabra latina *domus,* que significa "casa", es el origen de las palabras *doméstico* y *domesticado.*

---

destello *s.* Resplandor vivo pero breve: *Los* **destellos** *de las luces de los automóviles nos sorprendieron en medio de la noche.*

doble *s.* En béisbol, cuando un jugador batea y logra llegar a la segunda base: *Le di con todas mis fuerzas a la bola, corrí rapidísimo y logré hacer un* **doble.**

domesticado *adj.* Aplicado a un animal amaestrado o entrenado para vivir con los humanos o para serles útiles: *Muchos de los animales* **domesticados** *que trabajan en las granjas originalmente eran salvajes.*

E

---

embajador *s.* Agente diplomático que representa a su país y que su gobierno envía a otro país: *Mariana soñaba con ser* **embajadora** *de su país y establecer relaciones amistosas con otras naciones.*

enojado *adj.* Disgustado, enfadado: *La profesora estaba muy* **enojada** *porque los estudiantes no habían hecho los deberes.*

entrada *s.* 1. Una de nueve divisiones en un partido de béisbol, en la que los dos equipos tienen turno al bate: *Nuestro equipo realizó tres carreras en la segunda* ***entrada.*** 2. Abertura o lugar por el cual se entra a algún sitio: *Acordamos encontrarnos en la* ***entrada*** *de la escuela.*

escapada *s.* Aventura despreocupada y alegre que puede ir en contra de las reglas establecidas: *Los muchachos se fueron sin pedir permiso y temían tener problemas a causa de su* ***escapada.***

escarmiento *s.* Desengaño adquirido por una experiencia negativa o por el aviso de otra persona: *El niño insistía en correr descalzo; enterrarse una astilla le sirvió de* ***escarmiento.***

espectáculo *s.* Representación artística que se hace en un teatro, circo o en cualquier otro lugar público para divertir y entretener: *El* ***espectáculo*** *de títeres que se celebró en la plaza del pueblo les gustó mucho a todos los niños.*

esqueleto *s.* La estructura de huesos que sostiene y protege el cuerpo de un ser humano o de un animal: *Los huesos que encon-*

traron pertenecían al ***esqueleto*** *de un animal de la edad de hielo.*

excavar *v.* Hacer un hoyo o hueco en la tierra: *Los depósitos de alquitrán del Rancho La Brea* ***se han excavado*** *frecuentemente para extraer huesos de animales prehistóricos.* —*s.* **excavación** Acto o proceso de hacer un hoyo en la tierra: *Durante las* ***excavaciones,*** *los arqueólogos encontraron huesos humanos más antiguos de lo que esperaban.*

expedición *s.* Viaje con algún propósito en especial: *Se organizó una* ***expedición*** *para estudiar las variedades de mariposa del bosque.*

extinguirse *v.* Dejar de existir; terminarse poco a poco: *Muchas especies de animales y plantas* ***se han extinguido*** *a través de los años.*

extranjero *adj.* De otro país: *El estudiante* ***extranjero*** *de nuestra clase es de Italia.*

extraterrestre *s.* Ser inteligente de otro planeta: *Ayer soñé que unos* ***extraterrestres*** *visitaban y estudiaban la Tierra.*

esqueleto

esqueleto
Esqueleto se deriva de *skeletos,* una palabra griega que significa "seco".

excavar

extraterrestre
Extraterrestre está compuesta del prefijo *extra-,* que significa "fuera", y de *terrestre,* que quiere decir "relativo a la Tierra".

639

F

final *s.* 1. En deportes, la serie de partidos que se juegan para decidir qué equipo gana el campeonato: *El equipo que gane dos de los tres partidos de las finales será el campeón.* 2. Fin; manera en que termina algo: *La sorpresa ocurrió al final de la película y fue la mejor parte.*

forastero *adj.* Que es de otra ciudad u otro país: *El amigo de mi hermana es un joven forastero que se llama Hans.*

fósil

fósil *s.* Resto o huella de un animal o una planta que existió en una era anterior, y que está incrustada en una roca o en la corteza de la tierra: *Encontraron en aquella montaña el fósil de una hoja de helecho que existió hace millones de años.*

fricción *s.* Roce entre un objeto o superficie y otro; fuerza entre dos objetos en contacto que reduce la velocidad de uno de ellos: *Las dos rocas ejercían una fricción tan grande la una contra la otra que ninguna de las dos podía moverse.*

fumarola *s.* Grieta en una región volcánica, por donde salen gases: *Cuando el volcán entró en erupción, empezaron a salir gases por las fumarolas de la montaña.*

furia *s.* Violencia, ira: *Muy enfadado, el señor cerró la puerta con furia.*

fusta *s.* Látigo largo y delgado que usan los cocheros de caballos: *El conductor agitó las fustas para indicar que seguirían adelante.*

G

generosidad *s.* Bondad, nobleza; acto de compartir con los demás: *El joven se destacaba por su generosidad; regularmente daba todo su dinero a los pobres.*

gravedad *s.* Fuerza que atrae a los cuerpos hacia el centro de la Tierra: *La fuerza de gravedad hace que los objetos caigan hacia abajo, y no hacia arriba.*

guarida *s.* Cueva o escondite donde se refugian algunos animales: *El lobo, asustado, se escondió en su guarida.*

guión *s.* El texto de una obra o película: *Según el **guión** de la obra, el personaje de Julieta tiene que llorar en tres escenas.*

heroína *s.* La protagonista principal de una obra o película: *Claudia había sido seleccionada para representar a la **heroína** en la obra de la escuela.*

honrado *adj.* Honesto, íntegro: *El hombre **honrado** y justo es admirado por unos y temido por otros.*

humilde *adj.* Sencillo, nada sofisticado: *Las personas que viven en este pueblo son **humildes** y honradas.*

imponente *adj.* Respetable; que infunde respeto, miedo: *La apariencia del ganador del Premio Nóbel de la Paz era **imponente**.*

impregnar *v.* Llenar por completo: *El olor a humo le **impregnaba** toda la ropa.*

insoportable *adj.* Que no se puede tolerar o aguantar: *El ruido* en aquella calle era a veces **insoportable**.

intérprete *s.* Persona que traduce o explica lo que se dice en un idioma a alguien que habla otro: *El **intérprete** nos dijo en español lo que los indios estaban diciendo en quechua.*

invasor *s.* Persona que entra a un lugar usando la fuerza: *Los **invasores** habían llegado por tierra y por mar y querían conquistar el país.*

irritado *adj.* 1. Enojado, molesto: *—No, no puedes quedarte a ver la tele. Ya es hora de ir a la cama —dijo la mamá **irritada**.* 2. Inflamado, enrojecido; que siente ardor o escozor en la piel: *Tenía la mano **irritada** por haber tocado la hiedra venenosa.*

jerarquía *s.* La organización de personas, animales o cosas en orden de categoría o poder: *La **jerarquía** de los mandriles se basa en la fuerza; los más fuertes son los líderes y los más débiles son los seguidores.*

jerarquía

Arkhos es una palabra griega que significa "líder". Una jerarquía se establece a base del rango o de la autoridad, con el líder en la cima.

641

L

latitud *s.* Distancia que hay desde un punto de la superficie terrestre al ecuador: *El capitán del barco calculó la* **latitud** *y la longitud para saber a qué distancia se encontraban de su destino.*

libertad *s.* Situación contraria al cautiverio: *Le di* **libertad** *al pájaro dejándolo salir de la jaula.*

línea *s.* 1. Renglón escrito de un guión: *Para interpretar a la heroína, Inés tuvo que memorizar las* **líneas** *de su papel.* 2. Raya; trazo en un dibujo: *—¿Cuántas* **líneas** *se necesitan para dibujar un hexágono? —nos preguntó la maestra de matemáticas.*

lucirse *v.* Sobresalir; quedar bien delante de los demás y ganar su admiración: *Daniela quería* **lucirse** *en el concurso de talento de la escuela.*

meteorito

mímica

M

madriguera *s.* Pequeña cueva en la que habitan ciertos animales: *El conejo herido no salió de su* **madriguera** *en todo el día.*

magnitud *s.* Tamaño, grandeza; importancia: *Nunca se supo del todo la* **magnitud** *de la tragedia.*

marciano *s.* Ser del planeta Marte: *En la película, la gente no paraba de preguntarse si existían los* **marcianos** *realmente.*

meteorito *s.* Trozo de materia del espacio que llega a la superficie de la Tierra sin desintegrarse: *Al colisionar con la superficie terrestre algunos* **meteoritos** *han creado enormes cráteres.*

mímica *s.* El uso de gestos y movimientos corporales que se utilizan para contar una historia sin pronunciar palabras: *En su* **mímica** *de "La bamba", Manuel mueve su cuerpo al son de la música pero no canta.*

mito *s.* Leyenda que explica las creencias y las prácticas de un grupo de personas: *Los* **mitos** *nativoamericanos explican muchos fenómenos naturales.*

nostalgia *s.* Sentimiento de tristeza cuando se está lejos de la patria y de los seres queridos: *Un domingo por la mañana, mirando fotos de mi infancia, me inundó la nostalgia.*

órbita *s.* La trayectoria que un cuerpo celestial o satélite describe alrededor de otro cuerpo espacial: *La órbita de la Tierra alrededor del Sol tarda aproximadamente 365 días.* —*v.* Girar en órbitas: *Los anillos de Saturno están formados por pedazos de roca que orbitan alrededor del planeta.*

papel *s.* 1. Personaje que interpreta un actor o actriz en una obra: *Los papeles más importantes de la obra eran el de princesa y el de príncipe.* 2. Material hecho de fibras, en forma de hojas delgadas, que se usa para escribir, dibujar y hacer otras cosas: *Mi amiga encontró en su bulto un pedazo de papel que decía:*

"¿Quieres ir al cine conmigo este viernes?"

pareja *s.* Conjunto de dos personas o cosas, o el que completa tal conjunto: *Todo el mundo decía que Sergio y Lucía hacían una pareja perfecta.*

parpadear *v.* Abrir y cerrar los párpados, pestañear; se puede aplicar a una luz cuando se enciende y apaga intermitentemente: *Las pilas de mi linterna empezaban a agotarse y la luz empezó a parpadear.*

partícula *s.* Parte pequeña: *La maestra les explicó que los átomos están compuestos de partículas.*

partido *s.* 1. Competición deportiva en la que juegan dos equipos: *El partido de baloncesto entre los Celtics y los Bulls empezaba a las 6 de la tarde.* 2. Grupo de personas que siguen y defienden una misma opinión, especialmente en la política: *Su mamá pertenece al partido demócrata y su papá, al republicano.* —*adj.* Forma del verbo *partir*; roto: *El mango del paraguas está partido.*

pasmoso *adj.* Sorprendente, extraordinario; que deja a una persona sin saber qué hacer o qué decir: *El eclipse solar fue algo* ***pasmoso;*** *nunca lo olvidaré.*

perjuicio *s.* Daño: *El automóvil salió del accidente sin ningún* ***perjuicio.***

porfiar *v.* Discutir con obstinación; insistir en que se tiene razón: *Juanjo y yo* ***porfiamos*** *sobre el significado de la felicidad.*

preocupado *adj.* Intranquilo, nervioso, inquieto: *El papá de Sara estaba* ***preocupado*** *porque su mamá estaba enferma.*

preserver *v.* Conservar intacto: *El alquitrán* ***preservó*** *los huesos y éstos estaban enteros cuando los científicos los encontraron.*

primitivo *adj.* De los primeros tiempos de la historia o de cierta cosa; relativo a los pueblos aborígenes: *Hace miles de años el hombre* ***primitivo*** *aprendió a hacer fuego.*

provocar *v.* Causar, originar: *Cada vez que Alfonsito abría la boca,* ***provocaba*** *la risa de los demás.*

preserver

Preserver deriva del latín *praeservare,* que significa "guardar". La gente que preserva alguna cosa la protege del daño y del peligro.

red de protección

red de protección *s.* En béisbol, pantalla o valla que hay detrás del receptor que sirve para evitar que la pelota salga fuera del campo de juego: *El árbitro estaba parado entre el receptor y la* ***red de protección.***

reparto *s.* Grupo de actores y actrices que representan una obra: *El* ***reparto*** *de la obra que ganó el primer premio era excelente.*

reputación *s.* Fama; lo que la gente piensa y dice sobre alguien o algo: *Carolina tiene* ***reputación*** *de ser una trabajadora seria y responsable.*

respeto *s.* Consideración y educación con la que tratamos a alguien: *Los estudiantes trataban al profesor con mucho* ***respeto.***

reverencia *s.* Una inclinación con el cuerpo que se hace ante la persona o las personas a quienes queremos manifestar respeto: *Cuando finalizó la obra, todos los actores hicieron una* ***reverencia*** *ante el público para agradecerles su asistencia e interés.*

revolcadero *s.* Charco de agua o barro en el que los animales se revuelcan: *Como no sudan, los cerdos se refrescan en* **revolcaderos** *fangosos.*

riesgo *s.* Peligro; posibilidad de un daño: *Los montañeros aceptaron el* **riesgo** *de subir a la cima más alta y luego descender por la ladera más peligrosa.*

sagrado *adj.* Santo: *En todas las religiones, hay un símbolo o lugar que se considera* **sagrado.**

serie *s.* Varias cosas o sucesos que aparecen consecutivamente, o uno detrás de otro: *Si los Pumas vencen a los Halcones, jugarán una* **serie** *de partidos contra los Águilas.*

simular *v.* Fingir: *En un momento de la obra, la actriz principal tuvo que* **simular** *que cantaba ópera moviendo los labios y abriendo mucho la boca.*

soportar *v.* Aguantar, resistir: *El estudiante ya no* **soportaba** *más el hambre, y eran sólo las diez de la mañana.*

sumisión *s.* Acto de ceder a las órdenes o la autoridad de otra persona: *El perro, para mostrar* **sumisión** *a su amo, baja las orejas y se sienta sobre las patas traseras.*

tambalearse *v.* Moverse de un lado para otro: *Esta mesa* **se tambalea** *cuando la pasamos.*

tensión *s.* Fuerza que tira de los extremos de un cuerpo en dirección contraria: *El viento era muy fuerte y cuando halaron la cometa, la* **tensión** *en la soga fue tanta que se rompió.*

terror *s.* Pánico, miedo: *Las imágenes le produjeron un* **terror** *inmenso.*

toque *s.* En béisbol, tocar la pelota con el bate: *Hice un* **toque** *en el primer lanzamiento.*

tradicional *adj.* Que pasa de padres a hijos: *Las danzas* **tradicionales** *se habían representado durante generaciones.*

---

tradicional

La palabra latina *tradere,* que significa "transmitir", es el origen de las palabras *tradición* y *tradicional.*

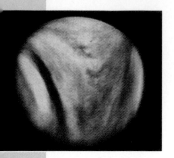

Venus

tragedia *s.* Suceso horrible, desastroso; accidente en el que a veces resultan muertas varias personas: *El incendio del edificio representó una gran* **tragedia.** *Algunas personas murieron y las que sobrevivieron las llamas quedaron sin hogar.*

tripulación *s.* Grupo de personas que está al servicio y que es responsable de los pasajeros de un avión o una embarcación: *La* **tripulación** *del barco en el que viajábamos se negó a cambiar de rumbo.*

ululante *adj.* Que da gritos o alaridos: *El sonido* **ululante** *del viento en las noches de tormenta siempre me causaba pesadillas.*

vacío *s.* Espacio en donde no existe nada: *Los agujeros negros forman un* **vacío** *en el espacio que succiona todo lo que está a su alrededor.*

Venus *s.* Segundo planeta del sistema solar más cercano al Sol: *Los niños fueron al planetario y observaron a* **Venus** *con el telescopio.*

ACKNOWLEDGMENTS

For each of the selections listed below, grateful acknowledgment is made for permission to excerpt and/or reprint original or copyrighted material, as follows:

Selections

Adiós falcón, by Wenceslao Serra Deliz. Copyright © 1985 by Universidad de Puerto Rico. Reprinted by permission of the author, who controls all rights.

Atrapados en brea: Fósiles de la edad de hielo, originally published as *Trapped in Tar: Fossils from the Ice Age,* by Caroline Arnold. Copyright © 1987 by Caroline Arnold. Reprinted by permission of Clarion Books, a division of Houghton Mifflin Company. All rights reserved.

"La Bamba," from *Baseball in April and Other Stories,* by Gary Soto. Copyright © 1990 by Gary Soto. Reprinted by permission of Harcourt Brace & Company. Spanish translation copyright © 1993 by Fondo de Cultura Económica, S.A. de C.V. Reprinted by permission. Lyrics to "La Bamba," by Ritchie Valens copyright © 1958 Picture Our Music (renewed). Rights in the USA administered by Windswept Pacific Entertainment Co. d/b/a Longitude Music Co. World rights, excluding USA, administered by Warner-Timberlane Publishing Corp. Reprinted by permission of Warner/Chappell Music, Inc.

"Brigada Insecto," originally published as "From the Not-So-Secret Files of the Bug Squad," from *Zillions* magazine, August/September 1993. Copyright © 1993 by Consumers Union of U.S., Yonkers, NY 10703-1057. Reprinted by permission.

"Los burritos," from *Cuentos para chicos y grandes,* by Hilda Perera, illustrated by Darius Detwiler. Copyright © 1980 by Hilda Perera and Susaeta Ediciones. Reprinted by permission of Susaeta Ediciones, S.A., Madrid.

"En busca del lobo," originally published as "Wolf Quest," from *Save the Earth: An Action Handbook for Kids,* by Betty Miles. Copyright © 1974 by Betty Miles. Reprinted by permission of Random House, Inc.

"Cadetes del espacio," originally published as a selection from "Space Cadets: CONTACT Visits a Camp for Kid Astronauts," by Russell Ginns, from *3-2-1 Contact* magazine, September 1990. Copyright © 1990 by Children's Television Workshop. Reprinted by permission.

El Camino de Santa Fe, originally published as *Along the Santa Fe Trail: Marion Russell's Own Story,* by Marion Russell, adapted by Ginger Wadsworth, illustrated by James Watling. Text copyright © 1993 by Ginger Wadsworth. Illustrations copyright © 1993 by James Watling. Reprinted by permission of Albert Whitman and Company.

"Ciudad de aves," originally published as "New Birds on the Block," by Claire Miller, from *Ranger Rick* magazine, June 1993. Copyright © 1993 by the National Wildlife Federation. Reprinted by permission.

"Cómo prepararse para un desastre," originally published as "Are You Ready for an Earthquake?" Copyright © 1990 by the American Red Cross. Reprinted by permission. All rights reserved in all countries.

"Cómo Trueno y Terremoto hicieron el océano," originally published as "How Thunder and Earthquake Made Ocean," from *Native American Stories,* told by Joseph Bruchac. Copyright © 1991 by Joseph Bruchac. Reprinted by permission of Fulcrum Publishing.

"Cuando la aventura te llama," originally published as a selection from *Call to Adventure,* by Hillary Hauser. Copyright © 1987 by Hillary Hauser. Reprinted by permission of the author.

"Después de la tormenta de nieve," by Rudolfo A. Anaya, illustrated by Rubén de Anda. Copyright © 1992 by Rudolfo A. Anaya. Reprinted by permission of Susan Bergholz Literary Services, New York. All rights reserved.

"Diario escrito en el Camino de Oregón," from *The Oregon Diary of Amelia Stewart Knight,* edited by Harold R. Carpenter, from *Clark County History,* Volume 6, 1965.

"Errores que funcionaron," originally published as a selection from *Mistakes That Worked,* by Charlotte Foltz Jones. Copyright © 1991 by Charlotte Foltz Jones. Reprinted by permission of Doubleday, a division of Bantam Doubleday Dell Publishing Group, Inc.

"Explorador del Ártico: La historia de Matthew Henson," originally published as "To the Pole!" from *Arctic Explorer: The Story of Matthew Henson,* by Jeri Ferris. Copyright © 1989 by Jeri Ferris. Reprinted by permission of Carolrhoda Books, Inc. All rights reserved.

"Extra! Extra!" originally published as "Extra! Extra!: Radio Listeners in Panic, Taking War Drama as Fact," from *The New York Times,* October 31, 1938. Copyright © 1938 by The New York Times Company. Reprinted by permission.

Selection from "Face to Face: Jaime Navajo," from *The Navajo Door: An Introduction to Navajo Life,* by Alexander H. Leighton and Dorothea C. Leighton. Copyright © 1944 by the President and Fellows of Harvard College. Reprinted by permission of Harvard University Press.

Selection from *Felita,* by Nicholasa Mohr. Copyright © 1979 by Nicholasa Mohr. Reprinted by permission of the author.

La historia del desastre del Challenger, originally published as *The Story of the* Challenger *Disaster,* by Zachary Kent. Copyright © 1986 by Regensteiner Publishing Enterprises, Inc. Reprinted by permission of Children's Press, Inc.

Hoang Anh: Un niño vietnamita-americano, originally published as *Hoang Anh: A Vietnamese-American Boy,* by Diane Hoyt-Goldsmith, photographs by Lawrence Migdale. Text copyright © 1992 by Diane Hoyt-Goldsmith. Photographs copyright © 1992 by Lawrence Migdale. Reprinted by permission of Holiday House, Inc. All rights reserved.

Poetry

"Barco en el puerto," from *Cuenta que te cuento,* by María de la Luz Uribe, illustrated by Fernando Krahn. Copyright © 1979 by María de la Luz Uribe and Editorial Juventud, Provenza 101, Barcelona, Spain. Reprinted by permission of Editorial Juventud, S.A.

"Buenos *Hot Dogs,*" from *My Wicked, Wicked Ways,* by Sandra Cisneros. Copyright © 1989 by Sandra Cisneros. Reprinted by permission of Susan Bergholz Literary Services, New York.

"Canción mixteca," by José López Alavés. Copyright © 1929 and renewed by Edward B. Marks Music Company and by Promotora Hispano Americano de Música, S.A. Reprinted by permission. All rights reserved.

"Don Crispín," from *Cuenta que te cuento,* by María de la Luz Uribe, illustrated by Fernando Krahn. Copyright © 1979 by María de la Luz Uribe and Editorial Juventud, Provenza 101, Barcelona, Spain. Reprinted by permission of Editorial Juventud, S.A.

"Globo," by Eduardo Hurtado, from *This Tree Is Older Than You Are,* selected by Naomi Shihab Nye. Copyright © 1995 by Eduardo Hurtado. Reprinted by permission of the author.

"Homenaje a las islas galletas," by Raúl Aceves, from *This Tree Is Older Than You Are,* selected by Naomi Shihab Nye. Copyright © 1995 by Raúl Aceves. Reprinted by permission of the author.

"Juana la iguana," by Henry Martínez, from *Antología de cuentos, juegos, mitos, leyendas y canciones infantiles,* Rafael Salazar, ed. Published by Edumevenca, 1987. Every attempt has been made to locate the rightsholder of this work. If the rightsholder should read this, please contact Houghton Mifflin Company, School Permissions, 222 Berkeley Street, Boston, MA 02116-3764.

"La luna, un plátano," by Jesús Carlos Soto Morfín, from *This Tree Is Older Than You Are,* selected by Naomi Shihab Nye. Copyright © 1995 by Jesús Carlos Soto Morfín. Reprinted by permission of the author.

"México lindo," by Chucho Monge. Copyright © 1945 and renewed by Promotora Hispano Americana de Música S.A. Administered by Peer International Corporation. International Copyright secured. Reprinted by permission of Peer International Corporation.

"Mi lindo Río Grande," by Alberto Barrera. Copyright © by Alberto Barrera. Reprinted by permission of the author.

"Mis amigos," by Claudia García Moreno, from *Voices from the Fields,* by S. Beth Atkins. Copyright © 1993 by S. Beth Atkins. Reprinted by permission of Little, Brown and Company.

"Nieve," by Alberto Forcada, from *El despertar,* reprinted in *This Tree Is Older Than You Are,* selected by Naomi Shihab Nye. Copyright © 1992 by Alberto Forcada and CIDCLI, S.C., Centro de Información y Desarrollo de la Comunicación y la Literatura Infantiles, México. Reprinted by permission of CIDCLI, S.C.

Selection from "Romance de la luna, luna," by Federico García Lorca. Copyright © by the Heirs of Federico García Lorca. Reprinted by permission of William Peter Kosmo, Esq., 77 Rodney Court, 6/8 Maida Vale, London W9 1TJ, England. All rights reserved. For information regarding works by Federico García Lorca, please contact William Peter Kosmo, Esq.

Additional Acknowledgments

Special thanks to the following teachers whose students' compositions appear in the Taller de escritores feature in this level: Susan Ruth, Ballico School, Livingston, California; Peter Richardson, Robert Simon School, New York, New York; Sally McCormick, Downer Elementary School, San Pablo, California; Carmen Eoff, Olive Street Elementary School, Porterville, California; James Boardman, Hendrik Hudson School, Rochester, New York; Milagros Ray, Herman Badillo Bilingual Academy, Buffalo, New York.

CREDITS

Illustration   18–29 Darius Detwiler; **39–53** Elly Simmons; **88–89** Lilliana Wilson Grez; **160–178** Ed Martinez; **185** Daniel Moreton; **188–205** Luís Tomás; **222–235** Winson Trang; **242** David Fuller; **248–249** Fernando Krahn; **250–264** Rubén De Anda; **274–291** Anthony Woolridge; **298–320** Kevin Beilfuss; **336–352** Julie Downing; **392–395** Argus Childers; **422–427** Pamela Harrelson; **434–456** James Watling; **492–497** Rob Wood — Wood Ronsaville Harlin, Inc.; **498–515** Claudio Luis Vera; **518–519** Raymond Godfrey; **532–547** David Diaz; **550–553** John O'Brien; **556–570** Charles Lilly; **582–585** Jack Desrocher; **587–605** Alfonso Ruano

Assignment Photographs   388–389, 456, 526–529 Banta Digital Group; **180–181** Kindra Clineff; **292–293** John Craig; **216–217** Dave Desroches; **461, 472–473, 490–491** Ira Garber; **366** (bl) John Lei/OMNI–Photo Communications, Inc.; **34–35, 54–55, 76–77, 82–83, 119, 121, 124–127, 186–187, 236–241, 266–267, 294–296, 364–365, 434–435, 468–469, 516–517, 606–611** Tony Scarpetta; **586–587** Chad Slattery; **214–215** Tracey Wheeler; **321** Quintin Wright; **530–531** Jonathan Yonan

Photographs   2 Joe McDonald (t); E.R. Degginger/Bruce Coleman, Inc. (b); Smithsonian Institution (m); Manny Garcia/Sipa Press (b) **29** Courtesy of Hilda Perera (l); Courtesy of Darius Detwiler (r) **30** ©Randall Hyman/Stock Boston **36** ©David R. Frazier **38** Courtesy of Elly Simmons **56** ©William H. Edwards/The Image Bank **60** The Bettmann Archive **61** ©Randy Brandon/Alaska Stock Images **62** The Peary-MacMillan Arctic Museum (tl) **62–63** ©Frans Lanting/Minden Pictures (b) **63** National Geographic Society (b) **64** Culver Pictures, Inc (t); The Peary-MacMillan Arctic

Museum (b) **64–65** ©Randy Brandon/Alaska Stock Images (b) **65** The Peary-MacMillan Arctic Museum (b) **66** Dartmouth College Library (t,b) **66–67** ©Allen Prier/Alaska Stock Images (b) **67** Library of Congress (t) **68** ©Royal Geographical Society (t) **68–69** ©Allen Prier/Alaska Stock Images (b) **69** ©Royal Geographical Society (t) **70–71** ©Allen Prier/Alaska Stock Images (b) **71** Photo by Mark Sexton/Peabody Museum of Salem (m) **72–73** ©Fran Lanting/Minden Pictures (b) **73** The Bettmann Archive (t) **74–75** ©Alissa Crandall/Alaska Stock Images (b) **75** Courtesy of Jeri Ferris **78** ©1990 Lynn Johnson/Black Star (tl) **78–79** Raphael Gaillarde/Liaison International (m) **78** ©Bill Nation/Sygma (bl) **79** ©1990 Walt Disney Company (tr); Walter Stricklin/Atlanta Journal Constitution (br) **80–81** ©92 Zefa/Josef Mallaun/The Stock Market **83** Courtesy of Tristan Overcashier (bl) **84–85** ©FPG International (background) **84–87** The Bettmann Archive **86** NASA (tr) **90–112** NASA **113** NASA (background); ©R.Taylor/Sygma (t) **114–115** NASA **116–120** U.S. Space Camp **121** Lallo & Associates **122–123** ©Larry Aiuppy/Allstock **128** Tom and Pat Leeson **130–131** Lynn Stone **132–133** Tom and Pat Leeson (b) **133** Bob Winsett/Tom Stack & Associates (mr) **134–135** Tom and Pat Leeson (t) **136–137, 138–139, 140** Joe McDonald **141** Joe McDonald (br) **142–143** Rolf Peterson **144–145, 146–147** Art Wolfe **148** Alan and Sandy Carey (t) **149** Courtesy of Seymour Simon (t) **150–151** Joe McDonald (m) **152** J. Cancalosi/Stock Boston (tl); ©Art Wolfe (bl, br) **153** Maslowski/Photo Researchers (br); Photo Researchers (bm); ©R.J. Erwin/Photo Researchers (tl) **153** ©Michael P. Gadomski/Photo Researchers (tr) **152–153** ©Photo Researchers (br) **154–155** Frank Allen/Animals Animals (m) **154** ©Tom McHugh 1979/Photo Researchers (bl); ©Tom McHugh/Ohio Researchers (tl) **155** ©M.H. Sharpe/Photo Researchers (tr); ©George Holton/Photo Researchers (bl); Craig Aurness/Westlight (br) **156** Courtesy of the Mead School, Wisconsin Rapids, WI **157,158** Courtesy of the Mead School, Wisconsin Rapids, WI **179** Courtesy of Betsy Byars (t); Ed Martinez (b) **182** A.G. Bayer (tr); WW Lamar (tl) **183** © B&H Kunz/Okapia/ Photo Researchers (tl) **182–183** ©David Woods 1992/The Stock Market (m) **183** ©Zefa Bach/The Stock Market (tr) **184** Doomsday Book of Animals by David Day/Nicholas Enterprises Ltd. (bl); Natural History Museum, London (br) **204** Courtesy of Wenceslao Serra Deliz **205** Courtesy of Luís Tomás **208–209** Galen Rowell **209** ©1991 Wendy Shattil/Bob Rozinski (m) **209–211** Richard Hamilton Smith (r) **210** Wendy Shattil/Bob Rozinski (tl,m) **211** Sharon Cummings Photography (b) **212** Arthur Morris (l) **213** Richard Hamilton Smith (r); Jim Rathert (bm,bl); ©Robert Noonan Photography 1982 (t) **220** Courtesy of Betty Bao Lord **221** Courtesy of Winson Trang **242–247** ©1991 Lawrence Migdale (r) **265** Courtesy of Rudolfo A. Anaya (t); Courtesy of Rubén De Anda (b) **268** Courtesy of Kaiser-Porcelain (l); Mark R. Holmes © National Geographic Society (r) **269** Courtesy of Blue Mountain Arts **270** Rick Brown/Stock Boston **271** "Relativity" M.C. Escher/Art Resource (t) private collection; J. Eastcott/Y. Momatiuk/Stock Boston (b)

292 Courtesy of Walter Dean Myers **293** Courtesy of Anthony Woolridge **297** S. Beth Atkin **321** Courtesy of Nicholasa Mohr (t) **322–323** David R. Frazier Photo- library (b) **324–328** John Muir Publications **330–331** Science Source/Photo Researchers **332–333** Paul Steel/ Stock Market **334–335** Will & Deni McIntyre/ Photo Researchers **353** Courtesy of Ivy Ruckman (t); Courtesy of Julie Downing (b) **354–355** ©Howard Bluestein/ Photo Researchers **356–357** E.R. Degginger/Bruce Coleman, Inc. (m) **357** ©Gene Moore/Phototake (t,r) **358** ©C. Thomas Hardin **360** ©Science Source/Photo Researchers **361** ©Spencer Grant/Photo Researchers **362** David Barnes©The Stock Market **363** ©William H. Mullins/Photo Researchers **366** Courtesy of Seymour Simon **369** NOAA/National Geophysical Data Center (m) **380–387** NOAA/National Geophysical Data Center **388** Courtesy of Alida Verduzco **395** Greenfield Review Press **396–397** NASA (t) **397** Rubén Pérez/Sygma (b) **398** Ira Wyman/Sygma **399** The Bettmann Archive **400** Naval Photographic Center **401** Sovfoto **402** NASA (r) **403, 404** Rubén Pérez/Sygma **405** Sygma **406–409** Tim Schoon/Sygma **410** Sygma **411** NASA **412–413** ©1986 D.B. Owens/Black Star **414** UPI/The Bettmann Archive **415** The Bettmann Archive (l) **416** ©Phil Huber/Black Star **417, 418** ©Bill Cornett/Black Star **419** Courtesy of Zachary Kent **420–421** Russell Lee Klika, Mercury Pictures **428–429** David Hiser/Tony Stone Images **430–431** Craig Aurness/Westlight **432–433** Tony Stone Images **458–459** ©Adasmith Productions/Zion National Park, Utah/Westlight **460** George Haling/Tony Stone Images/Chicago Inc. **461** Smithsonian Institution (l); Courtesy of Country Living Magazine (l) **462** Santa Fe Railway **463** Henry E. Huntington Library & Art Gallery **464** Jack Wilburn/Animals Animals (t) **464** Denver Public Library Western Collection (b) **465** Benjamin Morse **466** Courtesy of Wells Fargo Bank **467** The Bettmann Archive (t); Library of Congress (b) **469** Courtesy of Michelle Slape **471** Reproduccion autorizada por el Instituto Nacional de Bellas Artes y Literatura **475–481** Smithsonian Institution **483** Minnesota Historical Society, Whitney's Gallery, St. Paul, Minnesota **485–488** Smithsonian Institution **489** Courtesy of Russell Freedman **492** Smithsonian Institution (bl) **493** Nebraska State Historical Society (Johnson) (t); Western History Collections, University of Oklahoma Library (m) **493** National Museums of Canada (b) **494** Photo by Ben Wittick/Courtesy of the Museum of New Mexico (t); Edward C. Curtis (b) **495** Michael Freeman (b) **496** Solomon D. Butcher/Nebraska State Historical Society (tr) (m) (b) (m) **497** Forbes Collection, Western History Collections, University of Oklahoma Library (t); Solomon D. Butcher/Nebraska State Historical Society (tr) (m) (b) (m) **515** Courtesy of John Tichenor (t) **515** Courtesy of Ethan Long (b) **520–525** ©Gary Cralle/The Image Bank (background) **521** Guiliano Colliva/The Image Bank **522** Joseph Vanos/The Image Bank **523** Catherine Melloan/Tony Stone Images/Chicago Inc **524** ©Wayne R. Peterson (t); The Image Bank **525** Tom Howard/Benko Photography. Courtesy of Joseph Bruchac **526** The Exploratory (tl); Dennis Slagle (bl); Patrick Passe/Gamma Liaison (tr) **527**